まず、ルールを破れ

FIRST, BREAK ALL THE RULES

WHAT THE WORLD'S GREATEST MANAGERS DO DIFFERENTLY

すぐれたマネジャーは
ここが違う

マーカス・バッキンガム&カート・コフマン
宮本喜一［訳］

日本経済新聞出版社

FIRST, BREAK ALL THE RULES
by Marcus Buckingham & Curt Coffman

Published by arrangement with the original publisher, Simon & Schuster Inc.
through Japan UNI Agency, Inc.

ジェニーに捧げる、その並はずれた洞察力に対して。

目次
Contents

第3章 第一のカギ 才能に恵まれた人材を選び出す 91

第4章 第二のカギ 目標とする成果をはっきりと示す 149

装丁　渡辺弘之

はじめに　すべてのルールを打ち破れ

世界中の最も優秀と評価されているマネジャーのあいだに共通点はほとんど見あたらない。性別、人種、年齢など、どれをとっても千差万別だ。実際の行動スタイルも違えば目標も異なっている。しかし、こうした違いはあってもただ一つ、並外れて優秀なマネジャーには共通点がある。それは、新しく何かを始めようとするときに、まず、伝統的常識であるはずのルールをことごとく打ち破っているということだ。人は自ら決心したことなら間違いなく実行できる、などという常識をすぐれたマネジャーが信じることはない。弱点を克服しようとしている人に力を貸そうという気持ちもない。一貫して黄金律（「己の欲するところ人にもこれを施せ」）を無視し続けている。それどころか、周りの人間に対するひいきさえいとわない。

すぐれたマネジャーは革命家だ。ただし、すぐれたマネジャーが自分自身を表現するときにこの言葉を使うことはほとんどない。本書では、すぐれたマネジャーがなぜ伝統的常識を排除したのかを、その内面に迫ることによって解説し、さらにマネジャーが努力して築き上げた新たな事実を解き明かすことにする。

本書は、マネジャーである読者自身の本来のスタイルを、すぐれたマネジャーの標準バージョンで置き換えればよい、と勧めているのではない。本書で明らかにするように、すぐれたマネジャーに共通する「標準的スタイル」というものは存在しないのだ。むしろ、われわれの目的は、読者が持っている「独自の」スタイルをさらに活かすためのお手伝いをすることにある。本書では、企業や組織の違いを超えた、すぐれたマネジャーに共通する革新的な考え方を、読者自身がどのように自分なりに具体化すればよいのか、を解説する。

本書は、過去二五年間にわたりギャラップが実施した大規模な二大調査研究の集大成だ。一つは企業の従業員に対して行った調査で、その主なテーマは「最も才能のある従業員にとって、職場で必要なものは何か」ということだった。ギャラップは、実に幅広い分野の企業、業界、国々で働く一〇〇万人以上の従業員を対象に調査を実施した。仕事における行動をあらゆる面から探る質問を設定し、それに対する回答を徹底的に分析することによって、最も生産性の高い従業員が必要としている、最も重要なものは何かを見極めるのが目的だった。

われわれの調査によって実に数多くの事実が判明した。なかでも、最も注目すべき結論はこうだ。「才能がある従業員に必要なものは、すぐれたマネジャーである」。才能がある従業員が企業に入る動機は、そこにカリスマ的なリーダーがいること、文句のつけようがないほどの待遇、そして世界一流のトレーニングプログラムが用意されているといったことが挙げられる。しかし、その企業における従業員の勤続年数や、仕事上発揮される生産性は、直属の上司のリーダーシップによって決まってしまう。

この実に単純な発見が、二番目の調査の実施に結びついた。「世界最高のマネジャーは、どのようにして才能がある従業員を発掘し、仕事に専念させ、企業内に引き留めているのか」。われわれは、この質問に対する回答を求めて、調査対象、つまり大小の企業、個人企業、上場企業、公共事業体などに足を運び、優秀な人から平均的な人まで実にさまざまなマネジャーにインタビューした。だれが優秀で、だれが平均的かを、われわれはどのように判断したか。実は各企業に対してパフォーマンス（訳者注：仕事に対する態度、意欲、業績、遂行力、創造力、貢献度など、従業員の企業・組織における総合的な実力・実績のこと）の指標を示してくれるように依頼したのだ。売り上げ、利益、顧客満足度、労働移動総数、従業員の意見、そして三六〇度評価といった指標などすべてが動員されて、最高のマネジャーを調査対象全体から抽出した。過去二五年のあいだにギャラップは、八万人以上のマネジャー一人ひとりと一時間半におよぶインタビューを行って、その様子を録音し、それを文字にして残している。

これらのマネジャーのなかには、企業経営者の立場にいる人も見受けられた。中間層のマネジャーも対象だった。第一線の現場の管理者もいた。とにかく対象者全員がそれぞれの部下を持っていた。われわれは分析の対象を、自分の部下の才能を仕事の成果として開花させるのに秀でたこれらのマネジャーに絞り込んだ。それぞれのスタイルは互いにはっきりと違ってはいるが、もしもこれらの優秀なマネジャーに共通点が存在するならば、われわれはそれを発見したかったからだ。

すぐれたマネジャーのアイデアはわかりやすく素直ではあるが、それを取り入れるのは必ずしも簡単とはいえない。すぐれたマネジャーが破ろうとしている伝統的常識がこれまで受け入れられてきたのにはそれなりの理由がある。それは他の知恵に従うよりも簡単だからだ。従業員一人ひとりに無限の可能性があると信じている方が楽だ。従業員の力になる最良の方法はその本人の弱点を直すこと、と考えている方がたやすい。さらに「己の欲するところ人にもこれを施す」方が簡単だ。だれも皆同じように扱って、個人的なひいきをしない方が楽だ。伝統的常識は気持ちのいいほど魅力的で気楽なものなのだ。

すぐれたマネジャーが共通して持っている革命的な知恵は、そんなに気楽なものではない。実現への道ははるかに苛酷だ。そこに要求されるのは、厳しさ、集中力、信頼感、そしておそらく最も重要なのは個別に対応する心がけなのだ。本書のなかでは、すぐれたマネジャーがまったく新しい理論を語っているわけでもなければ、出来合いの公式を披露しているわけでもない。紹介しているのは才能の本質に対する考え方と、才能を永続的なパフォーマンスとして開花させる秘密についての分析だ。これらの見識を「読者自身の」スタイルにどのように取り込めばよいのか、そのために毎日、従業員一人ひとりに対してどのように接すればよいか、というが本当の課題なのだ。

本書には、われわれがインタビューした一〇〇万人の従業員と八万人のマネジャーの意見や信念を反映させている。これらのインタビューによって本書は実際にも地に足のついた内容になっているわけだが、この数自体は途方もない数字だといえる。才能のある従業員や優秀なマネジャーがどんなことを話しているのかを想像するのは難しい。次に引用するのはあるインタビューの一部だが、ここから、われわれが調査の際に行った徹底したインタビューの内容と、その雰囲気の両方がよくわかっていただけると思う。

本書でこれ以降取り上げるすべてのマネジャーと同様、匿名性を確保するために当人の名前は変えてある。このケースではマイケルと呼ぶ。マイケルはある立派なレストランを切り盛りしている。太平洋側北西部に本拠を置く大手のサービス会社が保有しているレストランだ。ギャラップが一五年前に初めてマイケルに会って以来、そのレストランは売上高、利益、成長率、従業員の定着率、そして顧客満足度の面で常に同社の上位一〇%に入っている。会社の視点から、あるいは顧客から、また従業員から、だれの目からもマイケルは「すぐれたマネジャー」なのだ。

本書では一貫して、このマイケルのコメントと同じセリフが他のマネジャーや従業員の口から繰り返されることに読者は気づくことだろう。しかし、そのコメントの繰り返しを意識するよりも、読者には、ページをめくりながら自分自身とのつながりを考えていただきたい。ここではまず、マイケルの話を素直に聞いてみることとしよう。

ギャラップ（以下G）　これまでで最高のチームの話を聞かせてください。

マイケル（以下M）　チーム全員の話ですか。少なくとも三〇人はいますが。

G　チームの中心になっているメンバーの話をお願いします。

M　テーブルのお客にサービスをするウェイトスタッフ・チームです。それも数年前のチームが最高でしたね。メンバーは四人です。ブラッドは三五歳前後、プロのウェイターです。本人は自分こそ町で最高のウェイターだというプライドを持っていました。先の読みがすばらしかった。お客はウェイターに何も頼む必要がない。水が欲しい、あるいはデザートのメニューが見たいと思ったときには、ブラッドがすかさずお客の肩越しに水やデザートのメニューを差し出していましたから。

もう一人はゲーリーです。ゲーリーは素直な気持ちの持ち主でした。単純素朴というわけではありません。気持ちがきれいなのです。世界はなごやかなところだ、というのがゲーリーの考えでしたから。いつも陽気で笑顔が絶えませんでした。プロではなかった、と言っているのではありません。実際にはプロそのものでしたから。いつもきちんとした身なりで、プレスの効いたワイシャツを着ていました。けれども私が感心したのはその立ち居振る舞いです。だれもがゲーリーのそばで仕事をしたがっていましたからね。

スーザンはお客を迎える係です。明るくてエネルギッシュ、非常に人当たりがよかった。初めて出勤してきたとき、スーザンには少しばかり常識に欠けるところがあるような気がしました。でもそれは間違いでした。接客は完璧です。千客万来で忙しい夜には「ぎりぎりになっての予約は受けられない」といった話を、感じよく、しかもはっきりと相手に伝えていました。ランチの時間帯には、注文した食事をさっさとすませて支払いをし、すぐ店を出るようなお客もいます。スーザンはこういったお客に目配りをして、スピードが命だとそのテーブル担当者に伝えるのです。絶えず注意を忘れずに適切な判断をしていました。

エマはチームにとっての口数の少ないまとめ役でした。物静かでしかも責任感が強く、チームのメンバーのことをよく知っていましたから、忙しい土曜日の夜が近づいてくるとメンバーを集めて、全員にきちんとした態度を崩さないこと、緊張感を保つこと、そして混乱せずに助け合ってそれぞれの役割をこなすといったことを絶対忘れないようにと改めて説いていました。

この四人が最高のチームを支える大黒柱でした。私が仕事で口を挟む必要はまったくありませんでした。自分たち自身でそれぞれの役割を果たしていたのです。新人を訓練し、適切な事例を教え込み、適性のない人を外すことまでしていました。まる三年間は、あの四人が文字どおりレストランそのものでしたね。

G　その四人はいまどこに。

M　スーザンとエマとゲーリーは皆、ここを卒業して東海岸の方に戻りました。ブラッドはずっとここで働いてくれています。

G　優秀なチームを作るには何か秘密があるのですか。

M　いいえ、秘密などありません。マネジャーにできるのは、従業員がありのままの姿で気持ちよく働けるようにすることです。それがマネジャーの最高の仕事です。いいですか、私たちは皆不安な気持ちを抱えています。仕事の上で、絶えずつきまとっているこの自分たちの不安感と格闘する必要がないとしたら、どれだけありがたいか。私は、ブラッド、スーザン、ゲーリー、エマの欠点を直そうとは思いませんでした。この四人をお互いのクローンにしようとしたこともない。もっと自分自身のよさをそのまま発揮しようとする気持ちになる環境を作り出そうとしたのです。お互いにいじめをせず、そしてお客を満足させ続けてくれている限り、私は四人が皆違っていてもまったく気にしませんでした。

G　どのようにして四人をそんなによく理解できたのですか。

M　自分の時間をできるだけ割いて一緒に過ごしましたよ。よく話を聞きました。夕食に連れ出して一緒に軽く飲んだりもしました。休暇には私の過ごしているところに招待しましたね。四人がそれぞれどんな人間かということに最も興味がありましたから。

G　「なれなれしさは部下に軽蔑の念を生む」という言葉に対してはどうお考えですか。

M　それは間違っていますよ。部下のことをよく知らないままでいたり、そのスタイルや仕事に対する動機、個人的な事情を知らなくて、どうしてその人たちにうまく仕事をしてもらうことができますか。私はとても無理だと思います。

G　マネジャーはだれに対しても同じように接するべきだと思いますか。

M　もちろん思いませんね。

G　それはなぜでしょう。

M　一人ひとり皆違っているからですよ。ゲーリーのことはもうお話ししましたね、どんなに優秀な従業員か。けれども私はゲーリーを二回解雇しているんです。二度ばかり冗談の度がすぎて、本当に私を狼狽させたからです。本当はゲーリーのことを気に入っていますが、そのときはそうしなければなりませんでした。もし私が断固とした態度をとって「来週の月曜日には来なくていい」と言わなかったら、われわれ二人の関係は壊れていたはずです。その事件のあと二回とも、ゲーリーが自分の役割について少しはわかってくれたので、また私が雇いました。私がこういった対処をしたからこそ、ゲーリーはよくなってくれたと思っています。

私の厳しい態度は、ゲーリーには通じましたが、ブラッドにはまったく通じなかったでしょう。ブラッドには、罵声を浴びせても、私の期待とはまったく逆の反応が返ってきたはずです。まず精神的に参ってしまったでしょうね。心を閉ざしてしまうからです。だからブラッドと意見が合わないときには、慎重に、静かな口調で話し合って説得する必要がありました。

G　部下に対してそれぞれ違った接し方をするのは不公平ではないですか。

M　そんなことはないと思います。従業員は自分が理解してもらっていると感じていたいのではないでしょうか。マネジャーが違った接し方をすることによって、従業員自身は自分のことを理解してもらっていると感じるものです。もし従業員のうちの一人が一家の稼ぎ頭であることがわかっていて、従業員全体が与えられた仕事の要求を満たしている限りは、学生の従業員よりこの人に有利な勤務時間を設定するのはほぼ間違いありません。学生は文句を言うかもしれませんが、事情を説明すれば大抵はわかってくれるものです。その上この学生にとっては、自分にも何か特別な配慮をしてもらう必要が起こったとき、「自分自身の」個人的事情を斟酌してもらえるということがこれでわかったということになりますね。これはどんな場合にも、従業員に対する好ましいメッセージになるはずです。

G　ゲーリーの他にだれか、これまでに解雇した人はいますか。

M　残念ですがいます。世間一般のマネジャーと同じように、私も適切な人物を選ばないで事態を悪化させたことがありますよ。

G　従業員を解雇するときの方法を教えてください。

M　すかさず動く。それは速ければ速いほどうまくいきます。自分の部下のだれかがいつも期待はずれの仕事ぶりだとしましょうか、そんなときは待ちの姿勢をとることによって、その人たちに気を遣っていると考えるかもしれませんが、それでは気を遣っていることにはなりません。現実には事態をますます悪化させているだけです。

G　これまで一五年間もの経験をお持ちです。もし何か新任のマネジャーにアドバイスをするとしたら、どんなことでしょうか。

M　私はその道のプロではありませんから。私だって勉強中です。

G　なるほど。それでは長年ご自分の力になったようなアイデアを二、三挙げていただけませんか。

M　そうですね……まず第一は、適切な人材を採用しろということでしょうか。もし適切な人材さえ採用できたら、そのあとはすべて、はるかにたやすくことを運べるはずですから。

そして採用したあとは、その人たちを信頼することでしょう。このレストランでは店のレジが開いたままになっていることはだれでも知っています。もしタバコを買うために二ドル、あるいは当座の合わせに二〇〇ドル借りたいと思ったら、だれでも簡単にできますよ。レジのなかに借用メモを残しておいてあとで返せばいいのですから。私が従業員に対してその最大値を期待すれば、最大値を返してくれるものです。私はほとんど期待を裏切られたことがありません。だれかが期待を裏切ったときにルールや方針を改めて、裏切ったことのない人たちを困らせるようなやり方は間違っていると思いますね。

もう一つは、実力以上に昇進させるな、ということです。実績に対してきちんと給与を支払って、きちんと続けている仕事に対しては、あらゆる方法を使って褒賞を与えるべきです。ブラッドは優秀なウェイターですが、マネジャーにするとむちゃくちゃでしょう。ブラッドは自分が敬意を払っている観客のために仕事をするのが好きなのです。ブラッドが敬意を払っている観客というのはお客のことです。一部の新入りの従業員に対して敬意を抱かないこともあります。マネジャーという立場になると、これらの従業員がブラッドの観客ということになりますから。

そして特に重要なのは、責任逃れをするな、ということです。「これはばかげたアイデアだと思うが、会社がそうしろと言っている」なんてことは決して発言するべきではないでしょうね。責任逃れは自分の持ち場という小さな世界では通用しても、それによって葬式全体、いや失礼、組織全体はどんどん弱体化が進みますから。だから長期的な観点からすると、実際には自分自身の生活も悪化させていることになります。もっと悪いのは、結果的に守れない約束をしてしまう人たちです。会社が自分に対して次に何をさせようとするのかわからないのが現状ですから、私は、この単純なルールを基本に毎日仕事をすることをお勧めします。つまり「部下に対する約束は最小限に、そしてその約束は必ず守ること」。これだけです。わたしのリストはこれで全部です。

G その他に、マネジャーとしての経験でお話しいただけることはありませんか。

M もしあるとすれば、こういうことでしょうか。マネジャーというものは、自分が常に舞台の上にいるということを忘れてはいけない。部下はいつもマネジャーを見ています。その一挙手一投足、一言一句、そしてその話し方が、部下にとってマネジャーを判断する手がかりになります。こうした手がかりが、彼らのパフォーマンスに影響を与えます。だから決して舞台に立っていることを忘れてはいけません。

これがマイケルだ。あるいは少なくとも、マイケルの口から出た言葉だ。われわれは調査期間を通して何千人ものマイケルのようなマネジャーから話を聞き、マイケルのようなマネジャーのもとで働く何万人、何十万人の従業員の話に耳を傾けた。マイケルの意見のうちいくつかは、一般によく言われていることだった。責任逃れをするな、約束は最小限にして必ず守れ。しかしマイケルのみことのりの大半は革命的だ。それはつまり、すべての従業員一人ひとりが自分自身であることに磨きをかけようとする姿勢に力を貸そうとする情熱、一人ひとりに違った接し方をしようとする意欲、従業員と親しい友人関係を築こうとする愛情、人を変えることはできない、できるのはその人の能力を伸ばす手助けだけだと考える精神的余裕、人を信頼する心根だ。マイケルは、すべての優秀なマネジャーと同様、伝統的常識であるルールを打ち砕いている。

読者と同じくわれわれも、変化は現実そのものであると認識している。ビジネス環境は永遠に変化を繰り返し、人を管理するさまざまな手法がはやりすたりを繰り返していることもよくわかっている。しかしながら、われわれは、マイケルのようなマネジャーやその下で働く人たちの話を聞くことによって、そのなかから変化しないものを探しだそうとしていた。才能のある従業員が「どんな場合にも」必要としているものは何か。すぐれたマネジャーは才能をパフォーマンスに開花させることを狙って「いつも」何をしているのか。才能のある従業員を発掘し、仕事に専念させ、引き留めておくための常に変わらない秘密とは何か。一定不変のものとは何か。これらが、われわれが答えを求めようとしているテーマだ。以下の章で、われわれの回答を紹介していくことにする。

第1章

マネジャーにとって最も大切な物差し

シリー諸島沖の惨事
従業員の満足度を測る物差し
一二の質問を使ってテストをする
具体的な実例
登山にたとえて考える

シリー諸島沖の惨事
——重要性だとわかっていながら計測できないものは何か

一七〇七年一〇月のある日、闇夜の濃霧のなかで、大英帝国のある艦隊はその戦艦のほとんどを失った。大海戦があったわけではない。海軍大将クロウズリ・シャヴェルが大西洋上で位置計測を誤り、その艦隊の旗艦がイギリス南西沖にあるシリー諸島の岸壁に激突したことが原因だ。残りの戦艦も盲目的にこの旗艦のあとについていったため、次々に岩に乗り上げて折り重なるように座礁してしまった。四隻の戦艦と二〇〇〇人の命が犠牲になった。

かくも誇り高き船乗りの国にとって、この悲劇的大損害は信じられない出来事だったにちがいない。とはいえ、クロウズリ・シャヴェルの名声に対して公平さを期そうとする立場からすると、これはまったく驚くにはあたらない出来事だったといえる。緯度と経度の概念は、すでに紀元前一世紀に存在していたが、一七〇〇年に至るまで、経度を正確に計測する方法がなかった。つまり、どれほどの距離を東あるいは西に自分たちが移動しているのか、だれ一人確証が持てなかったのだ。当時クロウズリ・シャヴェルのようなプロの船乗りたちは、移動距離を推定するために二種類の方法を使い分けていた。一つは平均の速度を推定する方法。もう一つは物差し代わりの棒切れを船から海に投げ込み、それが船首から船尾まで到達する時間を計る、という方法だ。こんないい加減な方法に頼る以外何もなかった事情を考えれば、この大将の重大な判断ミスを責めるわけにはいかない。

この惨事が引き起こされた原因は、海軍大将のお粗末な判断ではない。本当の原因は、自分たちの運命を左右するほど重要だと認識しているものを測る能力がなかったことだ。この場合、それは経度ということになる。

これと同じようなドラマが今日のビジネスの世界でも演じられている。つまり、才能に恵まれた従業員を発掘し、引き留める能力が不可欠だとわかっていながら、自分たちにそのための腕前があるのかどうかを判断する術をまったく知らない企業が数多く見受けられるのだ。

ジェームス・ヘスケット、W・アール・サッサーそしてレオナード・シュレジンガー共著の『The Service Profit Chain』（邦題『カスタマー・ロイヤルティの経営』日本経済新聞社刊）には、どんな業種でも、常に利益を確保するための「唯一の方法」は、才能を持つ従業員を惹きつけて仕事を任せ、そして引き留めておけるような環境を構築することから始める以外にない、という議論がされている。この論旨には説得力がある。ただこれは普通のマネジャーにとっては自明のものだった。最近の二〇年間におけるマネジャーの大方の認識は、企業の競争力というものはあらゆる職種について最高の才能の持ち主を発掘しその職種に定着させられるかどうかにかかっている、ということだ。これが、厳しい労働市場を背景にして、従業員の気持ちがうつろわないよう企業があらゆる手段を講じようと積極的な姿勢を示している理由なのだ。

ゼネラル・エレクトリック（ＧＥ）で働く場合にはストックオプションが用意されており、現在二万三〇〇〇人がその権利を保持している。アライド・シグナルとスターバックスでは、自分の母親に花を贈るのを忘れたときや、飼っているダックスフントを散歩させなければいけないとき、従業員はその社内コンシェルジェサービスを利用できる。エディー・バウワーでは、コンピューターの端末にかじりついている腰痛持ちの従業員に、オフィス内でのマッサージサービスが用意されている。

けれどもこういった、いわば「ニンジン」は、果たして効果を上げているのだろうか。本当に、最も生産性の高い従業員だけを惹きつけ、引き留めてくれるのだろうか。あるいは、単にだれ彼なく捕まえる、つまり生産性の高い従業員と渡り鳥兵（「何もしない給料泥棒」を決め込み、幸せな気分でいる怠惰な人たちを指す軍隊語）の両方とも捕まえてしまう餌なのだろうか。

本当のところ、実際にはだれもこの答えがわからない。なぜか。すぐれたマネジャーのだれもが、そして立派な企業すべてがその重要さを認識していても、いまだに才能のある人たちを発掘し、仕事を任せ、そして引き留めておく自分たちの能力を正確に計測する手段を確立していないからだ。現実に普及している数少ない計測の指標、たとえば従業員の定着率、欠員を埋めるまでの所要日数、あるいは大量の従業員の意見調査などには精密さが欠落している。これらは船から木切れを落とす計測法のまさに現代版だ。

企業もマネジャーも人手が必要なことはわかっている。両者が求めているのは、単純で正確な物差しだ。ある企業やマネジャーの仕事がどの程度順調なのかを相手と比較しながら、才能のある従業員を発掘し、引き留めるという観点から計測できる物差しだ。これがないとお手上げ状態になってしまうかもしれないことを、多くの企業やマネジャーはよくわかっている。つまり自分たちの方向性が明確になっていても、そこにたどりつくのに必要な人材を確保できないということだ。

そして今では、こうした環境のもとで、単純な物差しを欲しがる強力な新しい組織が現れた。機関投資家だ。

一兆ドル以上の株式を扱う機関投資家協議会（ＣＩＩ）や、二六〇〇億ドルを健全に運用しているカリフォルニア州公務員退職年金基金（CalPERS／カルパース）のような機関投資家は、ビジネスの世界における重要な課題をはっきりと示してくれる。機関投資家が引っ張ってくれれば、他の人たちは皆それについていく。

機関投資家はいつの場合にも究極の数字礼賛者で、大多数の株主の冷徹な声を代弁し、効率と収益性を求めている。伝統的に、資産利益率や経済的付加価値といった現実的な成果にこだわっているのだ。「文化」という「実体の見えない」課題にはほとんど関心を示してこなかった。彼らの頭のなかでは、企業文化の実像は、ソ連で実施された世論調査と何ら変わらなかった。つまり表面的には興味深いが、本質的には見当はずれということだ。

少なくともそれがかつてのやり方だった。しかし最近の価値観の転換で、企業の従業員に対する処遇法にも大いに関心を払うようになりはじめている。事実、ＣＩＩとカルパースの両者は、ワシントンでミーティングを開き、「良好な職場環境の構築……さらにどのように投資先の企業に肩入れして、その生産性向上に寄与している従業員の忠誠心を尊重するよう促すのがよいか」議論している。

なぜ、今になってこのような関心が生まれたのか。それは、企業やマネジャーが認識しはじめたからだ。ソフトウエアのデザイナーであれ、配送トラックの運転手、経理係、あるいはホテルの客室係であれ、現在の世のなかの仕事で最も重要な側面は、トーマス・スチュワートがその著書『Intellectual Capital（知的資産）』で述べているように、「人間の最も根源的な仕事、つまり感じること、判断すること、創造すること、そして人間関係を作ること」ということだ。これは、現在の企業価値の大部分は「その従業員が頭のなかにしまっているノウハウ」にあるという意味だ。さらにこれは、だれかが会社を辞める場合、一緒に価値も持ち出してしまい、たいていはそれが競争相手の手に入る、ということになる。

現代では過去に例がないほどに、企業からの人材流出によってその価値が同時に流出しているのだ。投資家がこの事実に気がついて、ショックを受ける場面もよくあることだ。自分たちの物差しがお粗末なために、その物差しで企業価値の源泉をすべて捕捉できないこともよく知っている。たとえば、ニューヨーク大学スターン・スクール・オブ・ビジネスで教鞭をとる財政・会計学のバルーク・レブ教授によれば、企業のバランスシートに表されている資産と負債のリストは、今では本当の株価のわずか六〇%を反映しているにすぎないという。しかもその不正確さの度合いはますます顕著になっている。一九七〇年代と一九八〇年代には、株価の変動要因に企業の利益額の変動がかかわるのはわずか二五%だった。同教授によると、今日その数字は一〇%にまで落ち込んでいる。

本当の企業価値の源泉は、すでに利益額と固定資産に頼ったおおざっぱな評価ではとうていおよばないほど、さまざまな広がりを見せている。財務担当者たちは皆それについていくのに余念がない。証券取引委員会（ＳＥＣ）前理事のスティーブ・ウォールマンは、探し求めているものを次のように表現している。

もし、われわれが本来の道筋をはずれ……財務指標が、企業活動における本当に重要なものの価値を測ろうとしなくなれば、その計測値の妥当性は軽視されはじめることになる。われわれが本当に必要としているのは、無形資産、研究開発、顧客満足度、そして従業員満足度を計測する手段なのだ。

企業、マネジャー、機関投資家、そしてＳＥＣの理事さえも、つまりどの分野の人たちも、職場環境の強固さを相互に比較するための単純で正確な物差しを欲しがっている。ギャラップはその物差しを一本作り出すことにする。

従業員の満足度を測る物差し
――人的資本はどのようにして測ればよいのか

強力で活気に満ちた職場とはどんなところなのだろう。

メリーランド州オーシャンシティーから数マイルの距離にある企業、ランクフォード・シスコの建物に足を踏み入れても、最初の瞬間は何も特別な印象を受けることはない。ところがやがてちょっと様子がおかしいことに気づきはじめる。あまり嗅いだことのない臭いがしているのだ。それは、食べ物の生臭さと機械油が混ざったような臭いだ。そしてこんな光景が目に入ってくる。大きな棚が何段にもしつらえられ、普通の三倍もある高さの天井まで達している。これらの棚はまるで荷扱い用のデッキやコンベヤーのベルトで飾りつけられているようだ。極寒服に身を固めた人の姿が目に飛び込んできた。冷凍庫の奥から怪しげな輸送用の木箱を引きずって出し入れしているらしく、かえって不安感が募ってくる。

しかしそんな気持ちが収まると、徐々に安心感が湧いてくる。目の前を行き交う従業員は、仕事に集中しながらも明るい表情だ。受付に向かう途中、横目に見る巨大な壁画に描かれているのは、その企業の歴史だと思われる。「初めて従業員を採用した当時のスタンレー・E・ランクフォード。倉庫増築前に建てた最初のオフィスビル……」といった説明がある。受付のスペースでは壁に写真がかけられている。微笑んでいる従業員一人ひとりの写真だ。相当な枚数だ。それぞれの写真の下には銘文があり、勤続年数とそしてもう一つ数字が並んでいる。

「写真は配送担当のドライバーですよ」と社長のフレッド・ランクフォードが説明してくれた。「写真をかけることで、社内の人間全員がドライバーの存在を身近に感じられるようにしているのです。毎日顧客のところに配送に出かけて、社内にいないときでもそれが感じられるように。それぞれの写真の下にある数字はその人が昨年トラックを運転した総マイル数です。つまり私どもは、それぞれ個人のパフォーマンスを積極的に公表しているんですよ」。

ランクフォードは、スタンレー・ランクフォードとその三人の息子（トム、フレッドそしてジム）によって一九六四年に興された、家族経営の食品加工・配送会社だ。一九八一年にはシスコと合併。シスコは一五〇億ドルの大手食品配送会社だった。合併契約の但し書きの重要事項には、トム、フレッド、そしてジムの三人はゼネラルマネジャーとして会社に残ってもよいと記されていた。シスコもこれに同意し、そのおかげで現在、結果的にこれが三人にとって最も幸せな決断となっている。

このランクフォード・シスコの施設は、成長率、従業員一人当たりの売上高、同じく利益額そして市場シェアで、シスコの全施設の上位二五％に入っている。従業員の転職率は一桁で、欠勤率は業界最低、その上商品遺失は皆無に等しい。最も重要なのは、ランクフォード・シスコの施設が常に顧客満足度のチャートでトップを維持しているということだ。

「どういう手を打っているのか」を社長のフレッドに聞いてみればよい。

たいしたことはしていない、という答えが返ってくるはずだ。従業員のパフォーマンス連動型給与の仕組みに満足しているとフレッドは言う。つまりあらゆることを計測している。すべての計測値は記録される。そしてすべての計測値に対して常に報酬の類が与えられる。けれどもそれを秘密にして行うようなことはしない。それを毎日の仕事にしている。顧客と話し合おう。それにふさわしいヒーローにはスポットライトを当てよう。社員に対しては尊敬の念を持って処遇しよう。よく話を聞こう。

フレッドの話し声がだんだん小さくなる。他社が探し求めている秘訣を教えるつもりはないからだ。フレッドが仕掛けていることはそれがどんなものであれ、同社の従業員に対して効果を上げているのは明らかだ。フォークリフトのオペレーターが自分の仕事の出来を語る基準は「最大荷扱い量」と「最小破損量」だ。ドライバーが胸を張るのは、トマトソースが底をつこうとしているレストランに緊急配送したときの話だ。ランクフォード・シスコに対して顧客が期待している品質を維持するためにはどんなささいなことでも絶対に無視しないという従業員の話を、社内のいたるところで耳にする。

同社には八四〇人の従業員がいる。その全員が与えられた仕事に打ち込むことに情熱を傾けているようだ。どのような計測法をあてはめても、メリーランド州ポコモケにあるランクフォード・シスコの施設は絶好の働き場所なのだ。

常に従業員のエンジンをフル回転できそうな仕事環境が読者自身にも作れるようになるだろう。それはパフォーマンスのレベルが一貫して高く、転職率のレベルが低く、そして信頼を寄せてくれる顧客の数が日ごとに増え続けるような、そんな職場のことだ。

自分自身の現実の生活での事例を頭に描きながら、自分自身に問いかけるべき質問はこうだ。この立派な職場の本質は何なのか。どのような要素が「才能のある」従業員だけに魅力を感じさせ、引き留めることができるのか。そしてどんな要素が、最高の従業員、その他の従業員、そして渡り鳥兵などすべての従業員にとって魅力になっているのか。

才能のある従業員は、実際のところ、自分にどの程度の権限が与えられているかということを気にしているのだろうか。これは、ランクフォード・シスコの場合のように、パフォーマンスに対して給与が支払われている企業の話だが。おそらく実際には気にしていないだろう。金銭面での基本的な要求の大部分が満たされさえすれば、才能のある従業員が気にするのは、給与などの報酬面よりも、マネジャーに信頼されているかどうかのはずだ。世のなかの企業は、こぎれいな仕事のスペースと明るいカフェテリアに無駄な投資をし続けるのだろうか。あるいは才能のある従業員は、何よりも清潔で安全な物理的環境を高く評価するのだろうか。

われわれ自身の評価の物差しを確立するためには、これらの質問に答える必要があった。

…………

これまで二五年間、ギャラップは一〇〇万人以上の従業員にインタビューを実施してきた。従業員一人ひとりに対して何百もの質問を繰り返した。それはおよそ職場に関して考えられるすべての面にわたっている。もちろん数えきれないほどの質問は、データを干し草の山のように積み上げるようなものだ。そうしたあとその山を丹念に、干し草の一本一本を調べて針を探しださなければならない。すなわち、強い職場の核心を本当に計測してくれる質問を見つけ出さなければならない。

これは容易なことではない。読者に統計の素養があるなら、われわれがどうして見つけ出したのかその方法を思い切って推測してみるのもよいだろう。それはフォーカスグループの組み合わせ、要因分析、回帰分析、同時有効性調査、そしてフォローアップインタビューなどといった方法だ（われわれの調査手法は巻末の参考資料に詳しく紹介してある）。

とはいえ、もし統計と聞いて、爪で黒板をひっかくのと同じほど嫌な気持ちになるなら、その代わりに次のような話を想像することでわれわれが何をしようとしたのかを理解していただけるだろう。

一六六六年、アイザック・ニュートンはケンブリッジにある自宅のブラインドを降ろし、暗くした部屋のなかに座っていた。外では太陽が明るく輝いている。部屋のなかではニュートンがブラインドの一カ所に小さな穴をあけ、そこにガラスのプリズムを置いてみた。一筋の太陽光がその穴を通過し、プリズムにあたって目の前の壁にきれいな虹を描き出した。壁に現れた完全なスペクトルを見て、ニュートンはプリズムが白い光を分解し、色によって屈折の角度を変えていると考えた。つまり白色光は、実際は可視スペクトルのすべての色、暗い赤から深い紫までが集まったものであり、白色光を発生させるにはすべての色をただ一本の光線に集束させればよい、それが唯一の方法だということを発見したのだ。

われわれは自分たちの統計的分析にニュートンのプリズムの手法と同じ働きをさせたかった。強い職場を分解して、その核心部分を抽出したかったのだ。そうすればマネジャーや企業に対してこのように言えるはずだ。「こうした本質的要素を一つの場所に集約できれば、最も才能のある従業員を惹きつけ、仕事を任せ、そして定着させられるような職場を完成したことになる」。

そこでわれわれは、自分たちが持っているデータの山にあたって、そのパターンを探しだそうとした。どのような質問が同じ要因を測るための異なった手段になるのか。それぞれの要因を測定するために最も適した質問は何か。われわれはだれもが「そうです、まったくそのとおり」と答えるような質問に特に関心があるわけではない。また「いいえ、決してそんなことはない」とだれもが答える質問に困らされるようなこともない。むしろわれわれが探したのは次のような特殊な質問だ。すなわち、仕事熱心な従業員、言い換えれば忠誠心があり「かつ」生産性の高い従業員のほとんどが肯定的に回答する、そしてそれ以外の人たち、平凡な成績の従業員や渡り鳥兵のだれもがわからないと答える、あるいは否定的な回答をする、そんな質問だ。

はっきりした回答が出ると思われる質問、たとえば給与や手当に関するようなものは明確に分析できた。同時に、あたりさわりのないちょっとした質問、たとえば「自分は仕事の上で何をすべきか、要求されていることがわかっている」といった質問が問題の核心に迫っていくことになった。われわれは質問の取捨選択を繰り返した。われわれは質問の再調整や再検討をし、さらに深く掘り下げて、理想的な働き場所について核心部分を見つけようとしたのだ。

舞い上がっていたほこりがおさまり、視界が開けると、そこに発見があった。すなわち職場の強さを測るための質問はわずか一二項目に集約されるという発見だ。これら一二の質問は、自分自身の職場について知りたいことのすべてを引き出せるわけではないが、「ほとんどの」情報と、そして最も「重要な」情報を把握することができる。最も才能のある従業員を惹きつけ、仕事を任せ、そして引き留めておくのに必要な本質的要素を計測してくれる。これらの質問とは次のとおり。

Ｑ１　仕事の上で自分が何をすべきか、要求されていることがわかっているか
Ｑ２　自分の仕事を適切に遂行するために必要な材料や道具類が揃っているか
Ｑ３　毎日最高の仕事ができるような機会に恵まれているか
Ｑ４　最近一週間で、仕事の成果を認められたり、誉められたりしたことがあるか
Ｑ５　上司や仕事仲間は、自分を一人の人間として認めて接してくれているか

Q6　仕事上で自分の成長を後押ししてくれている人がだれかいるか
Q7　仕事上で自分の意見が尊重されているか
Q8　会社のミッション／目的を前にして自分自身の仕事が重要だと感じられるか
Q9　仕事仲間は責任を持って精一杯クォリティーの高い仕事をしているか
Q10　仕事仲間にだれか最高の友だちがいるか
Q11　最近半年間で、自分の進歩に関してだれかと話し合ったことがあるか
Q12　仕事の上で学習し、自分を成長させる機会を与えられたことがあるか

これら一二の質問は職場の強さを測るために最も簡明で、最も正確な方法だ。

われわれがこの調査に着手したとき、これら一二の質問に落ち着くとは考えていなかった。しかしわれわれの「プリズム」を通して数えきれないほどの質問をしたあと、これら的確な質問が最も効果があることがわかったのだ。仮に従業員が一二の質問すべてに肯定的な回答をする環境を作り出せたなら、そのときは立派な職場の構築に成功したことになるだろう。

一見するとこれらの質問は直接的でそっけなく思えるかもしれないが、よく吟味すればするほど、興味深いものに感じられるはずだ。

まず、極端な表現が入った質問が多いことに気がつくだろう。「仕事仲間にだれか最高の友だちがいる」あるいは「毎日最高の仕事ができるような機会に恵まれている」といった質問だ。このような質問をされると、「確かにそうだ」あるいは1～5の数字で表して「5」と答えるのはかなり難しくなる。しかしそれがわれわれの狙いなのだ。われわれが見つけ出したかったのは、最も生産的な部署

だ。そして発見した。それは、極端な表現を外した質問は、区別する力をほとんど失ってしまう、という発見る、最高の人も、そうでない人も、そしてそのあいだの人もすべてこう答える、どんなときにも、だれもが「確かにそうだ」と答えるような質問は、力のない質問なのだ。

そう考えると、この物差しが力を持てるかどうかは、質問でどんな言葉を使うかに大きく影響されるということになる。こうした課題自体はたいして驚く内容ではない。というのも、健康的な職場を作るために重要な要素は、強力な人間関係を築くことと、日常的に互いを讃えることだということが、ほとんどの人にはわかっているからだ。とはいえこれらの要素が現実に存在しているか、もし存在しているならそれはどの程度か、ということについてその計測方法を知らなかったのだ。ギャラップはこれを実行するための最高の質問を見つけ出した。

第二に、給与や手当、上司あるいは組織構造についての質問がまったくないのはなぜか、といった疑問が浮かぶかもしれない。最初はこの種の質問があったが、分析を進めていくうちに姿を消すことになった。それは、これらの質問が重要でないという意味ではない。ただ単にこれらの質問は、だれにとっても、つまり成績のよい人や悪い人、普通の人、すべての人にとって等しく重要だということだ。言うまでもなく、給与が世のなかの平均より二〇％低ければ、その経営者が従業員に魅力を感じさせることは困難になる。しかし、給与・手当の仕組みを世のなかの水準まで引き上げることは、正しいやり方ではあるけれども、それだけで十分とはとうてい言えないのだ。この種の問題は球場への入場券のようなものだ。つまりゲームには参加できる、しかしだからといって入場券が勝利をおさめるための力になってくれるわけではない、ということだ。

一二の質問を使ってテストをする
――物差しは事業の成績と関係するのか

ギャラップは「強力な」働き場所を測る方法の開発に着手した。それは、最も生産性の高い従業員を惹きつけ、引き留めておきながら、一方で渡り鳥兵を退散させるような働き場所のことだ。もしこれら一二の質問が本当にベストだとすると、これらの質問に対して肯定的に答えた従業員が働いているところは業績のよい部署に間違いない。これが物差しを設計した当初の、われわれ自身の目標だった。実際の仕事の場でそれがあてはまるのだろうか。

一九九八年の春から夏にかけて、ギャラップはこれを解明するために大規模な調査を実施した。一二種のさまざまな業種における代表的な企業二四社を調査対象とし、その業績のうちの四項目を計測してそれに得点をつけるのが目的だ。その四項目とは、従業員の生産性、収益性、定着率、そして顧客満足度だった。調査対象の企業にはこれらのデータを集めるのに四苦八苦しているところもあったが、最終的には何とか二五〇〇の事業ユニットを調査対象に加えることができた。「事業ユニット」の定義は業種によって異なっている。たとえば銀行の場合、事業ユニットとは支店であり、サービス業の場合にはレストランやホテル、製造業では工場などだ。

そこでわれわれは、これらの支店や、レストラン、ホテル、工場などで働く従業員にインタビューをして、これら一二の質問に１～５の数字で答えてくれるように求めた。「５＝確かにそうだ」、「１＝決してそんなことはない」、とする五段階評価だ。一〇万五〇〇〇人の従業員から回答を得られた。

われわれはこれらのデータのすべてを集計してから、その分析に着手した。これら事業ユニットごとの、生産性、収益性、定着率の水準、そして顧客によるレーティングのデータをわれわれは持っていた。各事業ユニットの従業員が一二の質問にどのように答えたのか、その回答状況もわかっている。こうして最終的には、仕事熱心な従業員が期待どおり事業成績の達成に本当に貢献するような働きをしていたのかどうかが明確になる。「二四社、二五〇〇の事業ユニット」を横断的にとらえて検証するのだ。

われわれはこれら相互の関連が浮かび上がることを楽観していたが、現実にはそれが明らかにできない可能性もあった。しかし、従業員の考えと事業ユニットのパフォーマンスとのあいだに必然的な関連性があるように「思え」、われわれのなかでは次のような決まり文句をまくし立てている人間がほとんどだった。つまり「幸福な従業員ほど生産性が高い」あるいは「自分の部下に対する処遇が適切なら、その部下は顧客に対して適切な仕事ぶりを示す」。とはいうものの、これらの定説の正しさを証明しようとする調査には、しばしばまったく成果の上がらないこともあった。事実ほとんどの研究では、従業員の意見を聞くための質問一〇〇問のうち、業績との関連性が強いことを明らかにしてくれる項目を五、六項目見つけ出せればそれで幸運だといえる。困ったことに、この種の研究を繰り返すと、一巡するたびに違った五、六項目の質問が浮上する場合がよく起こる。

しかも、この種の研究を「さまざまな異業種にわたって横断的に」実施した者はこれまでだれ一人としていない、ということもわかっていた。これら四つの事業成績、つまり生産性、利益、定着率、そして顧客満足度は、どれもあらゆる企業にとって非常に重要であること、そしてマネジャーが一番簡単に引けるのが従業員のレバーであることとの二つの理由から、従業員の考えとこれら四つの事業成績とのつながりを検証する研究は無数にあると考えてしまうものだ。ところが実際には、それほど研究されていない。ある特定の「企業内部での」こういった関連性を検証した研究を追跡すれば、その結論には有効なものもあれば役に立たないものもあるだろう。ただし企業や業種を「横断的に」追跡した調査はまったくない。驚いたことにこのギャラップの調査が、従業員の考えと事業ユニットのパフォーマンスとの関連性を研究しようとした初めての業種横断的調査だった。

なぜこうした調査の空白が生じるのか。それはおそらく、各企業で同じことを対象にしても、その計測方法が違っているからだ。ブロックバスター・ビデオは売り場の単位床面積当たりの売上高で生産性を計測している。ランクフォード・シスコは出荷個数と破損個数を使っている。ウォルト・ディズニーが定着率の対象とするのはフルタイムの従業員だけだ。マリオットはフルタイムとパートタイム両方の従業員を対象にしている。すべての企業がお互いに歩み寄らず、違った方法でパフォーマンスを計測している以上、従業員の考えと経営のパフォーマンスとの関連性を解明するのはうんざりするほど困難な仕事なのだ。

運のよいことにわれわれはある解決策を思いついた。それはメタ分析だ。これを詳しく説明すると、最も熱心な数字信奉者ですら退屈して眠ってしまうことになりかねないので、ここでは次のように述べるにとどめる。それは、さまざまな企業で使っている互いに異なったパフォーマンスの計測法を横串で束ね、従業員の考えと事業ユニットのパフォーマンスとの本当の関連性を明らかにすることができる、すぐれたテクニックだ（メタ分析の詳細は巻末の参考資料Eを参照）。

このようにしてわれわれは、二五〇〇の事業ユニットのデータ、すなわち一〇万五〇〇〇人の従業員の考えを入力し、メタ分析をプログラムし、「実行」ボタンを押し、そして息をひそめて結果が出力されるのを待った。

結果はこうだ。第一に、一二の質問に肯定的に回答した従業員の方が、生産性、利益、定着率、そして顧客満足度の点でいずれもレベルの高い事業ユニットで働いているということだ。これは企業が異なっても、それと関係なく従業員の考えと事業ユニットのパフォーマンスとのあいだに関連性があることを初めて示したものだ。

第二に、メタ分析は、従業員が自分の所属する企業ではなく、自分が実際に働いている事業ユニットを基準に、独自の姿勢で質問に回答したことを明らかにしている。これはほとんどの場合、これら一二の質問に対する従業員の意見が形成されるのは、その会社全体の方針や手続きより、その直属のマネジャーによるということを意味している。つまりわれわれが発見したのは、給与や手当、特典、あるいは企業のカリスマ的リーダーではなく、マネジャーが、強力な職場を構築する決定的な役割を演じているという事実だ。マネジャーこそがカギなのだ。この発見の詳細についてはあとで改めて触れるとして、ここでは、第一の発見、従業員の考えと事業ユニットのパフォーマンスのあいだの関連性に焦点を絞って議論してみたい。

従業員の考えと事業ユニットのパフォーマンスとの関連性

読者のために巻末の参考資料でわれわれの発見と方法論のすべてを詳細に紹介するが、以下がその概略だ。

・一二の質問はそれぞれが、四つの事業成績、すなわち生産性、収益性、定着率、顧客満足度のうちの少なくともどれか一つと関連している。質問のほとんどは二つ以上の業績に関係がある。一二の質問が最高のパフォーマンスにかかわるごく少数の活力に満ちた従業員を捕捉していたのは間違いない。それは、銀行、レストラン、ホテル、工場をはじめ、その人が働いている事業ユニットと関係がない。この物差しは最も厳しいテストにも合格したということだ。

・読者が期待したように、共通して関連があるのはほとんどの場合（一二のうち一〇の質問）「生産性」についての計測だった。従業員個人の考えとその所属している集団の生産性とは直接的な関連性があるものと常に信じられてきた。しかし実績の数字がこの理論と一致するかどうかを確かめるのは意味のあることだ。

・一二のうち八つの質問は「収益性」と関連性のあることがわかった。これらの質問に積極的な回答をした従業員は、最も「収益性の高い」銀行やレストラン、ホテル、工場あるいは部署で働いていると解釈してよい。この事実には少しばかり驚く人がいるかもしれない。何と言っても、利益は個々の従業員のコントロールをはるかに越えた要因、たとえば価格設定、対抗手段、変動費の管理といったさまざまな要因の関数であると信じている人が多いからだ。ところがこの事実を検討すればするほど、現実の関連性がよく理解できるようになる。一人の従業員が利益に影響を与えられる行動は実に数多く存在している。照明をこまめに切ることから、ねばり強い価格交渉や店のレジに手をつけたい誘惑を払拭することまで、あらゆることがあてはまる。要するに、従業員一人ひとりが本当に仕事に対して熱心に取り組めば、こうしたことはもっと日常的に行われるようになるということだ。

・従業員の定着率はどうか。奇妙なことに一二の質問のうち、わずかに五問が定着率との関連性を含んでいるにすぎない。

Ｑ１　仕事上で自分が何をすべきか、要求されていることがわかっているか

Ｑ２　自分の仕事を適切に遂行するために必要な材料や道具類が揃っているか

Ｑ３　毎日最高の仕事ができる機会に恵まれているか

Ｑ５　上司や仕事仲間は自分を一人の人間として認めて接してくれているか

Ｑ７　仕事上で自分の意見が尊重されているか

ほとんどの人たちは「仕事熱心な従業員は長く会社にとどまってくれる」という一般論を本能的に肯定する。けれども、われわれの調査が示唆しているのは、従業員の考えと従業員の定着率との関連性はこの種の一般論が示すよりも、微妙で特殊なものだという事実だ。他の質問はさておき、この五つの質問に対する回答の中身は、従業員のすぐ上のマネジャーによってはるかに直接的な影響を受けている。これは何を教えてくれているのだろうか。それは、人は会社を辞めるのではなく、そのマネジャーと別れるということだ。かつては優秀な人材を引き留めるために莫大な金が投入されてきた。給与を上げ、特典を与え、高度なトレーニングを提供するなどの手を打つためだ。ところが定着率は、たいていの場合マネジャーの問題なのだ。もし定着率が悪かっ

たら、まずマネジャーに注意を向けるべきだろう。

・一二の質問のうち最も強力なのは、業績の「大半」と「最も強い」関連性がある質問だ。この信念を根拠にわれわれは次の六項目が最も力のある質問だと信じている。

Q1　仕事上で自分が何をすべきか、要求されていることがわかっているか
Q2　自分の仕事を適切に遂行するために必要な材料や道具類が揃っているか
Q3　毎日最高の仕事ができるような機会に恵まれているか
Q4　最近一週間で、仕事の成果を認められたり、誉められたりしたことがあるか
Q5　上司や仕事仲間は自分を一人の人間として認めて接してくれているか
Q6　仕事上で自分の成長を後押ししてくれている人がだれかいるか

マネジャーとして、生産性にすぐれた強い職場を構築するために何をすべきかを知りたいのなら、まず、部下がこれらの六つの質問に確実に「5」と答えるように努力することから始めるのが賢明だ。これらの質問についてはこのあとでまた触れることにする。

マネジャーが企業を滅ぼす

一年に一度、「働きたいと思う企業ベスト一〇〇社」と題した調査が発表されている。選択の基準はたとえば次のような項目だ。「社内に福祉施設があるか」「休暇はとりやすいか」「利益の分配措置

が何かあるか」「従業員教育に熱心か」。企業はこうした基準で検証され、上位一〇〇社のリストが作成される。

われわれの調査によると、こうした基準は本質から外れている。従業員を大切にする全社的な取り組みが重要ではないと言っているのではない。すぐ上のマネジャーの方が、それよりもはるかに重要だというだけの話だ。従業員が働く環境を決め、現実にそれを展開するのはマネジャーだ。もしマネジャーが要求をはっきりと示した上で、部下が理解し、信頼して仕事を任せるなら、その企業に具体的な利益の分配計画が存在しなくても従業員は我慢できる。けれどもそのマネジャーとの関係が壊れている場合には、社内でのマッサージや会社が代わりにしてくれる犬の散歩などといったサービスがどれだけ充実していても、その会社にとどまって仕事をする気にはなれない。進歩的な従業員重視の文化を持っている企業にとどまって、ひどいマネジャーのもとで仕事をするよりも、昔ながらの企業の優秀なマネジャーのもとで働く方がはるかに快適だ。

シャロンはスタンフォードとハーバードの卒業生で、一年と少し前アメリカン・エキスプレスを退職した。シャロンは出版の世界に飛び込むのが希望で、娯楽メディアの巨大企業に入社し、同社が出版しているたくさんの雑誌のなかから一つを選んでそのマーケティング部門の仕事に就いた。定期購読者が購読契約を継続してくれることを狙った優待プログラムを作るというのがその役割だ。本人はこの仕事が気に入っていた。その優秀な仕事ぶりが幹部の目に留まった。シャロンはこの巨大マシンのなかのごく小さな歯車だが、この巨大企業の会長によればシャロンのような従業員、聡明で才能に恵まれ、意欲に溢れた従業員は「わが社の未来の燃料」だという。

この巨大マシンにとって不運なのは、その燃料が漏れ出していることだ。わずか一年後にシャロンはこの会社を去ることになる。次はマーケティングと事業計画の責任者としてレストランの立ち上げに参加する予定だ。ただし傍目にはシャロンのボスが追い出したように見える。

「悪い人ではないのですが」とシャロンは打ち明けてくれた「マネジャーではない、それだけです。意志がはっきりしません。意志のはっきりしない人がよいマネジャーになれるとは思えません。自分の部下と競争しなければならなくなる。私たちが話をしようとしているときに、自分の最新のやり方を自慢するのです。バカな駆け引きをして、だれがボスなのかを思い知らせようとします。先週もこんなことがありました。朝一〇時の入社希望者との面接に現れなかったのです。この人は他でもない、私のマネジャーに会うそのために二時間もかけて会社に来て、待っていました。しかしマネジャーは、前の晩遅くまで飲み歩いていたために来られなかったのです。何と一〇時五分前になって私に電話をしてきて、そのことを面接者に伝えてくれと頼みながら、私に対してお世辞のようなことを言って取り繕おうとしました。君を本当に信頼しているから私を助けてくれるねと。こんな態度はとても許せません」。

シャロンの話を聞いて、これは個人的な意見のぶつかり合いではないか、あるいはいずれにしても問題の原因になっているのはシャロンの方ではないのか、という疑問が湧くかもしれない。そんな場合はシャロンにこう質問してみるとよい。「あなたのチームで、同じように感じている人が他にいますか」。

「よくわかりません」というのがシャロンの答えだ。「自分のボスの悪口を言いたくはありませんから、実際にそのことを仲間と話したことはないのです。けれどもこのことだけは言えます、私が入社したときチームの人数は一三人でしたが、一年後の今では、そのうちのだれ一人として会社に残っていません、私以外は」。

シャロンの会社は、総合的な業績とその従業員を優遇する文化の両方の観点から、見るべきところの非常に多い企業だ。ところがその巨人の奥深いところ、つまり経営陣やウォールストリートの目の届かないところで、一人の個人がその企業の力と価値を衰えさせていたのだ。シャロンが言うように、そのマネジャーは悪い人ではないのだが、悪いマネジャーなのだ。どうしようもない配役ミスで、今では次々と才能のある従業員を追い出すことが日課になっている。

おそらくこのマネジャーは例外だ。あるいはこの巨人では、個人としては才能を発揮して優秀な仕事をする反面、マネジャーとしてはお粗末な人物がその立場に昇進するのが習慣になっているのだろうか。巨人にしてみればきっと例外であってほしいと思っているはずだ。しかしシャロンにとってはどちらにせよ関係のない話だ。退職するつもりであることを会社に告げたとき、会社は給与の増額とさらに上の役職を提案し、おだてて引き留めようとした。ところがこの提案にはシャロンが最も望んでいることが含まれてはいなかった。それは自分の上にいるマネジャーが交代することだ。シャロンは会社を辞めた。

人がディズニーやGE、あるいはタイム・ワーナーに「入社する」のは、有利な待遇や従業員を大切にするという評判に魅力を感じているからかもしれない。とはいえ、入社後「どれだけ長い年月にわたって勤務するか」あるいはその仕事ぶりが「いかに生産的か」を決定づけるのは、そのすぐ上のマネジャーとの人間関係なのだ。マイケル・アイズナー、ジャック・ウェルチ、ジェラルド・レビンをはじめとする世界の有名人にもできることには限りがある。これらの質問によって、従業員の立場から見ると、企業を衰退させるのはマネジャーだ、という結論が引き出せる。

ウォールストリートや業界紙とは違い、従業員が「偉大な企業」や「偉大なリーダー」の神話を奉ることはない。従業員にとって存在しているのは唯一マネジャーだけだ。たくさんの優秀、お粗末、そしてそのどちらでもないマネジャーたちだ。会社全体を指導して立派な企業にするための方策のなかで、おそらくどんなリーダーでもできる最善策はこうだ。まず自分の部下がこれら一二の質問に答えた内容について、個々のマネジャーの責任を必ず明確にしておき、次に、各マネジャーが部下から「確かにそうだ」という回答を確実に引き出すにはどのような行動をとればよいのか、を理解するために力になることだ。

以下の章では、世界の優秀なマネジャーがとっている行動を解説する。

まずは、具体的な実例を取り上げる。つまり具体的な企業、あるいは特定のマネジャーにとって、こうした発見にはどのような意味があるのか、ということだ。

具体的な実例
――こうした発見は企業にとってどのような意味があるのか

一九九七年の冬、ギャラップは大成功を収めているある小売業の会社から、その会社の職場環境の強さを計測してほしいという依頼を受けた。従業員数は三万七〇〇〇人で、三〇〇の店舗を展開している、つまり一店舗当たり従業員がおよそ一〇〇人といった企業だ。どこの店舗に入っても、顧客が普段と変わりなく買い物を楽しめるように店舗が設計されている。建物、レイアウト、製品の陳列、色調をはじめ、すみずみにまで神経が行き届いており、たとえば南部アトランタの店舗がアリゾナのフェニックスの店舗と同じブランドの統一感を演出できるようになっている。

われわれはこの企業の従業員を個別にあたって一二の質問をした。全従業員の七五％から回答があり、その合計は二万八〇〇〇人になった。そのあとで、各店舗がとった五段階評価の点数を眺めてみた。図表1-1はわれわれが検証した二つの例を示したものだ。物差しの両端にある二つの店舗を取り上げている（われわれは質問の回答を1～5の数字で要求した。「1」が強い否定、「5」が強い肯定を表している。図表1-1の数字はそれぞれの質問に対して「5」と回答した従業員の割合）。

この二つの店舗の五段階評価の違いには驚く。この企業がその統括部門から従業員に対して何をしようとしたかといった意志にかかわりなく、店舗のレベルでは、これらのイニシアチブが極端に違っ

図表1-1 「5」と回答した従業員の割合

	店舗A	店舗B(%)
自分に何が期待されているかわかっている	69	41
必要な材料や道具類が揃っている	45	11
毎日最高の仕事をする機会に恵まれている	55	19
最近一週間で、成果を認められたことがある	42	20
上司や仕事仲間が自分を1人の人間として認めてくれている	51	17
自分の成長を応援してくれる人がいる	50	18
最近半年間で、自分の成長について話し合ったことがある	48	22
自分の意見が尊重されている	36	9
会社のミッション/目的にとって自分の仕事は重要である	40	16
仕事仲間はクォリティーに対して真剣に取り組んでいる	34	20
仕事仲間に最高の友だちがいる	33	10
学習し、進歩する機会がある	44	24

た言葉で伝えられ、違った方法で徹底されていたのだ。従業員の立場からすると、店舗Aの方が店舗Bよりもはるかに多く責任ある仕事を任せられるという経験を積んでいるにちがいない。

その例として、人間関係の質の差を見てみよう。店舗Aでは従業員の五一%が一人前の人間として扱われていると思うと回答している。店舗Bではこの数字が一七%にまで下がっている。今日の産業界における変化のスピードを考えると、企業が手に入られる最も貴重な日常的財産は、従業員の「疑しきは罰せず」という考え方だ。もし従業員が自分の会社の要求に対してこの疑わしきは罰せずの態度で接するなら、会社が新規に起こそうとするどんなイニシアチブ(訳者注:全社的な取り組みや運動のこと)にもそれを浸透させるためのチャンスが与えられることになる。そのイニシアチブがどんなに難しいか、あるいは異論があるかどうかにかかわらずだ。店舗Aにはこの貴重な日常的財産がある。ここでは、あいまいなことでも従業員は我慢することができる。その仕事が継続する限り、自分たちのマネジャーはそこにとどまって自分たちを助けてくれると信じているのだ。店舗Bにはこのような好ましい関係はない。マネジャーと従業員との純粋な絆が欠落しているため、新規のイニシアチブはその方向性がどんなにすぐれていても、疑いの目を持って迎えられることになってしまうのだ。

個人のパフォーマンスについてはどうだろう。店舗Aでは従業員の五五％が、毎日最高の仕事ができる機会に恵まれていると答えている。店舗Bではわずか一九％にすぎない。一人当たりの生産性、定着率、そして待遇に対する要求という観点から見た双方の違いは実に大きい。

どの点を取り上げても、これらの違いは一目瞭然だ。

「自分の意見が尊重されている」に関して、店舗Aは三六％だ。店舗Bはどうか。その四分の一、わずか九％だ。

「仕事仲間にだれか最高の友だちがいる」店舗Aは三三％。店舗Bはやっと一〇％だ。

最も奇妙な乖離が認められるのは二番目の質問に対する回答だろう。店舗Aでは四五％の従業員が、自分の仕事を適切に遂行するために必要な材料や道具類が揃っていると答えている。店舗Bではわずか一一％が「5」と答えているだけだ。この項目について奇妙なのは、店舗Aと店舗Bに備えられているのは共に「同じ」材料と機器類だということだ。ところがこれらに対する従業員のとらえ方は両店舗でまったく違っている。あらゆるものが、たとえそれが物理的な環境であっても、店長の色に染められてしまうのだ。

この企業にはある統一した文化がなかった。マネジャーが作り出した数だけ、異なった種類の文化があった。企業が目指している方向性には関係なく、各店舗の文化は、現場の店長や主任独自の産物だった。そのなかにはいい加減な、誤解と疑念のかたまりのような文化もあった。反対に強固な文化もあった、それは才能のある従業員を惹きつけ、引き留められる力のある文化だ。

この企業のリーダーは何と、集計結果に大きなバラツキがあるという事実そのものは非常によいニュースだと考えた。マイナスの話ばかりが目について、大きなバラツキの意味を統括部門からのコントロールに限界があるということだと解釈したのだ。強力な統一的企業文化を構築するという課題は、またたく間に多数の文化を繁殖させるという課題にすり変わってしまった。

しかし反面前向きの見方をすれば、これらの結果が教えてくれているのは、この企業が一部の本当に模範的なマネジャーによって支えられている、ということだ。これらのマネジャーは、部下の才能と情熱をうまく結びつけることによって生産性の高いビジネスを育て上げてきた。生産性の高い従業員を惹きつけようとする努力のおかげで、この企業は中央からの魔法の改善策を試行錯誤する必要がなくなった。それどころか、新たに目をつけた聡明なマネジャーたちがどんな仕事をしているのかを把握することによって、その仕事の設計図を基に自分たちの企業文化を構築することができた。自分たちが抱えている最も優秀な従業員に近い才能を持っている人材の採用にも活かせる。聡明な従業員のアイデアを取り入れて全社に普及させてもよい。最も優秀な人たちの体験に基づいてトレーニングプログラムを作り直すこともできる。強力な文化を築くために、自分たちとよく似た「成功体験」企業、たとえばディズニー、サウスウエスト航空、あるいはリッツ・カールトンからアイデアを拝借する必要はないだろう。「自分自身の」最高の人材から学んでいればそれで十分なのだ。

「最高の人材から学んでそれがどうなるというのか」と疑問に思う人もいるだろう。「一二の質問に対して「5」という回答の多い方が、実際にもパフォーマンスのレベルが高いということになるのだろうか。店舗Aの業績は店舗Bよりも現実に成績が上回っているのか、それも売り上げ、利益あるいは定着率をはじめとする伝統的な経営指標のどれをとっても上回っているのだろうか」。

もちろん、われわれが発見した一般論ではイエスだ。一二の質問に肯定的に答えられる従業員を多く抱えている職場の方が確かに高い生産性を示している。とはいうものの、この答えでは議論が一般的すぎる。読者と同じく、われわれも具体的な事実が知りたかった。そこでこの企業に対して、店舗の生産性を計測するために通常使っている、生のパフォーマンスデータを提供してくれるよう依頼した。これらのデータを入力したあと、一二の質問に対する各店舗の回答データと比較した。わかったことは次のとおり。

・従業員意識調査で上位二五％に入った店舗では、年間の販売予算を平均四・五六％上回っている。これとは対照的に、下位二五％の店舗は予算を〇・八四％下回る。現実の数字で言えば、両方のグループで生じた年間売上高の差は一億四〇〇〇万ドルに達した。もし現実にこの金額が売り上げに寄与していれば、同社の総売上高は二・六％増加することになる。

・利益対損失を比較すると、前の項目よりはるかにすさまじい話になる。調査対象の上位二五％の店舗は予算を一四％上回る年間利益を上げていた。反対に、最下位グループの店舗は何と三〇％も利益目標を下回ったのだ。

・定着率もまた大差がついていた。上位グループを占める各店舗は、最下位グループの各店舗よりも定着している従業員の数が毎年、平均すると一二人多かった。双方のグループを比較すると、上位二五％の数字を上げている店舗で定着している従業員の数は、最下位グループのそれよりも年間一〇〇〇人も多いことになる。仮に平均的な店員の年間給与が一万八〇〇〇ドルとし、新人を雇い入れ、トレーニングするコストを一人当たり給与の一・五倍だとすると、この二つのグループ間における定着レベルの違いに対する同社の負担は、一万八〇〇〇ドルの一・五倍に、さらに一〇〇〇人分を掛けて合計二七〇〇万ドルとなる。これはコストとして目に見える数字だ。顧客や仕事仲間と貴重な関係を築き上げた経験豊かな従業員を失うという損失は数字としては計測が難しいが、著しい損失であることに変わりはない。

これは非常に興味深い結果だ。この企業では、従業員が一二の質問に対して肯定的に答えている事業ユニットの方がはるかに生産性が高い。すぐれた第一線のマネジャーは部下の力をうまく引き出して仕事をさせる。そしてその仕事に熱心に取り組む部下が最高のパフォーマンスを実現するための基礎を作り上げるのだ。

すぐれた物差しはどれも、自分の立場を教えてくれるだけでなく、次に何をすべきかを判断するためにも有効だ。では、すべてのマネジャーが、これら一二の質問に対する回答を確実に「5」にして、部下に意欲的な仕事をさせるために何ができるだろうか。

何よりもまず、どの質問から始めるかを知ることだ。ギャラップの調査でわかったのは、質問のなかには他の質問と比較して重大なものがある、ということだ。つまり、マネジャーはこれら一二の質問を適切な順番で提示すべきだといえる。もし最も重要な質問を無視すれば、それ以外の質問をぶつけてもほとんど何の役にも立たない。事実、多数のマネジャーが痛い目にあいながら気づいたのは、一二の質問の順序を変えてぶつけることは、非常に誘惑的だが同時にきわめて危険だということだ。

その理由をこれから解説する。そしてこれと対照させながら、世界中の優秀なマネジャーが本当に生産効率の高い職場の基礎を作るために何から始めているのかを述べることにする。

登山にたとえて考える
——なぜ一二の質問には順番があるのか

ここで一二の質問の順番についてわかりやすい解説をするために、読者に一つお願いをしよう。山を思い描いていただきたい。最初のうちは、山全体の姿かたち、近づくに従って青から灰色そして緑に変化するような色を想像するのは難しい。けれども山の麓に立ってその存在を感じているとしよう。そこから山登りが始まる。山登りの状況はさまざまに変化するものだということはわかっている。険しいところもあれば、なだらかな道もある。迂回を余儀なくされる渓谷もあれば、どうしても一旦下に下りなければならない場合もある。危険も承知の上だ。寒さや濃霧、そしてなかでも最も危険きわまりないのは自分自身の意志の弱さだ。けれども危険に直面しても頂上のことを考え、登頂したときの快感を想像してまた登りはじめるのだ。

読者はこの山のことを知っている。われわれのだれもが知っている。つまりそれは心理的な登山のことだ。出発地点は新しい職務を与えられて自分に責任が発生した瞬間であり、到達目標地点は、その職務に全身で打ち込んでいると実感する瞬間だ。その山の麓が新しい企業に入社する段階だ。あるいは勤務している会社のなかで昇進して、新しい職務についたばかりかもしれない。どちらにしても長い登山の出発点に立っていることに変わりはない。

マネジャーがこの山の頂上に立ったとしても、その職務に変化はない（山はキャリアの階段を上がることを意味してはいない）。しかしこの職務に対して常に誠実で積極的な姿勢を忘れることはない。機械製作工の場合、自分で思いついたちょっとした心得や秘訣を筆まめにすべて書きとめておけば、それを個人的なマニュアルとして、その技能を身につけようと学んでいる機械製作工のたまごに伝えることができる。青果店の店員の場合はこうだ。店に来た顧客にグレープフルーツは五番目の陳列棚にあると言って、そこまで案内する。そしてその顧客にグレープフルーツはいつも棚の後ろから前に並べられると説明する。「もし本当に新鮮なグレープフルーツがお望みなら、前の方からどうぞ」。だからこそ自分の仕事に打ち込んでいるマネジャーは、どのようにしてたくさんの部下をすぐれた人材に育て上げたのか、その説明を求められると涙が出るほどうれしいのだ。

自分の役割が何であれ、マネジャーはこの山頂での自分の仕事に対して自信を持っている。自分に与えられた仕事の根本的な目的を理解している。そして常にそのミッションを達成するためのよりよい方法を見つけ出そうとしている。まさに全身全霊で打ち込んでいるのだ。

ではどのようにして頂上にたどりついたのか。

この問いに答えられるマネジャーがいたとしたら、そのマネジャーは他の従業員を指導する方法がわかっている人間だろう。ますます多くの人たちが頂上にまでたどりつくための手助けができるはずだ。マネジャーが山登りを助ける対象者が次から次へと増えれば増えるほど、その職場はますます強くなるはずだ。それではこのマネジャーはどのようにして頂上に「たどりついた」のか。どのようにして山を「登った」のか。

ここからしばらくは部下のメガネで山を眺めてみよう。これは心理的な山かもしれないが、現実の山と同じように、段階を踏んで登らなければならない。一二の質問を適切な順番で読めば、それらがどの段階にあるもので、登り続けて次の段階に到達するにはどんな要求を満たさなければならないかを教えてくれるはずだ。

われわれが山登りの段階について説明する前に、読者自身が現在の仕事に初めて着手したときに何が必要だったかを思い出していただきたい。つまりその仕事から何を自分のものにしようとしたのか。当時、自分の考えではどんな要求が最も重要だったか。そして、時間が経ち、落ち着いたところで、どうして変化が必要だったのか。そして現在自分にとって最も優先度の高いものは何か。今日の仕事から何を必要としているのか。

登山の段階について以下の説明を読みながら、こうした考えをいつも忘れないようにしていただきたい。

ベースキャンプ「何が手に入るのか」

新しい仕事を始めるときに必要なのはごく基本的なものだ。自分は何を期待されているのか。どれだけ稼げというのか。通勤時間はどれくらいか。自分専用の部屋を割り当てられるのか。机や電話は。この段階ではこういった質問になるはずだ。この仕事をすることで「私には何が手に入るのか」。

一二の質問のうち、次の二つの基本的な質問がベースキャンプを計測する。

Q１　自分が何をすべきか、要求されていることがわかっているか

Q２　自分の仕事を適切に遂行するために必要な材料や道具類は揃っているか

キャンプ１「自分はどんな貢献をしているか」

少し高いところまで登ってきた。視界が変わっている。以前とは違った質問をしはじめる。自分が仕事で何らかの貢献をしているのかどうかが知りたくなる。自分の力が発揮できる仕事を与えられているか。他の人たちは自分が優秀だと思ってくれているか。そうでないとしたら、どのように思っているのか。助けてくれるだろうか。この段階の質問は「自分はどんな貢献をしているか」が中心になる。自分の「個人的な」貢献と他の人のそれに対する見方に意識が集中するのだ。

以下の四つの質問によってキャンプ１が計測できる。

Q３　毎日最高の仕事ができる機会に恵まれているか
Q４　最近一週間で、仕事の成果を認められたり、誉められたりしたことがあるか
Q５　上司や仕事仲間は、自分を一人の人間として認めて接してくれているか
Q６　仕事上で自分の成長を後押ししてくれている人がだれかいるか

これらの質問はそれぞれ、自分が仕事をうまくこなしていると感じているかどうかを示唆してくれるだけでなく、同時に他の人が「自分自身の個人的パフォーマンス」を評価しているかどうか、一人前として評価しているか、そして自分の成長に期待してくれているのか、を教えてくれる。これらの質問はすべて、「個人の自負心と価値」に焦点が合わせられている。これから明らかになるように、これらの質問に対する答えが用意されない状態のままなら、一体感を感じること、チームの一員にな

ること、学習すること、そして進化することといった希望のすべてが裏切られることになるだろう。

キャンプ2「自分はここの人間なのだろうか」

山登りは続く。これまでにいくつか難しい質問をした。自分自身そして仲間についての質問だが、それがうまくいけば、返ってくる答えによって自分には力が湧いてくるはずだ。そして視界が開ける。周りを見渡してこう自問する。「自分はここの人間なのだろうか」。自分は顧客にサービスするこだわりが極端に強いのかもしれない。他の人たちも皆同じように顧客重視なのだろうか。あるいは自分の想像だけで勝手に自分自身がこうだと決めつけているのだろうか。周りは自分と同じように昔からの習慣にこだわらない人たちなのだろうか。基本的な計測方法がどうであれ、登山のこの段階で本当に知りたいことは、自分が仲間にとけ込んでいるかどうかなのだ。

以下の四つの質問によってキャンプ2が計測できる。

Q7　仕事上で自分の意見が尊重されているか
Q8　会社のミッション/目的を前にして、自分自身の仕事が重要だと感じられるか
Q9　仕事仲間が責任を持って精一杯クォリティーの高い仕事をしているか
Q10　仕事仲間にだれか最高の友だちがいるか

キャンプ3「全員が成長するにはどうすればよいか」

山登りの最後の段階だ。この段階ではすべての人に対してその能力を向上させてほしいと願うもの

だ。そしてこのように自問する。「全員が成長するにはどうすればよいか」。学習、成長、そして工夫するためにもっとよい仕事がしたいと思う。この段階でわれわれが教えられるのは、山を登りきり、三段階をすべて通過して初めて、効果的な工夫ができるようになるということだ。なぜか。それは「発明」と「工夫」とは明らかに違うからだ。発明は単に新規性があるだけだ。すなわちわれわれの大部分は、新しい仕事を始めて数週間たった時点で、与えられた仕事の方法を新たに一七種類思いついても不思議はない。ところが、これらのアイデアには周囲への影響力がまったくないのだ。これとは対照的に、工夫とは「応用可能な新規性」だ。ただし、工夫できる、自分の新しいアイデアを応用できるのは、次のような場合だけだ。仕事に対する適切な期待値を自覚している（ベースキャンプ）、自分の専門分野についてては自信がある（キャンプ1）、周りの人たちが自分の新しいアイデアをどのようにして受け入れるのか、受け入れないのかがわかっている（キャンプ2）といった場合だ。ここまでの一〇の質問すべてに肯定的な答えができない場合は、自分自身の新しいアイデアを応用することはほとんど不可能だ。

以下の二つの質問でキャンプ3を計測できる。

Q11　最近半年間で、自分の進歩に関してだれかと話し合ったことがあるか
Q12　仕事の上で学習し、自分を成長させる機会を与えられたことがあるか

頂上

もし以上一二の質問すべてに肯定的な回答をすることができるなら、そのときは頂上に到達したこ

とになる。自分自身の狙いは明確だ。絶えず達成感を味わうことだ。それはまるで毎日毎日、最高の自分が要求され、最高の自分がそれに応えているといった感覚だ。周りを見渡すと他の人たちもまた、自分自身の難しい仕事に意欲的に取り組んでいるようだ。仲間同士の理解と共通の目的を基礎にして、これらの登山家は先を見据え、積極的に将来の課題に取り組もうとする。頂上に長くとどまっているのは容易なことではない。足場はぐらつき、強い風がさまざまな方向から襲ってくる。しかし頂上に立っているときに味わう気分は何ものにも変えがたい。

では仮に、これが完遂した（あるいは途中で失敗した）心理的な登山、つまり、新しい職務を与えられてその責任が発生した瞬間からその職務に全身で打ち込んでいると実感できる瞬間までの登山だとすると、その次にはどこに行けばよいのだろうか。

キャンプ1、キャンプ3、それとも頂上なのだろうか。

一二の質問を自問自答してみればよい。その答えを考えることによって、その山における自分の位置をもう一度読み取ることができる。自分の会社が時代の変化のまっただ中で、自分自身はベースキャンプにとどまったままどんどん衰弱することもあるだろう。変化は個人にこうした影響をもたらすことがある。つまり純粋に仕事に打ち込もうとしても、不確定な要素が個人の意識を徹底的に痛めつけるのだ（未来がどんなにすばらしいか話すのはやめてほしい。今日私が何をすればよいのかだけ教えてくれればそれでいい）。

自分がちょうど社内で昇進したばかりだとしよう。前の仕事では頂上に立っている気分だったが、今度はキャンプ1に逆戻りだ。新しい仕事と新しいマネジャーが待っている（マネジャーは私のことをどのように思っているのだろうか。そして成功をどんなものだと定義するのだろうか）。幸運に恵まれた場合、自分が新たな山の麓に立たされていることにすぐ気づく。目の前には長い登山が控えている。

言うまでもなく、頂上を目指す現実の方が、こうした想像よりもずっと複雑だ。人はある段階のために、もう一つ別の段階を犠牲にするだけでなく、登山の各段階に対して、それぞれ少しずつ違った価値観を持っている。たとえば、現在の自分の仕事に打ち込むようになったのは、その仕事によって自分の学習と成長のチャンスが与えられているからにすぎない。これはある意味ではキャンプ3に直接舞い降りたようなものだ。そしてもし、こういった高いレベルの要求が満たされるなら、そのときはマネジャーが自分の仕事を明確にしてくれるまで、もうしばらくは辛抱強く待てるだろう（↓ベースキャンプ）。同様に、自分がチームのメンバーと非常に親密な関係を保っていると感じられるなら（↑キャンプ2）、もう少しのあいだは現状に我慢してもよい。チームにおける自分の職務では、本当の才能が発揮できないと考えていても（↓キャンプ1）かまわない。

けれどもこういった類の個人的な二律背反によって、山の本質が否定されるわけではない。つまり、キャンプ2とキャンプ3に対する回答がどれほど肯定的な場合でも、低地での要求が満たされないまま長く放置されればされるほど、本人は消耗して生産性が下がり会社を離れる可能性が高くなる。

実際にキャンプ2とキャンプ3に対して肯定的に答えながら、その下の質問には否定的な答えになるなら、そのようなマネジャーは十分に気をつけた方がよい。きわめて危険な位置にいるからだ。表面的にはすべてがうまくいっている。チームのメンバーのことが気に入っている（↑キャンプ2）、学習し、成長している（↑キャンプ3）、けれども心の奥深くでは気持ちが離れてしまっている。本人は、生産性の面で手抜きをしているからだけでなく、よりよい条件の誘いがあればすぐに船から飛び降りるつもりでいるからだ。
この状態には、次のような名前をつけてもよいだろう。「高山病」だ。

現実の世界では、高山病は高地での酸素不足によって発症する。酸素が欠乏し、動悸が激しくなる。息苦しくなり、めまいがする。山を下りて自分の居場所の高度を下げなければ、肺に水がたまって命を落とす。高山病を防ぐ方法はない。ワクチンもなければ解毒剤もない。克服するには山を下りて、体が順応する時間を稼ぐ以外に方法はない。

経験の浅い登山家はこんなふうに勧めるかもしれない。もし金は溢れるほどあるが時間がないとしたら、ヘリコプターでキャンプ3まで飛んで、そこから頂上を目指すという手もある。ただしこの方法は決してうまくいかない。経験豊富なガイドにはそれがわかっている。高山病は体力を奪い、登頂スピードを腹這い並みにまで落としてしまうのだ。経験豊富なガイドなら、頂上を目指すためにはまず経験を積むことが必要だと言うだろう。実際の登山にあたっては、ベースキャンプとキャンプ1のあいだで相当長い時間をかけなければならない。この低地で時間をかければかけるほど、頂上近くの薄い空気に耐えられるスタミナが強化されるからだ。

心理的な登山でも、やはりこのアドバイスが有効だ。ベースキャンプとキャンプ1がその基本だ。こういった必要な項目に十分時間をかけ、自分たちの必要性を満たしてくれるマネジャーを探しだそう。そうすれば目の前の長い登山を達成するために必要な力を身につけることができるはずだ。これらを無視すれば、心理的に気持ちが盛り上がらなくなってしまう可能性が大きくなる。

高山病の流行

マネジャーとしての見方に戻ろう。

この比喩としての登山の話は、強力で活力ある職場を構築するためのカギが、ベースキャンプとキャンプ1における必要性を満たすことにある、ということを教えてくれる。これこそマネジャーが時間とエネルギーを注ぎ込むべき場所なのだ。低地で部下の必要性が満たされないままでは、その先の山登りの過程で部下に対してどんなことをしてもほとんど見当違いになってしまう。ただし、もしこれらの必要性をうまく満たすことができれば、そのあとの行程、つまりチーム作りと革新への取り組みははるかに簡単になるはずだ。

これはほとんど当たり前の話に聞こえる。ところがこの一五年間というもの、大部分のマネジャーは、山のもっと上の方に精力を集中するように促されてきた。企業の使命の宣言、多様性のトレーニング、自分でことを運べるワークチームなどはすべて従業員の帰属意識の向上を狙ったものだ。総合的な品質管理、リエンジニアリング、絶え間のない改善、学習する組織、これらはすべて、日々進化に取り組み、現状に疑問を投げかけ、そして常に現状を再構築しようとする従業員の要求に応えようとするものだ（キャンプ3）。

これらのイニシアチブは非常によく理解されていた。多くのイニシアチブはきちんと実行されていた。にもかかわらず、そのほとんどは衰退してしまった。たとえば五年前にはマルコム・ボールドリッジ賞がアメリカの産業界で最も人気のある目標だったが、今日ではこれにやっと数社が応募するだけの状態だ。多様性の専門家は、現在「多様性」の適切な定義とは何かという論争を続けている。リエンジニアリングのグルは、人々を再びプロセスに専念させようとしている。しかもわれわれのなかに、企業の使命を宣言することが重要だと考えている人間はほとんどいない。

イニシアチブの現状を考えてみると、むしろ悲しい。これらのイニシアチブの核心部分にはすべて、なかなか見えにくいけれども重要な真実が存在している。しかしそのどれ一つとして長続きはしなかった。

なぜだろう。それは高山病の流行だ。目標が高すぎ、その達成を急ぎすぎたのだ。マネジャーは、リエンジニアリングや学習する組織といった複雑なイニシアチブに自ら積極的に精力を集中する。しかも、その基本に時間をかけることなく集中する。登山の各段階では次のようなことが明らかになる。もし従業員が自分自身に要求されている仕事がわからないなら（ベースキャンプ）、チームのために働こうと意欲を燃やすようにその従業員に指示するべきではない（キャンプ2）。もし自分がふさわしくない仕事を与えられているかのように従業員が感じているなら（キャンプ1）、その人の革新的なアイデアが会社のリエンジニアリングの取り組みに対していかに重要かということを口にして機嫌をとるようなことはすべきでない（キャンプ3）。上司であるマネジャーが自分を一人の人間としてどうとらえているか理解していない従業員の場合には（キャンプ1）、その本人を新しい「学習する組織」（キャンプ3）の一員に加えて混乱させるべきではない。

決して一万七〇〇〇フィート（約五一〇〇メートル）の高地にヘリコプターで降りないことだ。そんなことをすれば遅かれ早かれマネジャーとその部下は山で死ぬことになるのだから。

すぐれたマネジャーが目指すもの

すぐれたマネジャーはベースキャンプとキャンプ1に注目する。強力で活力のある職場の核心は最初の六つの質問で明確になることがわかっているからだ。

Q1　仕事の上で自分が何をすべきか、要求されていることがわかっているか
Q2　自分の仕事を適切に遂行するために必要な材料や道具類が揃っているか
Q3　毎日最高の仕事ができるような機会に恵まれているか
Q4　最近一週間で、仕事の成果を認められたり、誉められたりしたことがあるか
Q5　上司や仕事仲間は、自分を一人の人間として認めて接してくれているか
Q6　仕事上で自分の成長を後押ししてくれている人がだれかいるか

これらの質問に対して、必ず「5」の回答が返ってくるようにすることが、マネジャーの最も大きな責任だ。多くのマネジャーが気づいているように、部下の回答をすべて「5」にするのはおよそ簡単なことではない。たとえば、どの部下に対しても昇進の話をしてご機嫌をとろうとするようなマネジャーなら、「仕事上で自分の成長を後押ししてくれている人がだれかいるか」に対して「5」の回答を獲得できるかもしれない。しかし、部下のだれもが与えられた仕事は自分に合わないと感じていれば、「毎日最高の仕事ができるような機会に恵まれているか」に対して「1」の回答が返ってくる

ことになるだろう。

同じように、仕事の方針と進め方についての分厚いマニュアルを書き、部下の行動を管理しようとするマネジャーは、「仕事の上で自分が何をすべきか、要求されていることがわかっているか」に対して「5」を受け取るだろう。反面、規則でがんじがらめの頑固な管理スタイルをとっていると、おそらく「上司や仕事仲間は、自分を一人の人間として認めて接してくれているか」に「1」の答えが返ってくることになる。

これらすべての質問に対して「5」の回答を確かなものにするためには、一見矛盾しているような責任をいくつかまっとうしなければならない。たとえば、部下全員に対して明確で一貫した課題を与えながら、同時に一人ひとりの部下に異なる接し方ができなければならない。現在の役割に自分の才能を活かしていると部下に感じさせながら、その一方では、自ら成長に意欲を燃やすように仕向ける能力が必要だ。部下一人ひとりに気を配り、一人ひとりを誉めなければならず、必要であれば、そうした部下を解雇しなければならない。

フランシス・スコット・フィッツジェラルドは「第一級の知性の持ち主であることを証明するのは、二つの相反するアイデアを同時に考えられる能力、そして、それでも正常に自分の役割を果たせる能力である」と考えていた。この意味では、すぐれたマネジャーは独自の知性を持っている。第2章以降ではこの知性を取り上げる。世界の偉大なマネジャーの目を通したものの見方と、複雑に絡み合ったさまざまな責任のバランスをどのようにして保っているのか、を理解していただきたい。偉大なマネジャーは、どのようにして実に多くの才能ある従業員をあざやかに見つけ出し、仕事を任せ、そして育てているのかを述べることにする。

第2章

すぐれたマネジャーだけが知っていること

賢者のことば

――ギャラップはだれにインタビューをしたか

世界で最高のマネジャーは、どのようにして強い職場の基礎をつくるのだろうか。さまざまな答えがまるで洪水のように湧いて出て、最も分別のあるマネジャーでさえそれに飲み込まれてしまいそうだ。一九七五年に出版された管理や経営についての書籍は二〇〇冊程度だったが、一九九七年にはこの数が三倍以上に膨れ上がっている。実際のところ、過去二〇年以上にわたってこれらの書籍の著者は、何と九〇〇〇種以上ものシステムや原理原則あるいは表現、実例を引き合いに出して管理と経営の神秘を解き明かそうとしてきた。

こういった矛盾した、あるいは口先だけの、また大部分は伝聞をもとにしたアドバイスの洪水は世の中に溢れ返っているが、それに心を打たれるようなことはほとんどない。正確さと簡潔さが欠けているからだ。何かが忘れられている、そのなかで最も説得力のあるアドバイスでさえ何かが欠けている。ケーススタディーと「これが私のやり方です」式個人の成功物語の書籍が大量に出回っているにもかかわらず、十分な調査はほとんど行われておらず、また現実には計測のための標準的基準などまったく存在していない。世界一のマネジャーにインタビューをしたあと、その答えを十人並みのマネジャーからの回答と体系的に比較した人はだれもいないのだ。一人として優秀なマネジャーに自己分析をさせたことがない。だれもこの情報源を調べようとはしなかった。これが、ギャラップが調査を試みた理由だ。

この二番目の調査は、最初の調査との必然的な関連性を認識して実施したものだ。第1章では意欲的な従業員と事業ユニットの成績との関連性について述べ、あらゆる組織のマネジャーが演じる決定的に重要な役割を明らかにした。第2章では世界的なマネジャーの頭のなかを探求し、どのようにして巧みに従業員の心、頭そして才能を惹きつけているのかを追求する。

毎年毎年、ギャラップはクライアントに対して、その最高のマネジャーにインタビューさせてくれるよう依頼していた。最高のマネジャーを特定することが常に簡単な作業であるとは限らない。そこでわれわれはこんな質問から始めることにした。「どのマネジャーのクローン人間を作りたいと思いますか」。一部の組織では、これが現実にある唯一の評価基準だった。しかし大半の組織にはパフォーマンスの評点が存在していた。生産性と利益を計測する評点、歩留まりや欠勤率、労災事故の評点、そしておそらく最も重要なのは顧客や従業員自身のフィードバックを反映する評点だ。われわれはこれらの評点を使ってすぐれたマネジャーを抽出した。

われわれがインタビューしたのはホテルの支配人、セールスマネジャー、代理人、経理担当役員、製造チームのリーダー、プロスポーツのコーチ、パブのマネジャー、公立学校の教育長、軍隊の大尉、少佐、大佐、そして教会の助祭、司祭、主任司祭などだ。インタビューしたマネジャーの数は八万人を超えている。

すぐれたマネジャーにインタビューした時間はそれぞれ一時間半、イエス・ノーでは答えられない形式の質問をしている。たとえば――

質問1「マネジャーの立場で、次の部下のどちらを選ぶか。一人は一二〇億ドルを売り上げる独立心の強い一匹狼のような人間、もう一人は売り上げが半分の和気あいあいでチームプレーをするような人間。どちらをとるのか、そしてその理由は何か」

質問2「生産性は非常に高いが、書類を処理する際にいつも間違いをしてしまう部下がいるとする。この人の生産性を今以上に上げるためにはどうするか」

質問3「自分の部下にマネジャーが二人いるとする。一人は管理に関して最高の才能を持っている。こんな人間にはこれまで出会ったことがないほどだ。もう一人は十人並みの人間。ポストが二人分欠員になっている。一つは絶好調の分野の仕事。もう一つは不振をかこっている分野の欠員だ。どちらの分野もまだ成長途上だ。すぐれたマネジャーをどちらに配置するか」

（これらの問いに対する優秀なマネジャーの回答は巻末の参考資料Bに掲載）

これらの質問や類似の質問に対する回答はテープレコーダーで録音され、文字起こしされ、何度も読み返された。二番手グループのマネジャーに対してもインタビューで同じ質問をした。この人たちは仕事ができないわけでも、また特別にできるわけでもない。つまり「平均的なマネジャー」だ。その回答も同じように録音され、文字起こしされ、読み返された。

そのあとでわれわれはこの二つを比較した。一二万時間も録音テープを聴き、その五〇〇万ページの記録をくまなく検討した。そして特定のパターンを探しだそうとした。最高のマネジャーの共通項がもしあるとすれば、それは何か。そしてもしその原因があるとしたら、二番手グループとの違いを決定づけるものは何なのか。

すぐれたマネジャーの共通項は一般的に想像されている以上に少ないことがわかった。壁を背にしてすぐれたマネジャーを並べたとしたら、そこにいるのは、性別、人種、年齢そして体つきが実にさまざまな人たちだ。もしこれらの人たちと一緒に仕事をしたとすると、動機づけや方向性そして人間関係の構築などのスタイルがそれぞれ違っているのを実感するはずだ。共通項はほとんどないというのが現実だ。

とはいえ、こういった多様性すべての奥底には、ある一つの考え方、共通の知恵がある。すぐれたマネジャーはだれでも、常にこれをよりどころにしているのだ。

すぐれたマネジャーの知恵

――すぐれたマネジャーのだれもが共通して持っている革命的な考え方とは何か

ある寓話を紹介することで、すぐれたマネジャーが共通して持っている考え方を理解していただくことにしよう。

昔あるところにサソリとカエルが住んでいた。

サソリは池の向こう岸に渡りたかったが、サソリであるために泳げない。そこでカエルのところに行って頼んだ。

「カエルさん、僕を背中に乗せて池の向こう岸まで連れていってくれないか」。

「いいよ」とカエルは答えた。「でも、よく考えると断固お断りだ。泳いでいる最中に君は僕を刺し殺すかもしれないからね」。

「なんでそんなことを考えるんだ」とサソリは反論した。「君を刺し殺そうなんて考えるわけがないだろ。だって君が死んでしまったら、僕も溺れてしまうんだぞ」。

カエルはサソリがどんなに危険かよくわかっていたにもかかわらず、このサソリの論理に納得してしまった。カエルは考えた、この状況ならサソリはおとなしくしっぽをおさめているはずだ。カエルは引き受けた。背中にはい上がったサソリを乗せてカエルは池に入った。ちょうど池の真ん中にさしかかったとき、サソリはやおらしっぽを動かしてカエルを刺した。息も絶え絶えにカエルは叫んだ。「どうして刺したんだ。刺しても自分のためにならないだろ。僕が死ねば君も溺れるんだぞ」。「わかってるよ」と池に沈みそうになりながらサソリは答えた。「だけど僕はサソリなんだ。君を刺すのが仕事なんだよ。それが僕の自然の本性なんだ」。

伝統的常識をもとにすれば、カエルのように考えたいという気になる。人の本性は変わるものだと。そうした知恵はこうわれわれにささやく。一生懸命努力さえすればだれでも望む姿になれる。そうした変化の方向性を決めることがマネジャーの責任である、ということは間違いない。規則や方針を定めることによって、自分の部下が勝手な行動に走ろうとするのを抑えるべきだろう。部下に能力や技能を身につけさせて、足りないところを補うようにする。マネジャーとして最大の努力を傾注すべき目標は、人が持って生まれたものを抑えたり、修正したりすることだ。

すぐれたマネジャーはこの考えを即座に否定する。カエルが忘れたことをいつも頭に置いている。すなわち個人一人ひとりは、サソリと同じように自分自身の独自の本性に忠実なのだ。それぞれが違った動機づけで行動している、つまり個人個人は自分なりの考え方や他人との接し方があるということがよくわかっている。人一人を改造するにはそれなりの限界があることも認識している。とはいえ、こうした違いが存在することを嘆いたり、それを握りつぶしたりしようとはしない。反対に、その違いをうまく活用している。個人一人ひとりが、ますますその人自身になるように力を貸そうとしているのだ。

すぐれたマネジャーが何万人も、こだまのように口にした、ある一つの考え方を紹介する。

人はそんなに変わりようがない。
足りないものを植えつけようとして時間を無駄にするな。
そのなかにあるものを引き出す努力をしろ。
これこそ本当に難しい。

この考え方が、すぐれたマネジャーに備わった知恵の源泉なのだ。部下にどのように接するか、部下のために何をしているか、そのすべてがこの考え方に反映している。すぐれたマネジャーとして成功するための基本なのだ。

これは革命的な考え方だ。この考え方が教えてくれているのは、こういうことだ。なぜすぐれたマネジャーは、人はだれでも無限の可能性を秘めているという話を信じないのか、なぜ自分の弱点を直そうとする人に力を貸そうとしないのか、なぜ部下個人の「黄金律」を破れと言うのか、なぜ部下に対してひいきをするのか、といったことだ。なぜ優秀なマネジャーが、伝統的常識であるルールをことごとく破るのか、も教えてくれている。

単純に聞こえるかもしれないが、これは複雑でよく練られた考え方だ。理解しないままでマネジャーがこれを応用すると、人の弱点は無視すべきだ、あるいはトレーニングはことごとく時間の無駄だと額面どおり主張してしまうことになりかねない。無視も時間の無駄もどちらも正しくない。他の革命的なメッセージと同じように、この独特の考え方には次のような説明が必要だ。すなわち、すぐれたマネジャーはこの考え方をどう応用しているのか。従業員に何を要求しているのか。企業にとってはどんな意味があるのか、ということだ。

これらの質問に対する回答をこれから紹介していくつもりだが、その前にマネジャーという人、つまりすべてのマネジャーが実際には何をしているのかについて、共通の認識を確認しておかなければならない。企業におけるマネジャーならではの働きとは何か。そしてどんな役割を演じているのだろうか。

すぐれたマネジャーだけが実践していること

――すぐれたマネジャーの四つの基本的役割とは何か

トニーはエンターテインメントの巨大な複合企業の役員をしているが、よくある不満をもらしている。「マネジャーとしての実践的能力がないばかりか、マネジャーの役割をまったく認識しないままに、頭のいい一匹狼がマネジャーの立場に昇進させてもらっている。われわれは彼らをリーダーシップの研修コースに送り込んだりもするが、結局、よいマネジャーを目指して日々努力しようとする心構えを持つのではなく、ミニ経営者のような気分になって戻って来てしまう。よいマネジャーになるとはどういうことなのか、わかっている人間はもう一人もいない」。

トニーの考えは正しいかもしれない。よいマネジャーになるとはどういうことなのか、わかっている人間はもう一人もいない。その上、それをだれも気にしていない。伝統的常識によると、マネジャーの役割はすでにそれほど重要ではなくなっている。現在ではマネジャー自身が、スピードや柔軟性、そして敏捷性の障害になっているのは明らかだ。すばやい動きをする現代の企業では、書類のやりとりをしたり、承認のサインをしたり、仕事ぶりを監視させるといった仕事をさせるために大量のマネジャーを採用する余裕はない。必要なのは独立独歩型で自主的に方向性を見定め、その仕事をこなすワークチームだ。リエンジニアリング革命が起こったとき、マネジャーがいの一番に窓際族になったとしても、何の不思議もない。

さらに伝統的常識は、「マネジャー」はだれでも「リーダー」になるべきだと教えている。マネジャーは自分の利口さと、移り気な世界で自分の意志を発揮しようという意欲の両方を動員してチャンスをものにしなければならない。この世界では、物静かで影の薄いマネジャーが生きていくのは難しい。というのはそんなマネジャーではこの世界のスピード、熱気、そして危うさについていけないのだ。その動きから離れていた方が本人の身のためだ。でなければ傷つくだけだ。

伝統的常識のおかげでわれわれは皆、道を踏み外している。確かに、今日のビジネスの重圧はとんでもなく強烈で、変化のスピードにしても首が折れかねないほどの速さだ。企業が求めているのは独立独歩で仕事ができる従業員と積極果敢なリーダーだ。しかしだからといってマネジャーの重要性が消えてなくなるわけではない。実はその反対に、先が読めない不透明な時代にこそ、マネジャーの存在がこれまで以上に重要になる。

なぜか。それはマネジャーだけがこなせるきわめて重要な役割、つまりカリスマ的リーダーや独立したチームではこなすことができない重要な役割を演じているからだ。マネジャーの役割は部下一人ひとりの内面に入り込んで、その部下ならではの才能を解き放ち、パフォーマンスに結びつけることなのだ。こうした役割は部下を一人ずつ相手にするのが最も効果的だ。部下に個別に質問をし、話を聞き、そして一緒に仕事をする。マネジャーが一対一で接することこそ、企業の活力の源泉になっている。激変する時代に企業に活力を与える、それも必要なときに力を集中する活力とできる限りの柔軟性を与えるのが、まさにマネジャーの役割なのだ。

この意味からして、マネジャーの役割は「触媒的」だと言える。他の触媒の場合と同じように、マネジャーの機能は二つの物質間の反応速度を速めて、目指す最終製品を生み出すことだ。具体的には、マネジャーが部下それぞれの才能とその会社の目標とのあいだの反応速度、そしてその部下の才能と顧客の要求とのあいだの反応速度を上げることによって、各従業員に仕事の能力が身につくようにすることだ。何百人ものマネジャーがこの役割をきちんとこなせるようになれば、その企業は強力になり、従業員一人ひとりにも実力がつく。

議論するまでもなくスリム化された今日の世界では、マネジャーの大半が新たな責任を背負い込むことになる。問題解決の専門家やスーパースター、あるいはリーダーになることが求められている。これらは重要な役割だ。すぐれたマネジャーはこういった役割をさまざまなスタイルで実践し、それにふさわしい成功を収めている。けれどもその責任に関する「マネジャー」の側面から見れば、すぐれたマネジャーは皆、この「触媒的」役割を演じることに秀でているのだ。

もう一度ベースキャンプとキャンプ1を測る六つの質問を思い出してみよう。

Q1　仕事の上で自分が何をすべきか、要求されていることがわかっているか
Q2　自分の仕事を適切に遂行するために必要な材料や道具類が揃っているか
Q3　毎日最高の仕事ができるような機会に恵まれているか
Q4　最近一週間で、仕事の成果を認められたり、誉められたりしたことがあるか
Q5　上司や仕事仲間は、自分を一人の人間として認めて接してくれているか
Q6　仕事上で自分の成長を後押ししてくれている人がだれかいるか

これらの質問が触媒的役割とは何なのかを詳しく教えてくれる。これらの質問に対して自分の部下から肯定的な回答が返ってくるようにするためには、マネジャーは以下に挙げる四つの活動をうまくこなす能力を確実に備えていなければならない。「人を選ぶ」「要求を設定する」「動機づけをする」そして「育てる」、これら四つの活動がマネジャーに課せられた最も重要な責務なのだ。たとえ洞察力、統率力、そして知性のすべてを手にしていたとしても、もしこれら四つの活動を正しく実践することができないのなら、マネジャーとして優秀な成績を達成することは決してないだろう。

Ｉ　Ｑ３「毎日最高の仕事ができるような機会に恵まれているか」に対して「そのとおり」という回答を確実にするためには、人を見る目を持っていなければならない。これは当たり前すぎる話ではあるが、頭脳明晰でなければ人を見る本物の目を持てるはずがない。最も重要なのは、人をどこまで変えられるのか、その程度がわかっていなければならないことだ。才能と技量、そして知識の違いを認識していなければならない。このうちのどれが教育で得られるものなのか、どの持ち主を雇い入れる以外にないか、を理解する必要がある。採用候補者が抱いているよい印象を与えたいという気持ちに切り込んで、その本当の才能を見定められるような質問をするにはどうすればよいのか、わかっていなければならない。もしこれらの方法が身についていなければ、マネジャーとして絶えず苦しむことになるだろう。お粗末な人員配置のもとでは、その従業員に対する動機づけや教育が、すべて無駄な努力に終わってしまうからだ。

II　Ｑ１「仕事の上で自分が何をすべきか、要求されていることがわかっているか」、Ｑ２「自分の仕事を適切に遂行するために必要な材料や道具類が揃っているか」に対して「そのとおり」という回答が欲しければ、従業員のパフォーマンスに対する要求をきちんと設定できる能力が必要だ。この作業は単純な要求（目標）の設定だけにとどまらない。これから押し寄せてくる変化の波を眺めることでどれだけ気持ちが動くにしても、自分の部下をいま現在のパフォーマンスに集中させていなければならない。仕事のどの部分を決められたとおりに実行すべきか要求し、どの部分を個人の自由なスタイルでこなしてもよいと指示できるのか、がよくわかっていなければならない。現在の標準化・効率化に対する重要な要求と、個人の才能、独創性に対する同じように差し迫った要求とを調和させる能力を備えていなければならない。もしこのような種類のパフォーマンスに対する要求の設定の仕方がわからなければ、いつまでたってもバランス感覚を欠いたまま、いきあたりばったりで必要以上に多くのルールを押しつけたり、過大な混乱を引き起こしたりするのを繰り返すことになる。

Ⅲ　Q4「最近一週間で、仕事の成果を認められたり、誉められたりしたことがあるか」、Q5「上司や仕事仲間は、自分を一人の人間として認めて接してくれているか」に対して「そのとおり」という回答をしてくれるかどうかは、従業員一人ひとりに対する動機づけの能力にかかっている。マネジャーとして積極的に使わなければならないものが一つだけ存在する。それは自分の時間だ。その時間をだれと使ったか、どのように使ったかがマネジャーとして成功するかどうかの分かれ道だ。だとすれば、最高の部下と、仕事で低迷している部下のどちらに時間を割く方が妥当なのだろうか。自分の弱点を直そうとしている部下に対して力を貸す方がよいのか、あるいはその強みを伸ばそうとする部下を助けた方がよいのか。部下を大げさに誉めることは許されるのか。もしそうなら、それはどんな場合か。もし許されないのなら、それはなぜか。従業員一人ひとりがよい成績を上げるために力を貸すという仕事に秀でようとするなら、これらの質問に答えられなければならない。

Ⅳ　Ｑ５「上司や仕事仲間は、自分を一人の人間として認めてくれているか」も、Ｑ６「仕事上で自分の成長を後押ししてくれている人がだれかいるか」の場合と同じように従業員を育てる能力にかかっている。従業員が自分の席まで来て、「私の今後の方向性はどうなっているでしょうか。私の能力開発を助けていただけますか」といった当然の質問をぶつける場合の答えを用意しておく必要がある。従業員一人ひとりが昇進に向かって力を尽くすべきなのか。仮に何らかの研修クラスに出席を指示し、その費用を肩代わりすると話したとすれば、それは部下に対する適切な行為なのか。おそらく部下に対して親しすぎる態度だと感じるだろう。そこまで親しくなってよいのだろうか。面倒をみるようになった人を解雇しなければならないとしたら、何が起こるだろう。ところで自分の部下に対してどんな借りがあるのか。これらの質問すべてに対してその答えを考えることが、各個人を一人前にして成功に導く、つまり現在の役割と将来の役割の両面で成功に導くためのよりどころとなるのだ。

「人を選ぶ、要求を設定する、動機づけをする、そして育てる」。これが「触媒的」役割のなかで核となる四つの行動だ。企業のマネジャーにこの役割をうまくこなす能力がなければ、そのシステムの完成度がどんなに高くても、またリーダーがどんなにすばらしくても、その企業は次第に崩壊へと向かうだろう。

九〇年代の初期、ある最大手のサービス企業が、自主的に仕事をするワークチームにこのマネジャーの伝統的役割をさせるという実験を試みた。この実験は、業界の有名な経営者、洪水のように湧き出るアイデアを披露しないではいられない人のお気に入りのアイデアだった。その頭に描いたのは、チームで運営するホテルだ。各チームは客室係、フロント係、ベルボーイ、保守管理係、そしてテーブル係などバランスのとれた人員構成になっている。各チームの従業員はそのチームを自主的に管理し、スケジュールを決め、仕事を割り当て、お互いに訓練をすることになっている。お互いの協力を積極的なものにするために、仕事の成果に対する認知や褒賞の対象はチーム単位になっている。個人の成長を促す方策として、それぞれの従業員が自分の給料を上げるには自分以外の仕事のこなし方を身につける以外にないという仕組みにした。つまり学習した役割の数が多い分、給料も多くなるということだ。二人のマネジャーがこの状況を把握している。二人の仕事は従業員を管理することではなく、新しいチームの運営がスムーズに運ぶようにすることだ。このチームのアイデアはすばらしかったが、ただ一つだけ欠点があった。

そしてそのために、この試みはどうしてもうまくいかなかった。

互いに助け合うというアイデア自体は、一流ホテルの従業員と同じようにそのホテルの従業員も気に入っていたが、そのチームの構造そのものが混乱を招いてしまった。最も仕事のできる客室係はフロント係になろうとはしない。客室を整えることが好きだからだ。フロント係はテーブル係が好きにはなれず、テーブル係は、フロントのデスク越しに自分たちの仕事場での騒動を見て、自分たちの大切なレストランでフロント係が起こしている混乱に理解を示すわけがない。従業員はそれぞれに自分が不適当な仕事についているような気持ちになったのだ。こうなると自分は何を要求されているのかがはっきりしなくなる。自分の能力に自信がなくなり、個人の仕事よりチームの仕事優先になることから、自分が重要な存在だと思えなくなってしまう。口げんかが始まり、客が苦情を訴え、わずかに残っているマネジャーが、あちこちの職場の新人を助けざるを得なくなり、あちこちを走り回って火を消したり、曲芸の輪投げよろしく同時多発的な問題に対処したりすることになる。

それは混乱以外の何ものでもない。この計画の責任者は部隊を立て直そうと努力したが、その衰退の流れをとめることはできなかった。結局、このホテルは従来のシステムに戻さざるを得なくなった。さらにその親会社は、より巨大なホテルのコングロマリットに買収されてしまった。

この企業はすぐれたマネジャーのすばらしい力を、巧みなチーム構成で置き換えようという試みに巨額の授業料を支払ったことになる。

困ったことに他の多くの企業も、道筋はやや異なってはいるが同じような運命をたどろうとしている。こうした企業ではこの「触媒的」役割を、人事部門やトレーニング担当に肩代わりさせることを決めている。これらの部門ではそれを受けて、気の利いた選抜の仕組みや能力開発クラスを設けることによって、マネジャーが「自分の仕事を完遂する」ことに専念できるようにするのだ。適切な人材を選んだり、育てたりするといった心配から解放されても、マネジャーは溢れるほど仕事を抱えているものだという考えがあるようだ。

この考えには善意が込められているが、これらの仕事を実際にマネジャーから外してしまうことは、何とその企業から生命力が漏れ出してしまうきっかけを与える行為なのだ。企業が健全であるためには各マネジャーと従業員それぞれのあいだに強い絆が必要だ。自分の部下の選抜にマネジャーが意見を言わなかったり、あるいは部下の現在の良好な業績と将来の成長をだれも評価しなければ、これらの絆は壊れはじめる。

これは、マネジャーに、ツールやシステム、研修クラスを利用させるべきではないという意味ではない。反対に利用できるようにすべきだ。けれども、あくまでその重点は、マネジャーにこれらのツールの使い方を教育することであって、ツールやその部署がマネジャーの代わりをすることではない。マネジャーの役割の核になっているのはこれら四つの行動だ。人を選ぶ、要求を設定する、動機づけをする、そして育てる。一対一でうまくこなせる仕事、つまり個々のマネジャー対個々の従業員のあいだでできる仕事を集中管理することは許されない。

マネジャーはリーダー予備軍ではない

「マネジャーは仕事のやり方を忠実に実践する。リーダーは目標を忠実に達成する」。伝統的常識はこうした格言を大切にしている。これまでに述べたように、格言を利用して、マネジャーに「リーダー」というレッテルを自らに貼れと勧めている。マネジャーの役割を頼りになる地道な努力家とし、リーダーを、先見の明があり、戦略を練ることのできる賢い経営者としている。ほとんどの人は頼りになる努力家よりも、賢い経営者になりたいと考えているため、このアドバイスは積極的かつ前向きのように「思われる」。ところがそんなことはない。このアドバイスはマネジャーの役割をおとしめる以外、何の役にも立たない。マネジャーとリーダーの違いは、一般に考えられているよりもはるかに奥が深いのだ。この違いをないがしろにしている企業は、そのために苦しむことになるだろう。

すぐれたマネジャーと優秀なリーダーのあいだに存在する最も重要な違いは、その関心を集中させている対象だ。

すぐれたマネジャーは「内側に」目を向ける。会社の内部を見る。個人一人ひとりの目標や仕事のスタイル、必要性、そしてやる気の違いに目を向ける。これらの違いは小さく些細なものだが、すぐれたマネジャーは自らこれらに注意を払う必要性を自覚している。これらの些細な違いを理解することによって、一人ひとりがその独自の才能をパフォーマンスに反映させられる正しい方向性を見出すことにつながるからだ。

優秀なリーダーは、これとは反対に「外側に」目を向ける。競争の状況を見つめ、将来や前進のための新たな道筋に目を向ける。世のなかのトレンドに目をつけ、そこにさまざまな結びつきや切れ目を探して、抵抗が最も弱いところで自分たちの有利な点をうまく活かそうとする。リーダーは明確なビジョンを持っていなければならず、戦略的な考えを展開し、組織の活性化を図ることが必要だ。この役目をうまくこなして初めて、これが企業の死命を制する役割となることに疑いの余地はない。ところがこの役割は、一人の個人の才能をパフォーマンスに活かすという難しい課題とはまったく何の関係もない。

すぐれたマネジャーは、リーダーに昇進するのを待っているミニ役員ではない。優秀なリーダーは、高度な仕事ができるようになったマネジャーという単純なものではないのだ。マネジャーとリーダーの仕事の核心には本質的な違いがある。マネジャーとして極めてすぐれているにもかかわらず、リーダーとしてはまったくダメという現象があっても不思議はない。反対に、リーダーとして優秀な仕事をする人が、マネジャーとしては落第ということもある。もちろん、両方の立場ですぐれた仕事をするという例外的な才能の持ち主もいないことはない。

もし、どんなマネジャーに対してもリーダーになることを期待して、この二つの役割を混同したり、あるいは「リーダー」を「マネジャー」のやや進歩した形だと単純に定義した場合には、本当の意味で重要な「触媒的」役割がいきなり過小評価され、マネジャーの仕事が正しく理解されなくなり、最後にはお粗末な結末が待っていることになる。そうなると企業は次第に衰退の道をたどるだろう。

単純にしよう

大手商業銀行でシニアトレーダーを務めるマイクは愕然とした。部下のトレーダー三〇人は今年、過去最高の実績を残した。それぞれのデスクの雰囲気は前向きで協力的だった。ボスは当時、マイクに相当高額のボーナスを奮発していた。にもかかわらず人事部門から、会社で最悪のマネジャーだと通告された。いきなりやってきてこう言われたのだ。「あなたはわが社で最悪のマネジャーですよ」。

「なぜそんなことが言えるんだ」とマイクは切り返した。

「この三六〇度評価の結果ですよ」がその答えだった。「あなたの直接の部下がこれらの二五の能力項目についてあなた自身を評価しています。なかにはいくつか非常に高得点のものもありますが、われわれが計算したところでは、あなたの総合的な平均点は社内で最低です。今後数カ月、これらの得点の低い項目について改善する努力をしてください。というのは、来年この調査をもう一度繰り返して実施する予定だからです」。これは脅迫ではなかった。たいした脅迫では。しかしマイクには、常に自分が観察されて、困難で長い一年を過ごすことになるのがわかっていた。

マイクは運の悪い善意の犠牲者だ。企業によっては、マネジャーの重要性を見落とすというワナに陥らないよう、あわてて反対の極端な方法に走ったところもある。しかしマネジャーの役割を細かく定義しようとしたために、恐ろしく長い「実践の能力」を成績のよくないマネジャーに押しつける結果になってしまっている。その実例を挙げる。これは「フォーチュン50」に選ばれた企業が数多く利用しているマネジャーの能力から拾ってきた項目のリストだ。

・変化への対応
・自己認識
・プランの作成
・説得力のあるビジョン
・ひらめき
・戦略的敏捷性
・部隊の掌握
・リスクに対する挑戦
・主導権の確保
・事業の実践とコントロール
・結果主義
・多様性の管理
・広い視野
・冷静沈着

・対人関係に対する鋭い感覚

マイクのようなマネジャーは、これらの能力について、上司、直接の部下、そしてときには同僚から点数で評価される。成績のよい分野ではおおざっぱな評価がされ、点数の低い分野は「可能性のある分野」というレッテルを貼られて、来年の「個別の成長プラン」の重点事項となる。

現場のマネジャーにこれらがどのように受け取られるのか想像してみればよい。「『説得力のあるビジョン』を持ちながら、どうやって『広い視野』を維持できるのか」「どうすれば『主導権をとり』ながら、『対人関係に対する鋭い感覚』を維持できるのか」。とんでもない無理難題だ。スーパー・マネジャーを生み出そうとするのはよいアイデアに思えるが、フランケンシュタイン博士の計画と同じように、例外なく少々ばかげた、気味の悪い結末になるだけだ。

結局のところ、どんなにその意図がよいものであっても、この種の過剰な定義は必要ない。企業は、すべてのマネジャーに対して、その部下をまったく同じ方法で管理するよう強いるべきではない。マネジャーはそれぞれ、自分ならではのスタイルをとるだろうし、またとるべきなのだ。企業にできる、あるいは企業がしなければならないことは、マネジャー全員が触媒的役割の核となる四つの行動に常に専念できるようにすることだ。つまり、人を選ぶ、要求を設定する、動機づけをする、そして育てる。違ったスタイルがいくつあってもかまわない。とにかくマネジャーがこの役割をうまくこなせば、その基盤ができあがる。人間として可能である限り、すべての従業員一人ひとりの才能が解放されて、そのパフォーマンスに反映され続けることになる。そんな企業がより強くなれるのだ。

四つのカギ
――すぐれたマネジャーはこれらの役割をどのように演じるのか

触媒的役割という言葉は、すぐれたマネジャーが「何を」しているかを教えてくれる。しかし、「どのように」するのかはまったく教えてくれない。

それではすぐれたマネジャーはどのようにしてその役割をこなしているのだろうか。どのようにして部下の潜在的エネルギーを解放しているのか。どのようにして人を選んでいるのか、部下への要求を設定しているのか、そして動機づけし、部下を一人残らず成長させているのか。

アメリカ映画「レイダース　失われた聖櫃《アーク》」にこういうシーンがある。聖櫃の発掘地点を割り出そうとインディ・ジョーンズが頭を悩ませている。インディの敵、ナチはすでに発掘を開始していたため、ナチを出し抜いて聖櫃を手に入れるのは絶望的と思われていた。聖櫃の埋蔵地点は、古代の杖の頭部の飾りに刻み込まれている。エジプト人の古老がそれを手にとって、刻まれているサンスクリット文字をゆっくりと正確に翻訳しはじめた。それを聞いていたインディの足が突然止まった。ナチが古代文字を間違って解釈していたことに気づいたのだ。そうだ、ナチの計算は間違っている。彼らの杖は長すぎるのだ。インディは相棒の方を振り向いて、にやりと微笑んだ。「やつらは間違った場所を掘っている」。

マネジャーの四つの基本行動に話題を戻せば、伝統的常識は「間違った場所を掘って」いる。そのアドバイスは核心に近い、非常に近い。しかしすぐれたマネジャーの目を通して観察すると、それぞれの要素が、それこそほんのわずかではあるが明らかに的から外れていることがわかる。たとえば伝統的常識はこんなことをアドバイスしている。

1 **人を選ぶ**　経験や知識、意志の強さをもとにして
2 **要求を設定する**　正しい手順を定めることで
3 **動機づけをする**　本人の弱点を見極め、その克服に力を貸すことで
4 **育てる**　学習し、昇進ができるように手助けすることで

表面上、このアドバイスには何も間違ったところはないように思える。事実、多くのマネジャー、多くの企業は熱心に従っている。ところがこれらのアドバイスは、すべて的外れだ。経験と知識、そして決断力をもとにして人を選ぶだけで優秀なチームが作れるわけがない。正しい手順を定めて、従業員の弱点を直すことが、力強いパフォーマンスを生み出す最も効果的な方法であるわけはない。梯子を継ぎ足してさらに上に登れるようにしてやるということは、人を「育てる」ということの本質から完全に外れている。

すぐれたマネジャーに共通する、革命的考えを思い出していただきたい。

人はそんなに変わりようがない。
足りないものを植えつけようとして時間を無駄にするな。
その人のなかにあるものを引き出す努力をしろ。
それこそが本当に難しい。

もしこの考えを触媒的役割の中心的行動に応用すれば、以下のことがわかるはずだ。

1　**すぐれたマネジャーは才能で人を選ぶ。**経験や知識、意志の強さでは選ばない。
2　**すぐれたマネジャーは成果を適切に定義する。**適切な手順を定義するのではない。
3　**すぐれたマネジャーは部下の強みを活かすことに専念する。**弱点に注目するのではない。
4　**すぐれたマネジャーは部下の強みに適した場所を探り当てる。**単に梯子を上に継ぎ足す（昇進させる）のではない。

われわれはこの革命的アプローチを、すぐれたマネジャーの「四つのカギ」と名づけることにした。この四つのカギは一体となって、どのようにこれらのマネジャーが従業員個人の潜在的能力を一人残らず引き出すのかを明らかにしてくれる。
これらの四つのカギがそれぞれどのようにして機能するのか、そして読者自身がどのようにすれば自分の部下に応用できるのかをこれから検討してみよう。

第3章

第一のカギ

才能に恵まれた人材を選び出す

すぐれたマネジャーはどのように才能を定義するか
適切な才能
頭脳の一〇年
技能、知識、そして才能
才能が決める世界
すぐれたマネジャーはどのようにして才能を見つけ出すのか
コーチからのアドバイス

すぐれたマネジャーはどのように才能を定義するか

——なぜ、どんな職務でも非凡な成績を残すためには才能が必要なのか

われわれは、才能というとすぐにそれは万人が認める非凡な能力のことだと考えてしまう。特にこの「万人が認める」という言葉を強く意識している。マイケル・ジョーダンの場合がそうだ。すばやい身のこなしで相手ディフェンスをかわしながら、鋭くバスケットに切り込んでいく。ジョーダンに輝きを与えている本当の源泉は、トレーニングでもその強固な意志でもないことが、われわれにはわかっている。ジョーダンはトレーニングもすれば、強固な意志も持っているだろうが、それはNBAに所属している他のプレーヤーの場合もほとんど同じことだ。だからこの二つの要素だけでは、なぜマイケルが輝いているのかという理由の説明にはならない。つきつめればその秘密兵器は、マイケル自身の才能なのだ。ロバート・デ・ニーロの場合も同じだろう。つまりデ・ニーロには才能がある。タイガー・ウッズ、ジェイ・レノ、マヤ・アンジェローは皆それぞれ、才能クラブのメンバーだ。秘密の贈り物に恵まれている。われわれ凡人の目には、才能というものはきわめて珍しい貴重なもので、雲の上のような人にだけ与えられているように映る。こうした人たちはまったくの別人だ、才能の持ち主だ。「われわれとは違う」というように。

すぐれたマネジャーは、この才能の定義には賛成しない。これでは意味が狭すぎるし、特殊すぎる

という。すぐれたマネジャーによる才能の定義はこうだ。「生産性の向上に役立つ考え方や感じ方、あるいは行動の習慣的パターン」。ここで強調されるのは「習慣的」という言葉だ。自分の才能とは、自分自身が頻繁に繰り返している習慣的な行動のことだという。メンタル・フィルターを持ち、自分の世界をそれによって取捨選択している。つまり、ある特定の刺激には意識を集中するが、それ以外のものは無意識のうちに捨て去ってしまう。人の顔だけではなく、同時に名前も憶えられるという努力のいらない能力は、ある種の才能だ。調味料棚の瓶をアルファベット順に並べたり、衣装戸棚にカラーコードをつけようという気になるのもある種の才能だ。クロスワードパズルが好きなのも、危険を冒したくなるのも、短気な性格も、やはり才能だ。生産性の向上に役立つ習慣的な行動はどんなものでもすべて才能だ。非凡なパフォーマンスを生むカギは、言うまでもなく、自分の才能と職務との一致を探ることにあるのだ。

この才能の定義は何も特別なものではなく、特徴がないように思える。ところがこの定義のおかげで、すぐれたマネジャーには重要な発見をする道筋が開けている。どんな職務でも、非凡なパフォーマンスを発揮するには才能が必要だ。なぜなら、どんな職務でも、非凡なパフォーマンスを発揮するためには、そのための具体的な考え方や感じ方あるいは行動の、ある「習慣的」パターンが必要だからだ。つまりこれは、優秀な看護婦には才能があるという意味だ。優秀なトラックドライバーや教師、家政婦、そして客室乗務員も同様だ（これらの才能についてはこの章の後段で触れる）。

非凡な能力が「万人が認める」ものか無名のものかに関係なく、すぐれたマネジャーには非凡な能力が才能なしには生まれてこないことがよくわかっている。

適切な才能

――なぜ才能は、経験や知識、意志の強さよりも大切なのか

伝統的常識によると、マネジャーはほとんどの仕事の場合、必要な人材を経験、知識あるいは意志の強さをもとに選ぶべきだということになっている。才能は、仮にその記述があったとしても、あとで考えられた付け足しにすぎない。

伝統的常識は次のように言う。

経験によって差がつく　経験を特に重視するマネジャーは、採用候補者の職歴に最も注目する。一人ひとりの履歴書を隅から隅まで検討する。過去に勤務した企業のレベルを比較評価し、具体的な仕事の実績に点数をつける。本人の過去という窓を通して、その将来を見通すのだ。

知識によって差がつく　これらのマネジャーは知性を信じている。だから人は利口である限り、ほとんどの職務を「こなす」ことができると主張する。利口な人は他の人より「職務をこなす」力がすぐれているということだ。人を選ぶときには、高学歴の候補者を採用したがる傾向が強い。

意志の強さによって差がつく　これは「成功は一〇％のひらめきと九〇％の汗と努力」学派の思想だ。この学派のマネジャーは、ほとんどの職務の技術的な部分は教えることができるが、障害に立ち向かい仕事を達成しようという意欲は教えることができない、と信じている。人を選ぶときは、本人の意志の強さを証明する過去の実績を要求することになる。

このアドバイスが有効である限り、すぐれたマネジャーはその内容すべてに同意する。つまり、経験は貴重な教訓を伝えることができる、知識は恵みだ、そして意志の強さ（すぐれたマネジャーは実はこれに才能というレッテルを貼っている）はほとんど教えることが不可能だ、といったことだ。ところが伝統的常識はここまでが限界だ。その他に実にさまざまな才能があること、経験よりも、知識よりも、そして意志の強さよりも、すべての職務で最高の能力を発揮するために不可欠なのが、それに適した才能以外にないことを見落としている。そういった才能とは、たとえば、きちんと話ができるウェイターの能力、看護婦の思いやりの気持ち、販売員の積極性、マネジャーの個々の部下に合わせた管理能力などがあげられる。ところが伝統的常識には、これらの行動は採用されたあとで訓練によって身につけられる、あるいはこれらの性格は仕事のパフォーマンスにとってたいして重要ではない、という思い込みがあるのだ。

しかし、この思い込みは間違っている。

第一に、才能を教えることはできない。確固とした意見を持つことや、人の気持ちに共感する、あるいは議論に熱中する、個人一人ひとりを活かす方法の微妙な違いを理解するといったことを教え込むことはできないのだ（これが事実であることをこの章の後半で解説する）。

第二に、才能は個人の仕事のパフォーマンスを向上させる原動力である。これは、経験や知識、あるいは意志の強さが重要でないという意味ではない。ただそれよりも従業員自身が、仕事に対する意欲、考え方そして人とのつきあい方といった自分自身の才能を総動員することの方が「はるかに」重要だ、ということなのだ。

経験や知識、意志の強さを基準にどれだけ慎重に人を選んでも、パフォーマンスのバラツキはどうしても避けられない。第1章で取り上げた小売業の会社を例にとろう。どの店長も皆同じ条件を与えられ、同じ内容のトレーニングを受けているにもかかわらず、利益計画を一五％上回る成績の店長もいれば、三〇％下回る者もいる。

ある大手の通信会社では、カスタマーサービスで働く成績の芳しくない担当者の場合、同じ顧客から受け取る苦情電話の回数が最も優秀な担当者の三倍もある。年間に顧客から受ける電話回数は何百万件だ。そのための会社のコストは電話一回当たり一〇ドルかかることを考え合わせると、この担当者のパフォーマンスのバラツキに経営者が関心を寄せるのはしごく当然の成り行きだ。

これと同様の例を挙げてみよう。全国展開しているトラック輸送会社の報告によると、同社の平均的ドライバーは年間一二万五〇〇〇マイル（二〇万キロ）を走り、そのあいだに平均四回事故に遭っている。ところが最も優秀なあるドライバーのなかには、四〇〇万マイル（六四〇万キロ）の無事故を祝ったばかりの者もいる。

どんな職務にもパフォーマンスにバラツキの幅がある。それは、どんなに簡単に見える職務でも同じことだ。経験や知識、そして意志の強さは、すべてパフォーマンスに著しい影響を与えてはいるが、このパフォーマンスのバラツキを説明できるのは、職務にふさわしい才能、つまりその職務に適した行動の習慣的パターンが存在するという事実以外にはない。その他の要因がすべて同じだとすると、なぜ同じ職務をこなすのにできのよい人もいれば苦しむ人もいるのだろうか。

経験、知識そして意志の強さを基準にして採用候補者が慎重に選ばれる場合の極端な例を挙げてみよう。この候補者たちは専門的なトレーニングを積んではいるが、やはりそれぞれのパフォーマンスに大きな差が認められた、そんな例の話だ。

ドン・フリッキンジャー准将はきわめて気の重い、歴史的なミッションを突きつけられていた。この困難を極める任務を遂行させるために七人を選び出し、訓練しなければならなかったのだ。それまでだれ一人としてこの任務にあたった経験がなく、各個人にはその任務を遂行するチャンスが一度しか与えられていなかった。これはとても大きな賭けだった。この任務を完遂すればアメリカの威信を回復させせられる。失敗すれば、自信をつけている東側陣営をますますつけあがらせることになってしまう。

どんなマネジャーでもそうするように、准将は膨大なエネルギーと時間を使ってこの任務にふさわしい人物を探しだそうとした。まず、自分が要求する最低の資格条件を設定した。その条件とは年齢三五歳以下で身長五フィート一一インチ（約一八〇センチ）以下、最高の健康状態であること、軍のテストパイロット学校を卒業していること、そしてジェット機での飛行時間が一五〇〇時間以上であることだった。

この基準を無事パスした合格者は、最も厳格な体力テスト、そして心理テストを受けることになる。身体的持久力のテストは、たとえば肺活量がどれだけあるかといったことだ。心理的な安定度を測るテストでは、いつ終わるかを知らされないまま、どれだけの時間「感覚を遮断された部屋（真っ暗闇と無音の状態）」に耐えられるかを試す。苦痛に耐えるテストはこうだ。長い針を親指の付け根の筋肉に突き刺し、そこに電流を流したらどんな反応をするかを試す。

こうして准将は七人を選び出した。

合格したのは、アラン・シェパード、ガス・グリソム、ジョン・グレン、スコット・カーペンター、ウォリー・シャーレー、ゴードン・クーパーそしてディーク・スレイトンだった。マーキュリー宇宙計画に参加する七人の宇宙飛行士の誕生だ。

そしてすぐれたマネジャーならだれでもそうするように、准将は選抜したあと飛行士を訓練した。飛行士は、重力やロケット推進の難しい理論から、宇宙の真空中におけるヨー（機首の左右の揺れ）、ロール（機体の横揺れ）そしてピッチ（機体の縦揺れ）といった機体運動のコントロールの仕方まで、あらゆることをたたき込まれる。最高の先生につき、最新鋭の機器が与えられ、訓練づけになった。七人は、二年以上のあいだに最新の技能と知識をたっぷりと身につけたのだ。

一九六一年五月五日には、すべての訓練が修了した。アラン・シェパードによる一五分間の弾道飛行が、それ以降に計画されていた六回の飛行のさきがけとなった（ディーク・スレイトンは心臓に問題があったために外された）。この計画の最後を飾ったのは、ゴードン・クーパーが乗り込んで地球を二二周した三四時間の軌道飛行だった。

一九六三年五月一七日、クーパーが無事着水したことによって宇宙開発競争でソ連に追いつき、アメリカの威信は保たれた。そして月への飛行の基礎ができあがったのだ。

あらゆる角度から見て、このＭＩＳＳ（緊急有人宇宙飛行）計画は緻密なプロジェクト遂行の模範だといえる。すなわち徹底的に選び抜かれ訓練された人間、そのだれもが特定の任務に専念し、国の期待を一身に背負っている人間と最高のテクノロジーとの結合というモデルだ。これで成功しないはずはない。

しかしもっとよく観察してみよう。マーキュリー計画を文字どおり経営というレンズを通して検証してみると、この計画が決して非の打ちどころのないプロジェクトではなかったことが理解できるはずだ。六つの飛行計画は互いに非常に違ったものだ。ここで各宇宙飛行士の並はずれた努力と知性に満ちた勇気をしばらく別にして、この六つの飛行計画そのものに関してそれぞれのパフォーマンスのクォリティーを比較、ランクづけをしてみよう。そのうちの二つが教科書どおり、二つが英雄的、そして残りの二つがまずまずという評価になる。さらによく観察すると、ほとんどの場合このパフォーマンスのバラツキの原因は個々の宇宙飛行士自身であることがわかるはずだ。

アラン・シェパードとウォリー・シャーレーは二人とも堂々とした軍人で、与えられた任務を完璧に実行した。ドラマもなければ突発的事態も起こらない、まさに教科書そのものの任務完遂だった。

ジョン・グレンとゴードン・クーパーの場合は少しばかり特殊だ。グレンは英雄のなかの英雄だった。クーパーは実に冷静な男で、何と発射台で待機しているときでさえひと眠りすることができた。二人ともそれぞれ深刻な機械トラブルに見まわれたとき、英雄的な冷静さと技術的な聡明さでこれを克服した。特にクーパーの場合、最も操縦の難しい着水を見事に成功させている。大気圏再突入誘導システムが完全にその機能を失っていたのだ。

ガス・グリソムとスコット・カーペンターのパフォーマンスは、他の四人と比較して特に見るべきところはない。

グリソムの操縦ぶりは実にあざやかだったが、そのカプセルを着水させたあとパニックに陥ったようだ。脱出用ハッチの吹き飛ばしが早すぎたために、カプセルは浸水し、一万六〇〇〇フィート（約四九〇〇メートル）の海底に沈んでしまった。NASAは二度とこの重量三〇〇〇ポンド（約一三六〇キロ）のカプセルを回収することはできなかった。

またカーペンターは宇宙に飛び出してから大いにはしゃぎまくり、軌道周回中にカプセルの姿勢を変えて遊んだため、燃料をほとんど使い果たしてしまった。地球の大気圏に再突入する段になって、適切な再突入角度に姿勢を修正することができず、結局、予定の帰還位置から二五〇マイル（四〇〇キロ）も離れた海面に着水している。運のいい男だった。大気圏への進入角度があと二度浅ければ、カプセルは大気圏にはね返されて、永遠に宇宙をさまようことになっていただろう。

これら宇宙飛行士のパフォーマンスを観察して、NASAはこんな疑問を持ったにちがいない。「なぜパフォーマンスにこれだけの違いが生まれるのか。われわれは経験と、知力、そして意志の力を基準に選抜した。全員に同じ訓練をし、同じツールを与えている。それなのに、なぜパフォーマンスに差ができるのだろう。どうしてクーパーがその任務を見事にこなし、カーペンターがお粗末だったのか。グレンは冷静に行動したのに、なぜグリソムにはそれができなかったのか」

その答えはこうだ。多くの点でお互いによく似ていても、そして他の仲間よりずば抜けた鍛え上げられ方をしていても、この六人の男たちはそれぞれ違った才能の持ち主だったからだ。

それはどういうことか。つまりそれはこういう意味だ。この男たち一人ひとりが同じ刺激を受けても、その刺激に対する反応と行動には大きな違いが生まれる、ということだ。軌道周回中、カーペンターは興奮の度がすぎて姿勢制御用ジェットを思わずおもちゃにしてしまった。これとは反対にクーパーは実に冷静で、何と周回中にしばらく睡眠をとっていた。発射の瞬間にグリソムの心拍数は一五

○にまで急上昇、一方グレンの場合には決して八○を超えることはなかった。

同じ刺激に対して、反応にこれだけ大きな差ができる。なぜか。周りの世界から選択して、自分に取り込もうとする対象が、一人ひとり違っていたからだ。それぞれの男が持っているメンタル・フィルターを通して取捨選択をしているために、ある男にとってはまったく関心のない対象に、別の男が実際に刺激を感じるということが起こるのだ。着水後に海面に浮かびながら、意志の固いウォリー・シャーレーは「適切に行動する」ことを忠実に守り通し、カプセル内に四時間とどまって飛行後の規定の作業手順を一つ残らず実行した。シャーレーのメンタル・フィルターが、どんな閉所恐怖症の苦痛も受けつけなかったのだ。ガス・グリソムのフィルターはそれをしなかった。すべての記録を総合して推測すると、グリソムは着水後ものの五分もたたないうちに、小さなカプセルが自分を閉じこめているような感覚に襲われた。メンタル・フィルターがパニックの爆発を抑えきれなくなり、グリソムに命令した、出ろ、脱出しろ、いま、今だ。そしてハッチが吹き飛ばされた。

読者にもフィルターがあるはずだ。周りの世界に対する自分だけの特徴的な反応の仕方だ。われわれは皆持っている。フィルターはどの刺激を認識し、どんな刺激を無視すべきかを決めている。こうして個人の行動様式ができあがる。負けず嫌いか、人に優しいか、あるいは自分勝手か。このフィルターが考え方を規定する、たとえば自分に厳しいかそれとも勝手気ままか、実践的かそれとも戦略的か。その人の態度を大枠で決めてしまうのだ。楽観的か悲観的か、冷静か落ち着かないか、心優しいか冷たいか。考え方、感じ方、そして行動の仕方について、その人ならではのパターンを植えつけてしまう。要するに、フィルターとは個人一人ひとりの才能の源泉になっているということだ。

人に備わったフィルターはその人だけのものだ。それはあらゆる刺激を仕分けして、その人だけが理解できる世界を作り上げる。このフィルターがあるからこそ、人は同じ刺激に対して隣の人とはまるで違った反応をするという事実が説明できるのだ。

たとえばいま、長距離の飛行機で寝ているときにひどい乱気流に巻き込まれたとしよう。操縦席からまったく何の説明も聞こえてこないのは、パイロットが脱出用パラシュートを着けるのに忙しいからだと思い込んで目を覚ますか、あるいは反対に、機体の揺れを感じても、ほんのわずか頭を動かしただけでそのまま眠り込むか、あなたの反応はどちらだろうか。

知っている顔や知らない顔が入り交じったパーティーに出席しているとしよう。知らない人が集まっているところに飛び込んで、そのなかを巧みに泳ぎ回って名前を憶え、話をして友達を作ろうとするか。それとも、部屋の隅にへばりついて、だれか知っている顔を見つけようと見回しながら、今晩披露しようとしているジョークを神経質におさらいしているのだろうか。

自分のボスと議論をしているところを想像してみよう。議論が白熱してくるに従って、脳味噌が次々に完璧な言葉を見つけ出し、自分が冷静になり、口調がしっかりし、理路整然とした意見が口をついて出るようになるだろうか。あるいは反対に、せっかく準備をしていたにもかかわらず、感情が高ぶって頭脳が停止し、十分にリハーサルをしたはずの言葉がまったく出てこなくなるのだろうか。

人間という動物は皆、自分自身のフィルターによって行動しているため、同じ状況下でも大きく異なる反応をする。他人には朝飯前でも、自分にとってはどうしようもなく難しいということもあれば、自分には興味のあることが、他人にはうんざりと感じられることもある。

トラックドライバーは皆、同じような状況を目のあたりにしている。つまり長い道のり、扱いにくい貨物、そしてうるさくつきまとう小さなクルマの大群だ。ドライバーは全員同じ内容の訓練を受け、同じ経験を積んでいる。ところが仲間より二倍の距離を走りながら、事故の件数が半分にすぎないドライバーがいる。なぜか。原因はそのドライバーのフィルターだ。最も優秀なドライバーに聞いてみればよい。「運転中、どんなことを考えているか」と聞けば例外なく同じ答えが返ってくるはずだ。『もし』、…もし目の前のクルマがいま急ブレーキをかけたら、どうしよう。『もし』あの歩行者が信号が青になる前に飛び出そうとしたら、『もし』自分のトラックのブレーキが効かなくなったら、そんなときにはどうしようかということを考えていますよ」。他のドライバーが運転しながら、次の休憩地点のことやその日の残りの走行距離といった自分に興味のあることばかり考えているときに、最も優秀なドライバーは、常に『万が一』の場合をゲームのように想像して、そのためのシナリオを創作し、回避する行動を組み立てている。同じ刺激に対して、異なる反応、非常に違ったパフォーマンスが存在しているのだ。

これと同じように、顧客サービスの担当者は全員同じ状況に置かれている。つまり機嫌の悪い顧客からの電話が毎日何千件もかかってくるのだ。全員同じテクノロジーを備え、同じ経験をし、同じ訓練を受けている。ところが同じ苦情に対して、最も優秀な担当者は、平均的な担当者と比較してその三分の一の通話回数で解決している。なぜだろう。最も優秀な担当者には恥ずかしがり屋が多く、この人たちにとって電話は、人と親しくなるための道具になっているからだ。電話は顧客から身を隠す場所であると同時に、それを通して顧客と話をし、顧客と直接顔を見合わせて話をするよりも、もっと速く親密になるチャンスを与えてくれているのだ。担当者は電話をしながら、相手がどんな部屋にいるのかを思い描く。顧客の容姿を想像する。にっこり微笑んで手を振る、その動作が電話の向こうの顧客にはまったく見えないことがわかっているにもかかわらず。本能的にそのフィルターは、電話を通した相手の声を一つ残らずすくい上げ、一人の人間を作り上げてしまう。顧客は電話の向こう側で、この違いを感じ取っている。

こうした濾過作用（フィルターによる行動）は、本人が意識的に実行している合理的なプロセスではない。一週間に一度しか働かず、椅子におさまりかえったまま一歩も動かず、「気の利いた」行動方針を決定する前にさまざまなその代替案をすべてああだこうだと評価しているような贅沢なものではない。反対に、そのフィルターは常に働いており、取捨選択してリアルタイムで刻々と自分たちの世界を創作しているのだ。

読者のフィルターも同じ働きをしている。いま、本書を読んでいるときにも働いている。ちょうどこの瞬間、ひょっとするとこのページから顔を上げて何かを考えているかもしれないし、そうでないかもしれない。速読の最中で、乗っている飛行機が着陸する前にこの章を読み終えようとしているのかもしれない。飛行機の旅とはまったく関係がないかもしれない。ただ、進んで速読しようとする人かもしれない。ちょうどペンをとってこのパラグラフにアンダーラインを引く、あるいは余白に走り書きをするところなのか。あるいは本に印をつける人を嫌っているかもしれない。

フィルターは常に働いている。自分にできること、感じられること、考えられることのすべての可能性をもとに、そのフィルターは絶えず、しなければならないこと、感じなければならないこと、あるいは考えなければならないことを教えてくれているのだ。

個人に備わったフィルターは、その人の人種、性別、年令あるいは国籍以上に「その人自身」なのだ。

頭脳の一〇年
――マネジャーはどこまで人を変えられるか

「読者自身」はどこまで変われるだろうか。

初対面の人に会うのが苦手な人が、知らない人に積極的に話しかける術を身につけられるだろうか。衝突を好まない人が口角泡を飛ばす議論に参加できるようになるだろうか。自分に照明が当たるとあがってしまうような人に、大勢の前で演説する面白さを教えることができるだろうか。要するに、新たな才能を身につけることができるだろうか。

大方のマネジャーや企業は、これらの疑問に対する答えが「イエス」だと思い込んでいる。従業員に向かってだれもが同じ潜在能力を持っていると信じて語りかける。部下に対して心を開き、ひたすらその部下自身にはない振る舞い方を身につけるよう勧めている。部下に、企業のなかで出世させるためのあらゆる行動規範（思いやり、信念に満ちた態度、人とのつきあい、創意工夫、戦略的思考など）を教える研修クラスに送り込む。マネジャーは、学習と自己啓発を通して自分自身を変えようとする積極的な態度こそ、従業員が身につけられる最もすばらしい才能の一つだと考えている。

世界のすぐれたマネジャーにこのような考えはない。すぐれたマネジャーのマントラを思い出してみよう。

人はそんなに変わりようがない。
足りないものを植えつけようとして時間を無駄にするな。
その人のなかにあるものを引き出す努力をしろ。
それこそが本当に難しい。

すぐれたマネジャーは、個人の才能つまりメンタル・フィルターは「その人のなかにあるもの」だと信じている。したがって、どんなに「スマイルスクール（訳者注：態度や行動を改造する講座や研修のこと）」のトレーニングを積んだところで、極端に人見知りをする人を人当たりのよい人間に変身させるような効果はまったく期待できない。どんなに努力したところで、頭に血が上れば上るほど舌が回らなくなるような人が、議論を有利に展開させるための能力を身につけることは無理な相談だ。さらにこの人が「双方とも満足するように持っていく」シナリオの重要さをどんなに理解していても、妥協を許さない相手の場合、それに満足することは決してないだろう。

メンタル・フィルターは、指紋と同じように死ぬまで変わらないものだ。これはきわめて突飛な発想で、数十年続いてきた自己啓発の常識的方法論とは正反対である。けれどもここ一〇年以上は、すぐれたマネジャーが長年にわたって持ち続けてきたこの発想の正しさを神経科学が証明しはじめている。

一九九〇年、連邦議会と大統領は、九〇年代を脳の一〇年にすると宣言した。そのための資金提供やコンベンションの開催をし、そして一般的にはその権限のおよぶ範囲で科学研究団体や組織に対して人間の心の神秘を解明するためのあらゆる援助を行った。

この前向きの姿勢によって、産業界、教育機関、研究機関での活動がさらに活発になった。ナショナル・インスティテュート・オブ・メンタル・ヘルスの前ディレクター、レヴィ・L・ジャッドによると「神経科学における進歩のスピードはめざましく、現在われわれにわかっていることの九〇%は最近一〇年間で解明されたものだ」。

かつてわれわれは、患者の行動から脳の働きを推論しなければならなかった。今日では、陽電子放射断層撮影（PET）や磁気共鳴撮影法（MRI）といった最新のテクノロジーによって、科学者は何と活動中の脳を観察できるようになっている。こういったさまざまなツールに助けられて、われわれは研究開発で飛躍的な進歩を遂げているのだ。

われわれは精神病の原因が身体的な疾病と同じく生物学的なものであることを解明した。また神経伝達物質ドーパミンにどうして鎮静作用があり、セロトニンには興奮作用があるのか、その理由を突き止めた。われわれがかつて信じていた内容とは反対に、人の記憶はある特別な場所に保持されるのではなく、脳のあらゆる幹線道路や路地に道路標識のように分散されている、ということも学んでいる。

さらにわれわれは脳の成長過程も解き明かした。この分野での科学的発見のスピードからすると、われわれの知識が今後数年で劇的に進歩することは間違いないだろう。われわれにわかっているのは次のようなことだ。

新生児の脳には一〇〇〇億のニューロンがつまっている。脳細胞の数は銀河系の星の数よりも多い。これらの細胞は子供の時代に誕生と死を定期的に繰り返すが、細胞の数そのものはほとんど変わらない。これらの細胞が心を形成する材料となる。けれども細胞そのものは心ではない。子供の心はこれらの細胞と細胞のあいだに息づいているのだ。つまり細胞同士のつながりのなかにある。シナプスのなかに存在している。

誕生してから一五年のあいだにこれらのシナプスの結合が完成して、ドラマが始まるのだ。

生まれた日から、子供の心は積極的に、そして元気よく外界からの刺激を吸収しようとする。脳の真ん中からあらゆるニューロンが何十万、何百万の信号を発信する。互いに情報を交換し、コミュニケーションを図り、結合しようとする。今日生活している人たちが同時に自分の周りにいる一五万人と連絡を取り合おうとする様子を想像すれば、この若い頭脳のとんでもない規模、複雑さ、そして活力をそれなりに理解できるだろう。

子供が三回目の誕生日を迎える頃までに、完成された結合は桁外れの数になる。一〇〇〇億のニューロンの一つひとつが一万五〇〇〇のシナプス結合をする。

しかしこれでは多すぎる。頭のなかを駆けめぐる膨大な情報で溢れ返ってしまう。これらの情報すべてに自分なりの意味を持たせることが必要だ。自分なりの意味だ。したがってそのあと一〇年前後のあいだに、この結合のネットワークは、自分の頭のなかでさらに磨きをかけ、そして整理統合することになる。強力なシナプス結合はますます強力になり、弱い結合は次第に消滅する。ウェイン・メディカルスクールの神経学教授、ハリー・チュガニ博士は、この淘汰の過程を幹線道路のシステムにたとえてこう説明した。

「最も交通量の多い道路は拡幅する。ほとんど使われない道路はそのまま放置される」。

脳のなかのある幹線道路が他の道路より頻繁に使われるのはなぜか。科学者のあいだでは、その原因をめぐる議論が尽きない。子供の持つ遺伝が作用して、ある特定の脳の道路を選択させていると主張する人もいれば、どの道路をダーウィン的淘汰の対象として活かし、どの道路を消滅させるかに大きな影響を与えているのは、その子供の育てられ方だと主張する人もいる。

これらの考え方は互いに相容れないというものではない。しかしその「遺伝子的要因や出生後の環境」の影響がどんなものであるにせよ、この脳内で起こる淘汰がもたらす産物について異議のある人はほとんどいない。子供の年齢が一〇代に届く頃には、そのシナプス結合数は三歳当時の三分の一にまで減っている。その脳は本人だけにしかない結合のネットワークを完成している。美しくゆったりとして実に余裕のある交通を確保している四車線道路を持っており、そこを走るシナプス結合にはまったく無理がなく、しかも強力だ。と同時に不毛の荒野も持っている。そこではまったく情報のやりとりが存在しない。

思いやり用に四車線道路を備えることができれば、周りの人たちの気持ちを自分のもののように感じることができるだろう。これとは対照的に、思いやり用に荒野ができあがってしまうと、感情的には何も感じることなく、不適当な人に対して不適当な時間に不適当なことをいつまでたっても話し続けるだろう。別に悪気があるわけではない、ただ自分に送られてくる感情の信号の周波数にうまく合わせる能力がないだけだ。同様に、論争に適した四車線道路を備えていれば、その人は実に幸運で、議論の最中にその頭のなかから次々と完璧な言葉が吐き出されてくる。論争用に荒野しか持っていない場合、その人の脳は、肝心の勝負を決めるその瞬間に活動を停止してしまい、その口からはまったく言葉が出なくなるだろう。

これらの脳の道路が、その人のフィルターなのだ。その本人を他でもないその人自身にする行動の習慣的パターンを作り出している、ということだ。どの刺激に反応し、どの刺激を無視すべきかを指示している。どの分野にすぐれているか、どの分野は不得意かを規定する。その人の気持ちや意欲を盛り上げるのも、無気力や無関心にさせるのもすべてこのフィルターなのだ。

これらの道路を作ることによって、その人の性格が形成される。神経科学はわれわれに、一〇代半ばを超えるとその性格の改造には限界があることを教えてくれている。

これは、変えられないという意味ではない。あとで述べるように、新しい技能や新しい知識を学ぶことはできるのだ。価値観も変えられる。自己認識にさらに磨きをかけたり、自己抑制の幅を広げたりすることもできる。そして、もし論争に向いた道路がなかったとしたら、そのときはトレーニングを重ね、コーチを頼み、意欲的な姿勢を維持して、何とか細いながらも道路を作り上げ、少なくとも論争に耐えられるところまではこぎつけられるはずだ。ただしこれらの脳の道路という意味では、トレーニングやコーチによる指導、あるいは意欲的な姿勢があれば、その本人が自分自身の不毛の荒野を快適な四車線道路に変えることができる、ということではない。

神経科学はすぐれたマネジャーの認識を裏付けている。すぐれたマネジャーのフィルター、そしてそれが生み出している行動の習慣的パターンは一生ついて回るものだ。最も重要なやり方でマネジャーは常に変わらない、すばらしい独自性を発揮する。

マネジャーである読者の場合も同じことだ。そしてもちろん、読者が採用する人材もまた同じなのだ。

技能、知識、そして才能
——これら三者の違いは何か

人の脳の配線をやり直すのには限界があるという事実に、すぐれたマネジャーが悩むことはない。それどころか、これこそ人は十人十色であることの喜ばしい証拠だと考えている。この個人的特徴を消し去ろうと考えるのはまったく意味がない。むしろ育てる方がよい。各個人に自分が持つフィルターが理解できるように力を貸して、そのフィルターを生産的な行動に結びつけさせる方がよい。

もし自分の部下に新しい才能を作り出すことができないとしたら、一体、その人の何を変えればよいのだろうか。

第一に、埋もれている才能をその本人自身が発見するように働きかければよい。第5章で詳しく取り上げるが、最高のマネジャーは一目で埋もれている才能を発掘し、その才能の持ち主を、その才能をもっと効果的に仕事に活かせる場所へ異動させる。

第二に、マネジャーはその部下に新しい技能や知識を教えればよい。これこそすぐれたマネジャーが共通に持っている思慮の深い見識なのだ。つまり、技能や知識、そして才能は個人のパフォーマンスにとってそれぞれ別の要素であるという考えだ。両者の違いは、技能と知識は教えられるが、才能は教えられないということにある。これらの要素が同一人物のなかで融合することによって、驚くべき可能性を秘めた合成物が誕生することになる。ただし、才能を決して技能や知識と混同してはならない。もしそんなことをすれば、本質的に教えられないことを教えようとして、膨大な時間とお金が無駄になってしまう。

技能は、仕事のハウツー（仕事をいかにこなすか）の部分だ。人から人に伝えることができる能力のことだ。財務担当者にとって、計算力は技能だ。もし何らかの理由で、財務担当の初心者が計算の仕方を知らないなら、教えればよいだけのことだ。飛行機のパイロットの場合には、ヨー（機首の左右の揺れ）やロール（機体の横揺れ）、ピッチ（機体の縦揺れ）の力学は技能の範疇だ。管理担当者にとって、マイクロソフトのワードやエクセルを使えることは技能であり、看護婦の場合、安全に注射を打つための細かい知識は技能だ。技能を教える最上の方法は、全体のパフォーマンスをいくつかの段階に分けることであり、教わる方はそれを再構成すれば十分だ。そして当然、技能を身につける一番の方法は、それを練習することだ。

知識というのは単に「知っていること」にすぎない。知識には二種類ある。「事実についての知識」つまり知っていることと、「経験的知識」すなわち実践のなかから理解したことの二種類だ。

財務担当者にとって、事実についての知識とは、貸し方借り方の簿記の決まりを覚えることだ。客室乗務員の場合には、連邦航空局の安全規則が事実についての知識ということになる。セールス担当者には、製品の機能や特長、そして効用が実用的な知識だ。エンジニアにとっては、規格基準局の電子機器の周波数が実用的知識になる。実用的な知識は教えられるし、教えるべきだ。

経験的知識はこれとは少し違っている。実用的な知識より内容がいま一つはっきりしないため、教えるのがはるかに難しい。身につけられるかどうかは個人の責任だ。自ら訓練して、過去の経験を立ち止まってよく振り返り、そして理解するよう努力しなければならない。こういった過去の回想や考えを通して、そのさまざまな経験のなかにあるパターンや結びつきが見えてくるようになる。つまり理解が始まるのだ。

こうした理解には実践的な面もある。たとえば、長い年月をかけて財務担当者はクライアントの資産を、税金の過大な納付から守るさまざまな方法を身につけるようになる。小売店の店長は、顧客の購買傾向を過去にさかのぼって分析することによって、今ではクリスマスなどの休暇シーズンにどの製品を売り込めばよいか、そのツボを心得ている。学校の先生は、過去に学生が投げかけてきたうつろな目を頭に置いて、今では教科の特に退屈な部分にもビデオや実地見学を取り入れながら、学生の興味を湧かせる工夫をしている。

こうした理解にはもっと概念的な側面もある。自分がだれで、どのような印象を他人に与えるのかといったことも経験的知識のうちだ。自分のことは時間がたつに従って理解できる、ただしそれには自分に対する周りの人の反応によく注意することだ。同じように、個人の価値観すなわち人生で大切だと考えていることは経験的知識なのだ。妥協したり、断固とした態度を貫いたりといったさまざまな選択を繰り返しながら、大切なのは人生のどの側面なのかが自分なりにはっきりと見えてくる。本当に重要な側面がその人自身の価値観となり、それが将来のものごとを判断するときの基準となる。そんな価値観のなかには一生変わらないものもある。それ以外の価値観は時間がたつにつれて、そしてその人の考え方次第で変化する。

才能は、これとはまったく異なる現象だ。才能は、頭のなかにある四車線道路である。これらは、その人の思考、感情、そして行動の習慣的パターンを形成する。すぐれた会計士を対象にしたギャラップの調査では、その最も重要な才能は、几帳面さに対するこだわりということになっている。すぐれた会計士に聞いてみればよい。会計士ならだれでもというわけではなく、仕事のできる会計士に、どんなときうれしいと感じるのか聞いてみればよい。そうすればこんな答えが返ってくるだろう。「帳尻が合ったときですよ」。帳尻が合ったとき、その人の世界は完結する。態度には出さなくても内心大喜びをする。その頭のなかでは、夢中になってこう叫んでいる。「やった、これからもこんな仕事がしたい」。奇妙に感じられるかもしれないがよく考えてみると、こういった几帳面さに対するこだわりを持っている人にとって、会計はすばらしい仕事にちがいない。バランスシートをきちんと完成させるたびに、自分の仕事の完璧さを経験する。われわれのうちの何人が、これに対してあれこれと口を挟めるだろうか。

几帳面さに対するこだわりは技能ではない。知識でもない。それは才能だ。この才能に恵まれていなければ会計士として決してすぐれた仕事はできないだろう。フィルターの一部としてこの才能を持ち合わせていないのなら、その人に才能を注入するためにマネジャーができることはほとんどない。

三種の才能

ギャラップでは一五〇種の職務について才能を調査した。この調査の過程でおびただしい数の才能を見出している（その一部を巻末の参考資料Cで紹介した）。これらの職務ですぐれた仕事をするために必要とされる才能は、職務によって大きく異なっている。たとえばNHL（全米アイスホッケーリーグ）のオールスター級のゴールキーパーが備えている才能は、カトリック教会の助祭の才能とまるで違う。また最高の看護婦の才能は、最高の株式ブローカーの才能と同じではない。

幸いなことに、われわれはこれらの多様化した才能を三つの基本的なカテゴリーにまで簡素化する方法を開発した。それは、努力する才能、考える才能、そして人づきあいの才能だ。

努力する才能　その人の「なぜ」を説明する才能だ。なぜ毎日ベッドから起きあがるのか、なぜ決して満足せず少しでも前進しようという意欲を持ち続けているのか。傑出した存在になりたいという欲望がその動機なのか。それともただ自分自身を納得させるためなのだろうか。競争意識を激しく燃やしているからか、他人に対する思いやりが人一倍あるからか、あるいはその両方か。自分を専門的能力で売り込もうとしているからか、それとも人に好かれたいからだけなのか。

考える才能　その人が「どうするか」を説明する才能だ。どのように考えるか、さまざまな選択肢にどのようにして重要度をつけるか、どのように決断するのか。一点集中か、それともあらゆる選択肢の可能性をいつも探っているのか。あくまでもきちんとした態度を貫いているか、あるいは突拍子もないことをするのが好きなのか。理詰めで、実利的な考え方をするか、それとも戦略的な考え方を進め、常に頭のなかで「万が一」のゲームをしているのか。

人づきあいの才能　その人の「だれか」を説明する才能だ。だれを信頼しているか、だれと人間関係を築いているか、だれと衝突しているか、だれを無視しているか。進んで見知らぬ人と親しくなろうとするか、それとも親しい友人といるときだけくつろいでいられるのか。信頼は自ら築くものと考えているのか、あるいは信頼に値する人ばかりだと信じ、どんな人も信頼するのか。人と冷静に議論を戦わせるか、それとも論争を避けておいて、いきなり感情的に爆発し、まくし立てるのか。

努力する才能、考える才能、そして人づきあいの才能。この三つが才能の基本的カテゴリーだ。これらそれぞれの才能について、人はその人独特の四車線道路と不毛の荒野の組み合わせパターンを持っている。どんなにそれを変えたいと思っても、この才能の組み合わせと、そしてそれが生み出している習慣的行動は、その人生を通して簡単には変化せず、そのことはその人自身やその周りの人もよくわかっている。

頭の体操

技能、知識そして才能についてそれぞれの特性を実際に経験したければ、この簡単な頭の体操を試してみればよい。

次の言葉に隠された有名な表現は何か。

MILL1ON

正解は「One in a million（最高の人）」。

この答えをすぐに思いついた人には、おそらく言葉のパターンを見つける生まれつきの才能があるはずだ。この種の問題を考える才能が、優秀なコンピューター・プログラマーには備わっていることをわれわれはよく知っている。この答えがわかった人も、このプログラマーと同じようにクロスワードパズルや頭の体操の類が好きな人かもしれない。

ただし、この答えをすぐに思いつかなくても気にすることはない。われわれがパターンを見つける能力を開発するために役立つ技を紹介しよう。この技には、次の三つのステップがある。

ステップ1　言葉のなかで外れているものを特定する
ステップ2　言葉全体を眺めてそれがどんな位置関係にあるかを考える
ステップ3　ステップ1とステップ2をつなぎ合わせて答えの言葉を見つけ出す

これに従えば、最初のパズルの場合、数字の1が外れているのがわかる。言葉全体との位置関係はどうか。真ん中にある。そこで、この二つの事実を合わせて、言葉を見つけ出せばよい。「One in a million」。実に簡単だ。

では、この新しい技の応用体験をしてみよう。次の言葉にはどんな文句が隠されているか。

何が外れているか。Aの文字だ。言葉全体から見てどんな位置関係にあるか。真ん中で上にあがっている。正解は「A raise in pay（昇給）」。

では次に、これはどうだろう。

TEMPERATURE

外れているのは何か。今度もAの文字だ。言葉全体から見てどんな位置関係にあるか。真ん中で下に下げられている。

正解は「A drop in temperature（温度低下）」。

もう一つ。

GRACE

正解がこれまでより少しは速く浮かんでくるとよいのだが。「A fall in grace（堕落）」が正解だ。もうこれくらいでいいだろう。読者には新しい技能を身につけ、その技能を応用して経験的知識を手に入れるよい機会になったはずだ。これは、現実の世界で自分の部下にチャンスを与えるのと同じだ。ただし、現実の世界と同じように、われわれは読者に対するルールを変えるつもりでいる。

次に挙げた言葉に隠された有名な文句は何だろう。

(1)THOUGHT

BUT

(2)THOUGHT

これは少しばかり難しい。しかしパターン認識に対して考える才能があれば、正解はやがて浮かんでくるはずだ。

「But on the second thought（しかしもう一度考え直してみると）」。

ただし読者に才能がなければ、いま学んだ技能と知識がまったく役に立たなかっただろう。才能がない場合には、トレーニングで教わらなかった未経験の状況に置かれたとき、パフォーマンスが低迷してしまう。

同じことが現実の世界でも起こる。たとえば今、新入社員を何人かトレーニングしてカスタマーサービスに必要な技能と知識を教えたとしよう。教えたあと、この人たちを現場に送り込む。顧客の要求がトレーニングで教わった指導基準に収まっている限りは、新入社員の応対ぶりはほとんどの場合満足のいくものだ。

ところが突然、まったく聞いたこともない顧客の要求に直面したとき、一体どんなことが起こるだろうか。思いやりか、あるいは人を説得するといった面での人づきあいの才能があればうまく対処するだろう。本能的に適切な言葉とその場に合った口調で話をすることによって、顧客の気持ちを和らげ、事態を打開できるはずだ。

しかし、こうした才能に欠けている場合には、身につけたばかりの技能や知識がほとんど役に立たない。こういった人たちのパフォーマンスはお粗末なものになる。

技能と知識に力があるのは、それが人から人へ伝えることができるからだ。その力の限界は、それが状況対処的であることだ。つまり思いもかけない場面に直面すると、技能も知識も極端にその威力がなくなってしまう。

これとは対照的に、才能に力があるのは状況への応用が効くからだ。適切な刺激を与えれば、自然に反応する。人と競い合うことについて「努力する才能」があれば、ほとんどどんな争いにもその人は反応する。思いやりについて「人づきあいの才能」があれば、あらゆる感情に反応する。自分の信念を貫くことについて「人づきあいの才能」があれば、どんな話題でも自分の意見を簡潔にまとめた、そして説得力のある明解な発言ができるだろう。

才能の限界は、言うまでもなく、それを人から人へ伝えることが非常に困難であるということだ。才能を教えることはできない。できるのは才能のある人を選ぶことだけなのだ。

簡潔な表現、利口な頭の働き

技能と知識、そして才能の違いがわかれば、今度は、これらの言葉によって人の行動を表現する他の言葉の意味をすべて明確に表現することができる。たとえば「コンピテンシー」「習慣」「態度」そして「積極性」といった言葉だ。現在われわれは、たいていの場合、これらの言葉が実質的にはすべて同じことを意味していると思い込んでいる。われわれは「対人関係の能力」「スキルセット」「仕事の習慣」あるいは「コア・コンピテンシー」といったフレーズをあまりにも当たり前のように使っているために、その本当の意味をほとんど考えようとはしない。

これはわれわれがいい加減に表現しているということではない。いい加減に考えているということだ。これが原因でマネジャーは道を誤ることになる。マネジャーの貴重な時間や努力、そして資金を無駄にし、よかれと思う純粋な気持ちから基本的に訓練が不可能なものまで訓練しようとしている。

そこで、ここでは、コンピテンシー、習慣、態度、そして積極性をもっと詳しく観察することにしよう。このうちのどれが技能あるいは知識であり、個人のなかでそれを変えることができるのだろうか。さらにどれが才能だと判断でき、変えられないのだろうか。

コンピテンシー

第二次大戦中にイギリス陸軍によって生み出された完璧な士官を定義するための言葉、コンピテンシーは、現在多くの企業で、マネジャーや経営者に期待する行動を表現するのに使われている。完全なマネジャーや経営者の存在を信じている者はだれ一人としていないが、もしコンピテンシーという言葉が、ある特定の職務において、企業にとって理想的な行動とは何かを考えるために役立つとすれば、それはそれで有益なこともある。

ただし、これを利用する際には気をつけるべきだ。コンピテンシーとは、ある側面では技能や知識であり、またある部分では才能でもあるからだ。でたらめに扱って、教え込めるある特質を、それとは別の教えられない特質と一緒にすることがある。そうなると結局は、たとえ頭のなかで明確に整理できていても、コンピテンシーという言葉が混乱させてしまうかもしれない。マネジャーは本人のことを思って研修クラスに送り込み、戦略的思考や特別な任務への関心、あるいは革新といった「コンピテンシー」を学習させようとする。ところがこれらはコンピテンシーではない。これらは才能だ。才能を教えることはできない。

コンピテンシーを活かそうとするならば、何が技能あるいは知識であり、教えられるのか、そして何が才能だからこそ教えられないのか、を明確にしなければならない。たとえば、「経営の実践と管理を浸透させる」といったコンピテンシーは技能であって、すべてのマネジャーはこれをある最低限の熟達度までは学習することができる。しかし「火事場での冷静さ」といったコンピテンシーは才能なのだ。冷静さを保つことは教えられない。

習慣

「習慣」という言葉もいざとなると解釈が難しい。人の習慣というものは第二の天性だとこれまで教えられてきた。この天性を改造して、新しい習慣を身につけることができるとも教わっている。やはりこの常識も、その趣旨はよいのだが正確さを欠いている。ほとんどの習慣は、われわれの「第一の」本性だ。習慣はおおむね才能なのだ。

強く主張したり、思いやりの気持ちを持ったり、あるいは負けず嫌いだといった習慣の場合、こうした習慣を変えるのは並大抵ではない。習慣は死ぬまで変わらないからだ。これらの習慣が「その人自身」を作り上げている。もっと仕事ができるようになるには自分の第一の本性を変える努力をする以外にないという提言は、悲惨な結果を招く可能性がある。

もちろんこれは、決して自分の行動を変えることはできないという意味ではない。事実、行動は変えられる。時間をかけながらさまざまな経験を通して自分の価値観を変えながら、持てる才能を活かす、もっと積極的で、生産的な取り組み方を身につけることができる。他のどんな才能よりも、ただ一つの才能を活かそうとするのもよいだろう。自分が持っているさまざまな才能をそれと関連した技能と組み合わせてもよい。自分だけの才能の組み合わせをそのまま受け入れることを学び、消極的な姿勢や不安な気持ちにならないようにすればよい。変えられる部分は他にもたくさんあるのだ。

とはいえ、何をするにしてもこの方法のよいところは、仕事ができるようになるための手がかりとして、自己否定ではなく自己認識を足がかりにしようとしていることだ。行動の一部が変わることはあっても、本人がねじ曲げられて別人になってしまうことはない。本人だけが持っているさまざまな才能にひたすら磨きがかかるわけだ。

態度

多くのマネジャーは、人を選ぶとき態度を見るという。積極的な態度、チーム第一の態度、サービス重視の態度などだ。この考え方は確かにまっとうだ。というのも個人の日常的な態度が、その人のメンタルフィルターの一部だからだ。態度は、その人特有の幹線道路と荒野のパターンとの相互作用による産物だ。その態度が才能なのだ。

疑い深い人もいれば、人を信じやすい人もいる。現状に肯定的な人もいれば、批判的な人もいる。先進的な人もいれば、保守的な人もいる。これらは、どれも他の態度より必ずしも望ましいというものではない。どんな態度も、ある特定の職務で飛び抜けた仕事をしようとしている人の妨げにはならない。たとえば、批判的な人が現状に対する不満を爆発させて、押しも押されもしない起業家になることもあれば、疑い深い人が、法律、治安維持、あるいは調査報道の分野、つまり健全な疑い深さが前提となる職務に、まさにぴったりのこともあるからだ。

しかし、これら「すべての」態度は、思考、感情、あるいは行動の習慣的パターンの一部を形成しているにすぎない。マネジャーは相手の昨日の気分を、今日それなりに変えることはできるかもしれないが、その相手の日常的な態度を変えようとすると苦しむに違いない。ある大手コンサルティング会社のマネジャーを務めるミックはこんなふうに語っている。「もし自分が同じ人に向かって『自分の明るい面を見ろ』としつこく繰り返していることに気がついたら、それがよいヒントになるんです。その人は明るい生活が好きではないということでしょう。暗い生活をする人です。この人を説得しようとする無駄な行為をやめて、その猜疑心が成功のカギになるような職務を新たに探すことにしています」。

積極性

多くのマネジャーは、才能と積極性とをはっきりと分けている。だれかの相談に乗るときによくこんなふうに言う。「いいですか、あなたにはすぐれた才能があるんです。だからそれを自分でうまく活かさないと宝の持ち腐れになりますよ」。

このアドバイスはもっともらしく聞こえる。その人のことを思った発言であることは確かだろう。けれどもこのアドバイスは根本的に間違っている。個人の積極性を変えることはできないのだ。どんなことに対して積極性があるのかは、その人のメンタルフィルターによって決まる。つまり脳のなかの幹線道路が相対的にどれだけ強固か貧弱かで決まるのだ。その人の積極性とは、実は「努力する才能」のことなのだ。

人と競い合うことについて「努力する才能」を例にして考えてみよう。人によっては、競争に適した四車線道路を持っている。この人たちに仕事の評価得点を見せると、本能的にそれらの数字を基準に同僚のパフォーマンスと比較しようとするだろう。得点が好きなのだ。というのも計測できるものは比較ができるからで、比較ができれば競争になる。

しかし競争に対して荒野以外に何も持ち合わせていない人は、同じように得点を見てもまったく触発されることはない。自分たちを競争の場に置いて、持てる力を振り絞って仲間と競争する、そして勝つ……というのは、この人たちにとって何の意味もないことなのだ。そうした行動をこう言って合理化する。「競争は好みません。欲しいのは両方が満足するシナリオですよ」。あるいは昔からおなじみのセリフが出てくる。「自分自身との闘いがしたいですね」。しかし無理もないことだが、これらのコメントは、フィルターが自分の印象を最も好ましくしようとしている現れなのだ。

事実、この人たちは競争に強いわけではない。これは、よいとか悪いとかという問題ではない。ただ単に、それがこの人たちのありのままだというだけのことだ。マネジャーにしても、その部下本人にしても、競争に強くないという事実を変えることはできない。

同じように、人によっては着実に前進するための四車線道路を持っている。われわれが努力家と呼んでいる努力する才能だ。勝たなくてもよいのだが、一日ごとに何か納得のいくことをなし遂げなければならない、という燃えるような思いを感じているのだ。こういった種類の人たちにとっては、「一日ごとに」ということに意味があるのだ。ウィークデー、週末、休暇など毎日をゼロから始める。その日の終わりには何らかの数字を記録して、自分たちの努力を確かめようとする。この燃えるような思いは、夜のとばりと共に衰えるかもしれないが、次の朝には再び燃え上がり、また新たな仕事に挑戦し、それをなし遂げてやろうという意欲をかき立てている。こういった人たちが、世に言う「自発的な人」だ。

どんな仕事の場合にも、従業員はこの努力家の才能を備えている必要がある、というわけではない。たとえば看護婦の場合、自分自身のなかから意欲を湧き上がらせる必要はない。それよりも、毎日直面する緊急の要請に対して、思いやりを込めて手際よく「対処」しなければならない。

看護婦にとっては、努力家というより、人のために尽くすという努力する才能の方がはるかに大切なのだ。とはいえ、もし努力家が必要とされる職務、たとえば保険代理店、医薬品のセールス担当など、待ちの姿勢ではなく自分から働きかけなければならない仕事を管理する場合には、それに適した才能の持ち主を選んだ方がよいということを忘れないことが大切だ。こうした燃えるような意欲を感じない人に、火をつけることはできないからだ。

同じことが努力する才能すべてにあてはまる。つまり役に立ちたいという欲求、舞台に上がりたいという欲求、力量があることを見せたいという欲求、人を育てたいという欲求などだ。これらの意欲はすべて才能であり、したがって他の才能と同じ特徴を持っている。別の表現をすれば、それらは各個人のメンタルフィルターの一部なのだ。その人特有のもので一生変わることはない。

マネジャーというものは、他人に自発的な生活態度を吹き込むことはできない。できることはただ一つ、その人だけが持っている努力に適した四車線道路を見極めて理解し、可能な限りそれを育て上げることだ（これについては第５章で改めて取り上げる）。

人の行動を表現するときには、技能、知識そして才能の意味を常に明快にしておくべきだろう。習慣やコンピテンシーを活かそうとするときには十分な注意が必要だ。この二つは無原則にひとまとめにして扱われるからだ。同様に、もし態度あるいは意欲を活かしたくなったら気をつけること。人が持っている意欲とその日常的な態度は才能であり、だからこそ変えるのが非常に難しいという事実を忘れてはならない。思わず「態度をよくしろ」と言って人を叱るときには注意を払うべきだ。というのはその人にできもしないことを要求しているかもしれないからだ。

以上述べたことで、人は変えられないと言っているのではない。だれでも変わることができる。だれでも学習できる。だれでも少しずつ進歩できる。技能、知識そして才能という言葉のおかげで、徹底的な変化が可能な分野と不可能な分野をマネジャーが明確に区別できるということだ。

才能が決める世界
――葬り去るべき神話は何か

すぐれたマネジャーは、その信念とそして最新の科学的分析を根拠に、最も有名な二つの経営神話を消滅させることができる。

神話その1「才能とは稀な存在であり特別なものだ」

才能にそれほど特別なものは何もない。仮に才能が、思考、感情あるいは行動の習慣的パターンだとするなら、才能とは実際のところありふれたもの、ということになる。行動の習慣的パターンはだれにでもあるからだ。だれ一人としてそういった才能があるという理由で誉められることはない。その才能は、行動生物学者のロバート・アードリーに言わせれば「染色体の組み合わせ」にすぎないのだ。しかし各個人が自分なりの才能を磨くことについては誉められてよいし、誉められるべきだ。

部下に対してその資質を磨くのに力を貸すための最良の方法は、その才能が不可欠な職務を与えることだ。このような職務を見つけ出せる部下こそ特別な存在だ。これらの人たちは当然、人が喜んでお金を払ってくれるようなすぐれた仕事ができる。われわれがこういった人たちに「才能がある」というレッテルを貼っても問題はないだろう。

看護を例にとろう。大手の健康管理会社との共同作業で、ギャラップは世界で最高の看護婦の何人かを調査するチャンスに恵まれた。その調査の一環としてわれわれは調査対象となっている優秀な看護婦グループに対して、一〇〇人の患者に注射をするように依頼した。それと同時に観察対象としている、仕事のあまりできない看護婦グループにもその同じ患者、同じ人数に注射をするように依頼した。注射の作業手順がまったく同一であったにもかかわらず、患者からは、最高の看護婦の方がそうでない看護婦よりも注射で痛みを感じなかったという報告が返ってきた。なぜか。痛みを和らげるために、最高の看護婦は何をしたのか。注射針を刺すのに特別なテクニックでもあるのか。柔らかいガーゼを使いながら消毒薬を塗ったのだろうか。

まず、そんなことはないだろう。すべては、注射針を皮膚に突き刺す直前に看護婦が患者にかける言葉が原因なのだ。平均的な看護婦は患者に対して明るい口調でこんなふうに説明していた。「心配ないですよ。ちっとも痛くありませんから」。そして事務的にてきぱきと針を突き刺す。

一方、最高の看護婦は、患者にこれとはまったく違った接し方をしていた。注射針の刺し方には差がないのだが、注射をするところにまで持っていく組み立て方がはるかに行き届いていた。「ちょっと痛いですよ」と言いながら「でも心配しないで。できるだけ痛くないようにしますから」。

最高の看護婦は人づきあいに適した思いやりの才能に恵まれている人たちだ。看護婦には注射が痛いものだとわかっており、それぞれが自分なりのスタイルで、患者とその痛いという思いを共有しなければならないと感じている。驚いたことに、この看護婦の言葉が患者の痛みを和らげているのだ。患者にしてみれば、看護婦がささやかではあるけれども自分たちと同じ体験をしてくれているように感じられる。看護婦が自分たちの味方になってくれている。看護婦は理解してくれている。だからこそ針が皮膚を貫いても、どういうわけか患者自身が考えていたほどには痛く感じなかったのだ。

思いやりに適した人づきあいの才能はきわだって特殊だというものではない。たくさんの人たちがこの才能に恵まれており、それぞれの人生のあらゆる場面で大切にしている。けれども看護婦になったこれらの思いやりのある人たちは特殊な存在だ。患者と痛みを共有できる。すなわち「才能がある」人たちなのだ。

同様に、一部には危険に魅せられている人もいる。このような努力する才能は良いものでも悪いものでもない。ただし、この才能さえなければ、普通の存在であるはずの人の気持ちをあおって、危険を楽しむために飛行機から飛び出したり、人喰いザメの海で泳ぐようなことをさせることもある。しかし、もしこういった人たちが麻酔医や外科医になったとしたら、その危険に適した四車線道路はプラスの強みとなる。この人たちにとっては、自分たちの仕事の出来そのものが文字どおり生と死を分けるという事実が、重圧ではなく気持ちの高ぶりになるのだ。特殊な人たち、「才能のある」人たちだ。

同じことが、人の顔はもちろんのこと、名前を憶える才能を持っている人にもあてはまる。この才能があるとだれでもうれしいものだが、とりわけホテルのコンシェルジェとして採用された人にとっては貴重な財産になる。

こういった状況下では、才能だけが大切なのではない。重要なのは才能と職務がぴったりと合っている状態だ。舞台芸術について言えば、偉大なパフォーマンスはすべてその配役にある、ということだ。

もちろん高度に専門化した現代のビジネスの世界において、人材と職務とのうまい相性を見つけ出すことは、過去のどんな時代よりはるかに困難でやりがいのある仕事だ。「この人は自分の意見を押し出せる才能があるから、販売担当として採用しよう」と口にするようでは十分とは言えない。あくまでも具体的にどんな種類の販売をさせるつもりでいるのかをよく認識していなければならないのだ。たとえば、ＩＢＭですぐれたセールス担当者になるためには、さまざまな販売関係の職務と同じように、積極的に契約成立にまで持っていかなければならないし（努力する才能）、それをいつどのように実行するのか（人づきあいの才能）を身につけていなければならない。これらの才能はとりわけ個人がその職務で成功するかどうかを左右する。

けれども大手製薬会社メルクのセールス担当者の場合には、これらの才能は持っていない方がよい。それを活かすチャンスがまったくないからだ。持っていれば、この仕事にすぐに失望するだろう。セールス担当者にとって医薬品セールスの目標とは、医師や健康医療団体に影響力を持てる存在になって、じっくりと時間をかけ、処方される「自社の」薬の量を増やすことだ。この場合、成功するかどうかは、セールス担当者の忍耐力と影響力に適した人づきあいの才能と大いに関係がある。逆にこれは、契約を成立させる才能とはほとんど関係がない。

マネジャーとしての仕事は、才能を教えることではない。個人が持っている才能をその仕事とうまくつなげることによって、「才能がある」と称賛される力になることだ。この仕事をこなすためには、すぐれたマネジャーと同じように、職務のあいだのとらえ難い、はっきりとした違いを慎重に見極めなければならない。

神話その2 「職務には超簡単なものもある。才能など必要ない」

あの高名な経営評論家オスカー・ワイルドは、かつてこう言っている。

「事実というものは、二人の人間がそれを認識したとたん、事実であることをやめる」。

いまさら言うまでもなくワイルド氏は、経営評論よりも機知の方が有名な人物だ。ただしマネジャーは、だれでもこの文句を憶えておいた方がいいだろう。表現は極端だが、ワイルド氏は単に事実というのはそれを認識する人だけのものだ、と言いたかっただけだ。目にする世界は他でもない、それを見ている人だけの世界だ。魅力を感じるもの、嫌いなもの、力をつけてくれるもの、力を奪い取ってしまうもの、これらが他のだれとも共通しない、その人だけのパターンを作り上げている。したがってワイルド氏が言うように、二人の人間が同一の「事実」を認識することはない。それぞれの人の見方が異なっているからだ。

これは福音の言葉にもなれば、呪いの言葉にもなる。自分だけのすばらしいフィルターに恵まれながら、その恵みのためにかえって他人のフィルターを理解する能力の欠如に呪われてしまう。本物の個性は孤立することがあるのだ。

この孤立を解消するための方法が一つある。他の人たちも、自分と同じ考えをもとに仕事をしている部分がたくさんあるという幻想を受け入れることだ。自分自身の野心や情熱、好き嫌いは何も特別なものでもなければ、はっきり他の人と違っているようなものでもない。「普通」だ。だからその本人も「普通」だ。落ち着いて客観的に考えれば、自分の考え方だけが唯一正しいというわけではなく、周りのだれもが自分の考え方を共有してくれていると考えた方が毎日の仕事がもっと気楽になるはず、という結論になるだろう。

もちろんこれはある種の一般化だ。つまり人によっては、特に思いやりのある人たちの場合には、他の人の身になって考えることができるだろう、ということだ。われわれの仕事の世界に蔓延しているのが、こういった一般化なのだ。普通のマネジャーの場合、ホテルの客室係の仕事、あるいは電話での販売活動のような「一見簡単そうな」職務を見て、「これらはだれにでもできる仕事だ。」という考えが頭をよぎる。だれもが自分と同じフィルターを持っているという幻想に惑わされて、二つの間違った想定をしてしまう。第一に、適切な訓練を受けた人たちならだれでも実際にきちんと仕事ができる、そして第二に、だれもが、できるだけ早く今の仕事を卒業して上にあがりたいと思う、という想定だ。その次には、これらの仕事を「入門レベル」と定義して、最高の成績の人に報いる昇進の道筋と報酬制度を純粋にその人のために作ることになる。

すぐれたマネジャーは、自分のフィルターが他のだれとも共通のものだとは思っていない。反対に、ある職務のために人を選ぼうとするときに、そのよりどころとするのは、おそらく人によってはこの職務ですぐれた仕事をし、そしてよい仕事をすることによって絶えず満足感を得ようと一生懸命になるはずだという信念なのだ。ギャラップの調査もこの信念を裏付けている。その実例としてホテルの客室係を取り上げることにする。

ほとんどの人は客室係の詳しい仕事の内容をじっくりと真剣に考えたことはないはずだ。しかしここでちょっと考えてみよう、ホテルの客室係はどんな仕事をどのくらいの頻度でこなしているのだろうか。客室係になったつもりで考えてみよう。

二つのことが頭に浮かぶかもしれない。第一に、ほんのわずか責任の意識がある人ならだれでもできる。そして第二に、それはだれもが、客室係も含め、嫌っているにちがいない大変な仕事だ。

もしこの二つの考えが頭をよぎったら、その二つとも間違っている。

客室係の価値を見誤るべきではない。だれにでも、たまのことならホテルの客室をきれいに掃除できるだろう。けれども、すぐれた客室係は特別な存在なのだ。毎日、次の日にはその部屋がお決まりの丸められたタオルや洗面用具、そしてベッドシーツなどで散らかってしまうことがわかっていながら掃除をしている。これは、転がり落ちる大岩を丘の上まで押し上げる永遠の罰を受けた、あのシジフォスをへとへとにさせるのに十分だ。しかしすぐれた客室係はへとへとにならない。かえって強くなる。辛い仕事を繰り返すことでつぶれるようなことはない。その反対に、それによって活力が湧き出てくるように見える。客室係がいつも考えているのは、自分たちの仕事に最後まで責任を持つこと、創造的であること、そして毎日欠かさず何かこれといったことを実行する、そんなことが必要なのだ。割り当てられた部屋に入って、そこを攻撃したいと「望んでいる」のだ。この前向きの考え方が強さの源だ。

つまりこういった強さはすべて、すぐれた客室係に備わっている、ある特殊な才能が原因だ。どこかつじつまの合わない話に聞こえるだろうか。次に述べる説明で、すぐれた客室係に必要な才能の一端をはっきりと理解していただけるだろう。

ギャラップはある有力なエンターテインメント企業から、同社が抱えている最高の客室係と同じように優秀な客室係を採用するために協力して欲しいという依頼を受けた。この会社は、客室係の特殊性をすでに理解していた。世界トップクラスのサービスクォリティーを誇っているリーダー企業、この企業には経営するホテルの客室数が一万五〇〇〇以上あり、それを三万人以上の客室係で掃除していた。そこで常に競争相手の上をいくために、最高の人材がなぜ最高なのか、そのわけをもっと詳しく調査しようと考えた。

われわれが集めた同社最高の客室係八人がテーブルを囲んで座っている。恥ずかしがり屋で、自分の仕事のことを話せと言われて当惑している人もいれば、まるで屈託なく英語やハイチクレオール語、ポルトガル語でおしゃべりをしている人もいる。そのなかの一人は客室係になってわずかに一年半にすぎなかったが、反対に同じホテルの同じ担当区域の客室係を二三年間続けている人もいた。出席者は、人種も違えば、性別や年齢も異なっている。ただし出席者全員がすぐれた客室係であることだけが共通だった。

われわれの目標は、これらの出席者からその仕事についての話をうまく引き出して、八人のすぐれた客室係に共通点があるのか、あるとすればそれはどんなものなのかを探ることだった。

「部屋がきれいになっているかどうか、どのようにして判断するのですか」とまず聞いてみた。仕事を終えて客室を出る前に、ベッドに仰向けに寝ながら天井のファンを回して判断するというのが全員の答えだった。

「それはどうしてですか」

「長い一日を終えて部屋に戻ったときお客様が最初になさることだからです。部屋に入ってベッドに体を投げ出すとすぐに天井のファンを回すんです。もしファンからホコリが落ちて来たとしたら、それ以外のところがどんなにきれいになっていたとしても、部屋のなかがファンと同じように汚いとお考えになるでしょうから」。

自分の役目は客に接する立場なのか、それとも裏方なのか、と質問した（たいていのホテル会社では客室係を裏方だと考えている）。

「お客様に接する立場です。私はいつも舞台の上で見られています。いつもです」。英語、クレオール語、そしてポルトガル語で一斉に不機嫌な答えが返ってきた。

「舞台の上にいるとおっしゃるのはどうしてですか」。

「私たちはお客様のためにショーを演じているのですから。お客様が触るなとおっしゃらなければ、お子さまがベッドに放り出しているおもちゃを使って、毎日ちょっとしたドラマを作るようにしています。枕元にプーとピグレットを一緒に置くんですよ。プーの手をチョコレートの箱に突っ込んでいる格好にします。ピグレットの手はリモコンの上に乗せておきます。こうすると子供たちは部屋に戻ってきたとき、プーとピグレットが一日中ベッドの上でスナックを食べながらテレビを見ていたように受け取ってくれます。次の日はドナルドとグーフィーに窓のところでダンスをさせておきます。つまりショーの演出をするんです」。

このすぐれた客室係八人は、ただ一生懸命仕事をしているだけでもなければ、単純に「自分の仕事に人一倍誇りを感じている」のでもない。これらのすぐれた客室係には才能がある。そして共通しているのは、ある独特のフィルターだ。このフィルターを通して見ることによって、ホテルの客室はつまらない仕事の対象ではなくなるのだ。それはある一つの世界、宿泊客の世界だ。部屋の掃除を終えると、客室係は宿泊客の目で部屋を眺め回し、その目にこの世界がどのように映ればよいのか、思いをめぐらせる。それぞれの客室の世界を自分の思いどおりに演出することで活力が湧き、満足感を味わうのだ。

これらの客室係に、このような仕事のやり方をしろと指示した人は一人もいない。けれども何らかの理由で、そのメンタル・フィルターがこういった行動に駆り立て、いつもその成果から満足感を味わう原動力になっていた。この八人は、おそらく世界最高の客室係といってよいだろう。

これらの客室係のマネジャーは、こうした客室係のマイケル・ジョーダンを評価する一番の方法が必ずしも別の仕事に昇進させることではない、ということをよく認識している。むしろこれらのスーパースターにスポットライトを当てる別の方法を探している。つまりその人にふさわしい誉め言葉や、報酬の引き上げ、意欲のある客室係を採用するための厳格な基準を作ることなどだ。すぐれた客室係には才能があるという認識から、彼らのマネジャーは客室係としてすぐれた仕事をすることに組織として敬意を払うように、そして純粋にキャリアとしての選択の対象にするためにも、あらゆる努力を払っていた。

すぐれたマネジャーの頭にあったのは、どんな職務もそれが最高の結果につながる場合には間違いなく尊敬の対象になる、ということだ。どんな職務にも、その職務にしかない気高さがあるはずだ。

すぐれたマネジャーはどのようにして才能を見つけ出すのか

――なぜすぐれたマネジャーは才能の持ち主を見つけ出すのがうまいのか

たとえ才能の見つけ方がわかっていても、いつもその才能の持ち主を簡単に特定できるとは限らない。第一、たいていの人は自分の持っている本当の才能がわかっていない。自分が選んだ分野では専門家かもしれないが、自分ならではの才能を列挙してみるという話になると、そこで話が止まってしまう。経営学の大家ピーター・ドラッカーが言うように――

「今日でさえ、自分で仕事を選べるアメリカ人は驚くほど少ない。『何が得意なのか自分自身でわかっているのか、自分の限界がわかっているのか』と聞くと、その本人は呆然としたまなざしを返してくる。でなければ、専門的な言葉を使って答える場合もよくある。その答えは間違っているけれども」。

この混乱はよく理解できる。自分が持っている技能と知識を特定するのは比較的簡単だ。自分が身につけなければならなかったために、技能と知識がそれぞれどんなものかはっきりとわかっているからだ。これらは「その人自身ではない」。となると、その人の才能とは何か。才能とは行動の習慣的なパターンにすぎない。その人自身の本質そのものだ。自分自身から離れて、自分を自分自身に作り上げているパターンを見つけ出すには、並はずれた客観的視野が必要になる。

第二に、ある求人に応募している人の場合、その人は当然よい印象を与えたいと思っている。そこで自分の意識している習慣的な行動ができるだけバラ色に見えるよう演出するものだ。採用面接では自分を「意志が強い」と表現し、「攻撃的だ」とは言わない。「意欲的だ」とは言っても、「押しが強い」とは言わない。たいていの場合、これらが意図的な虚偽の表現だということではない。しかし面接の相手によい印象を与えようとする本当の動機、本能がどんなものであれ、それが、採用する側の仕事である才能の持ち主のスカウトをそれだけ難しくしているのだ。

才能のスカウト活動に対するこれらの障害は避けられない現実だ。人は人であるからこそ、常に自分自身を理解しようと努力し、採用面接の場では自分を売り込もうとする。こうした障害にもかかわらず、すぐれたマネジャーは職務に適した才能を持った人物を選ぼうとするとき、やはり仲間のマネジャーよりもはるかによい仕事をしている。

「本当はどんな才能を探しているのか」を確認する

九〇年代初め、ギャラップはアメリカの証券会社最大手の二社と共同作業を開始した。この二社が、ギャラップに対し株式ブローカーの選抜に協力を求めてきたからだ。両社ともこの職務をまったく同じように位置づけていた。つまりブローカーは財務分析や株式の推奨をする資金マネジャーとして報酬を受けるのではなく、資金の収集担当として受け取る。つまりその仕事は、非常に有望な顧客に狙いをつけて、投資資金を証券会社に委ねるよう説得することだ。会社のセールスパーソンだ。

両社の職務についての定義が同じであるのに、それぞれの会社の組織形態は大きく異なっていた。

一社はがっちりとした組織構造だ。各ブローカーは綿密に練られたパッケージ製品の画一的な売り込み方を何カ月もかけて身につけていた。さらに会社の指示から外れることがないよう、定期的に再教育コースを受けていたのだ。

これとは対照的に、もう一社の方は極端に起業家的だった。資格を与えられたブローカーに対して、こんな言葉が飛ぶ。「これが君の電話だ。こっちが電話帳。来年の今日までに五〇万ドル相当の資産を運用するところまで持っていって欲しい。期待している」。

両社ともそれぞれの戦略がある。これまで明らかになっているように、両方の戦略とも非常にうまくいっている。けれども同じ種類の人間が実行することはあり得ない。職務の名称が「ブローカー」と同じで、しかも職務規程も「資金を集めること」と同じであるにもかかわらず、その才能の輪郭は極端に異なっている。

組織ができあがっている企業の場合、決定的に重要なのは努力する才能だが、それは達成しようという意欲、つまり内側から燃え上がる前向きの情熱だ。しつこく監督されている環境のもとでは他の努力する才能、たとえば独立独歩の意欲は驚いたことに弱点となる。決定的に重要な考える才能とは、規律正しさ、つまり高度に管理された環境のもとで仕事をこなす能力だ。集中力や戦略的思考といった考える才能は、これよりはるかに重要度が低い。それはブローカーではなく、会社自体が方向を定め、そこに向かう最良のルートを決めるからだ。自分でこのようなことを実行したいと思うブローカーは、だれでもすぐに会社とぶつかることになる。そこで負けるのはブローカーの方だ。

起業家的な企業の場合、事情は正反対だ。決定的に重要な努力する才能、つまり独立独歩に対する燃えるような欲求が期待されている。そして決定的に重要な考える才能は、集中力、つまり電話帳から間違いのない見込み客を見つけ出す能力、電話をかけてもよい人たちのなかから電話をかけるべき相手を選び出す能力だ。この才能が欠けている場合、不幸なこのブローカーはどうしてよいかわからなくなり、孤立感を抱くことになる。こうなると起業家の世界における会社人間だ。

溢れるような情熱と集中力のあるブローカーが、達成する意欲と規律正しさに恵まれたブローカーよりも必ずしもよい成績を上げられるとは限らない。しかし前者のマネジャーの方が起業家的企業に適性があることは間違いない。それは、後者のマネジャーが組織ができあがっている企業で実力を発揮するのと同じことだ。この知識がない場合、両社が互いに相手のブローカーを採用してしまい、悲惨な結果をもたらすことになる。

マネジャーとしては、自分がどの才能を期待しているのか正確に認識していなければならない。これらの才能を見極めるためには、仕事の肩書きや内容のさらにその先を見通すべきだ。会社の文化をよく検討すること。自分の会社は成績評価の数字を使ってパフォーマンスを上げさせようとしたり、最高の数字を上げた人をヒーローとして持ち上げるような種類の企業なのか。もしそうだとしたら、競争に適した努力をする才能を自分が要求する求人の人物像に必ず加えるべきだ。あるいは対照的に、個人の仕事の基本的な目的を重視して、その企業の価値観に忠実に生きている人にだけ名誉を与えるような組織の場合もある。その場合には、任務達成に適した努力をする才能の持ち主、つまり自分の努力以上の大きな目的を「確実に」理解している人材を探すべきだ。

どんな具体的な仕事の成果を期待するのか、そしてどの程度念入りに仕事ぶりを監督するのかをよく考えよう。自分がマネジャーとしてはどのような人間なのか、そしてだれが自分のスタイルと相性がよいのかをよく考えよう。

たとえば短期的目標を設定したいと考えているか、また部下一人ひとりをチェックしてその進捗を定期的に監視するつもりなのか。もしそうだとすれば、必要なのは、自分の周りにそれに適した組織構造と、こと細かな定期的なレポートにあこがれる部下の取り巻きを作ることだ。つまり厳格な規律に適した考える才能が要求される。

それともたとえば、できる限り責任をあずけようとするようなマネジャー、長期的目標を設定して、あまり手を貸さなくても部下が自力でその目標に邁進するように持っていけるマネジャーなのだろうか。その場合には、自分の直接の部下には、集中力に適した考える才能が必要になるはずだ。この才能についてはすでに述べた。

そのチームの他のメンバーについてよく考えよう。この人たちが適応しなければならない仕事の環境について総合的に検討するべきだ。

場合によっては、このチームはドラマと興奮が必要な、堅実で真面目な人たちばかりかもしれない。そのときは刺激し合うことに適した人づきあいの才能の持ち主を探すべきだ。

また、ある場合には、チームに和気あいあいの雰囲気がある反面、勇気を持って互いに本当の課題や問題を俎上に上げる才覚には欠けているかもしれない。こんな場合には、きちんと意見を言える人づきあいの才能の持ち主で、なおかつ人の上に立てる人を探すべきだ。そうすれば少なくともメンバーのなかで一人は、あらゆる問題を、それがどんなに取り扱いに神経を使うものでも、俎上に乗せられる人を確保できる。

さらに自分の組織に強力な人事部門があれば、その部門が自分のマネジャーたちにその直接の部下一人ひとりの強みと弱みについての詳しいフィードバックを提供してくれる。この場合には、一人ひとりの個性の見極めに適した人づきあいの才能、つまり一人ひとりの独自性を見極め、それを活かす能力として定義された資質を持つマネジャーを選ぶ必要はないかもしれない。

あるいは反対に人事部門のサポートをまったく受けられないこともあるだろう。そんな場合には、一人ひとりの個性の見極めといった人づきあいの才能、言い換えればリレーター、つまり、永続的な結びつきを築こうとする衝動や、あるいはデベロッパー、すなわち他の人の成長に入れ込み、それによって満足感を得ようとする衝動が、マネジャーから部下に対して要求している才能の基盤として役に立つ必要があるだろう。

これらの不確定要素のすべてを計算に入れるのは、大変な作業になることもある。だから単純化してものごとを適当な大きさに切り分けるべきだ。三つの資質のカテゴリーごとに「最も重要なただ一つの才能」をきちんと見極めること。つまり努力する才能、考える才能、そして人づきあいの才能ごとに検討すること。これらの才能を判断の基本にすればよい。面接をしているあいだ、これらの才能を見極めることに神経を集中すべきだ。面接者の人となりを色々な人に照会するときに、その才能をはっきりと伝えた方がよい。才能に妥協してはならない。応募者の履歴書がどんなに魅力的に映っても惑わされないことだ。

最高の部下をよく研究する

自分が望んだ三つの才能の持ち主を得て仕事を始められたかどうかを確認したければ、その職務における最高の部下を調査するとよい。これはいまさら言うまでもないことのようだが、注意が必要だ。

つまり伝統的常識によるアドバイスは反対だからだ。

伝統的常識はこう主張する、良いは悪いの反対で、もし優秀さについて理解したいなら失敗を検証してその反対を実行すればよい。社会一般では、われわれの健康の定義は病気でないことだ。学校では、子供にドラッグのことを教えて、ドラッグから身を守るにはどうすればよいかを学んだり、無断欠席の内実を詳しく調査して、子供の出席をもっと増やすにはどうすればよいかを学ぶのだ。

ビジネスの世界では、この病理学への誘惑が広く蔓延している。マネジャーはサービスがうまくいったことより、失敗したことの方をはるかに理路整然と説明でき、しかもたいていの場合、優秀ということをいまだに「欠陥ゼロ」と定義しているのだ。

才能を理解しようとすると、この病理学への傾斜が原因となって、マネジャーが、具体的な仕事で優秀であるために必要なものは何かという診断を完全に誤ってしまう場合が数多く見受けられる。たとえば、マネジャーはおおむね次のように考える。成績の悪いセールス担当者は電話をかけるのに消極的だから、すぐれたセールス担当者はそうでないにちがいない。あるいは、お粗末なウェイターはあまりにも頑固だから、すぐれたウェイターは自分の個人的意見を抑えているにちがいない。

このような病理学への傾斜はやめるべきだ。お粗末さを研究してそれを逆にすることから優秀さの中身を推論してはならない。なぜか。それは優秀さとお粗末さが驚くほど似ていることがよくあるからだ。その中庸は現実にはあり得ない。

たとえば、最高のセールス担当者を研究した結果、最優秀者は最低の担当者と同様、なかなか電話をかける気にならないものだということが、すぐれたマネジャーにはわかっている。どうやら最高のセールス担当者は最低の担当者の場合と同様、電話で自分自身を売り込んでいるように感じてしまうらしい。このセールス担当者を並はずれた説得力の持ち主にしているのは、セールスの際に発揮されている個人的な感情面での努力する才能だ。けれどもこの才能は、また、拒否されるのは自分のせいだと考える原因にもなっている。セールスの電話をかけるたびに、他でもない「自分」に対してだれかがノーと言うのではという恐ろしさから体が震えるのを感じている。

セールスの世界の優秀さとお粗末さの違いは、すぐれたセールス担当者の場合、こうした恐怖心では萎縮しないということだ。というのは、すぐれた担当者は、また別の才能にも恵まれているからだ。それは論争に適した人づきあいの才能で、これがあるために相手の反論に負けず、また相手の抵抗を克服することで途方もない満足感が得られるのだ。毎日電話をかけるのが嫌な気分になるものの、この論争向きの才能がその気分を克服してくれる。議論好きが個人的な拒否の恐怖を乗り越えてしまう。

この論争向きの才能がないために、成績のよくないセールス担当者はただ恐怖を感じてばかりいる。

平均的なセールス担当者は何も感じない。ただ黙々と自分が教わった六段階のアプローチに従い、最高の成績を目指す。

最高の部下を研究することによって、すぐれたマネジャーは長く続いてきた同種の多くの誤った考えを覆すことができる。たとえば、最高のウェイターは最低のウェイターと同様、頑固な意見を持つものだということがすぐれたマネジャーにはわかっている。最高と最低のウェイターの違いは何か。最高のウェイターはすばやく考えた意見を活かしながら、自分のスタイルを顧客のテーブルそれぞれに合わせている。ところが最低のウェイターは、ただお粗末なだけだ。平均的ウェイターは何の意見もなく、どんなテーブルの客にも同じセリフを単調に繰り返している。

最高の看護婦は、大方の意見とは反対に、自分の担当する患者と感情面での強力な関係を築き上げる。これは間違いなく事実だ。看護婦の場合、最高と最低の違いはこうだ。最高の看護婦は自分の感情を抑制し、患者の世界をできる限り心地よいものにしようとする。一方、最低の看護婦は、自分の感情をそのまま出してしまう。平均的な看護婦の場合は、患者との距離を保つことで自分を守ろうとする。お互いの気持ちは離れたままだ。

時間をかけて最高の部下を研究しようというのが、すぐれたマネジャーの意見だ。最高の部下はどうして最高なのか、そして、それはだれなのかを見極め、よく似た才能の持ち主を選ぶようにしよう。

結局、才能を選び出す秘訣は、インタビューの要領にある場合が多いということだ。才能を発掘するためにインタビューするとき、ほとんどのマネジャーは、もっとはっきりした落とし穴を意識している。つまり応募者に余計なストレスを与えるな。見かけだけで応募者を評価するな。性急な判断をするな。これらの落とし穴を避けることで、間違いなく成果の上がるインタビューの基礎ができあがるはずだ。

ところが、もしインタビューの技術を磨きたいと思うなら、必要なことがまだまだ存在する。第7章で、インタビューのテクニックを詳しく解説するが、このテクニックがあれば、すぐれたマネジャーはさらに確実に才能の持ち主を選び出すことができるはずだ。

コーチからのアドバイス
――ジョン・ウッデンが語る才能の重要性

才能を発掘するのがマネジャーの第一のそして最も重要な責務だ。もし求めている才能の持ち主を見落とすようなことがあれば、部下を育てるのにどんなことをしても、それはすべて荒野に降り注ぐ太陽のように無駄な努力になってしまう。ＵＣＬＡブルーインズのあの伝説的コーチ、ジョン・ウッデンがこのことについて、もっと現実に即した言い方をしている。

「コーチという職業でどんなに成功していても、結局はたった一つの要素に集約されます。それは才能です。バスケットボールやフットボール、どんなスポーツの世界でも称賛を受けていいはずなのに、まったくその名前が聞こえてこない優秀なコーチは一〇〇人ほどいるでしょう。しかし、それは才能に恵まれていないからです。どんなコーチも、才能があるというだけでいつでも勝てるとは限りませんが、その反対に才能がなければ、だれ一人勝てるわけはありません」。

すぐれたマネジャーから聞いた話を総合して考えると、このコーチの言葉は正しい。しかしこれは少しばかり謙虚でもある。ジョン・ウッデンがあれだけ名声を得た原因は、コーチをしたチームに才能があったというだけではなく、ウッデン自身にそういった才能が育つにふさわしい環境を作り上げる能力があったからだ。要するに才能は、潜在的な可能性にすぎないのだ。この潜在的な可能性が勝手に現実の成果に生まれ変わるはずはない。優秀な才能を成果に結びつけようとするならば、すぐれたマネジャーが必要なのだ。

才能を発掘するということは、四つのカギの一番目にすぎない。この章に続いて、他のカギも解説する。すぐれたマネジャーが、慎重に選び抜いた才能の持ち主にどのように配慮し、その持ち主を評価し、そして育てているのか、を述べることにする。

第4章

第二のカギ

目標とする成果をはっきりと示す

リモートコントロールによる管理
陥りやすい罠
経験的ルール
どんな行為に対して報酬を受け取るのか

リモートコントロールによる管理
——上手に人を使うのが、なぜこんなに難しいのか

「私には担当地域の学校での教え方について最終的な責任があります。ですが、毎日どの教室でも先生と生徒が勉強して……その教室のドアは閉まっているんですよ」。

ゲリーは広大な公立学校地域を担当する指導監督官で、マネジャーとしての仕事の難しさがわかりすぎるほどわかっている。つまり現場で直接指示できない状態で、どのようにして部下に自分が要求することを実行させればよいか、ということだ。ゲリーはすぐれたマネジャーのだれもが意識していることを知っている。つまりマネジャーの立場になると、以前よりコントロールする力が大きくなると考えるものだが、実際にはそんなことはないということだ。それどころか、自分の直接の部下よりコントロールする力がない。部下はそれぞれ何をすべきか、あるいはすべきでないかを自分で判断できる。その仕事の進め方、時期、そして協力者を決められる。とにもかくにも、個人でことを起こせるのだ。

ところがマネジャーにはそれができない。まったくできない。できることと言えば、自分の部下のほとんどは指示どおりに動くという期待をしながら、強く言ったり、励ましたり、叱ったり、おだてたりすること以外にはない。これはコントロールではない。リモートコントロールだ。にもかかわら

ず、このリモートコントロールが自分のチームのパフォーマンスに関するアカウンタビリティーと密接につながっている。

人は扱いにくいものというのが現実で、だからこそ自分を取り巻く苦しい状況がますます厳しくなってくる。どんなに慎重に特定の才能の持ち主を選び出したとしても、部下はそれぞれ自分のスタイル、自分の欲求、そして自発的意欲を仕事の糧にするものだ。このような多様性に何ら問題があるわけではない。全員が世界を少しずつ違った目でみるチームの方が、現実的にはうまくいくこともある。しかしこの多様性がマネジャーの仕事を著しく複雑にすることも、また事実なのだ。マネジャーはリモートコントロールを利用して管理をしなければならないだけでなく、自分から出す信号に対する部下一人ひとりの反応の仕方のわずかな違い、そしてその違いが重要であることもよく認識していなければならない。

もしこの議論に何らかの慰めがあるとすれば、それは、すぐれたマネジャーの立場は非常に難しいということだ。つまり二つの確固とした考え方の板挟みになっている状態にいるのだ。その第一の考えは、第2章で述べたように、人はそんなに変わりようがないという信念だ。ある特定の職種についている人たち全員に対して、まったく同じやり方で仕事をするよう強いることはだれにもできない。従業員一人ひとりにその本人だけのスタイルや欲求、そして自発的意欲を抑制させ、妥協させようとするには限界があることがわかっているのだ。

第二の考えは、組織は目的達成のために存在する、そしてその目的はパフォーマンスだということだ。この場合の「パフォーマンス」とは、社内外どちらの顧客からも有益だと認められる成果すべてのことをいう。これらのマネジャーの考えからすると、マネジャーの最も基本的な責任は、部下の個人的な成長を助けることではない。各個人が自分自身をたいした存在、特別な存在として感じるような環境を提供することでもない。こういったことにそれなりの意味はあるが、核心ではない。核心は、従業員をパフォーマンスの達成に専念させることだ。マネジャーの責任はこれに尽きるし、そうであるべきだ。ここまで述べれば、すぐれたマネジャーがすべての権限を部下に譲ることになぜ懐疑的なのかが理解できるはずだ。つまり各個人にすべての判断を委ねてしまうと、一から一〇まで自主的に行動するチームができあがるが、結果的にそれは、それほど生産的なチームにはならないだろうということだ。

したがって、すぐれたマネジャーのジレンマはこうだ。マネジャーはコントロールの権限を保持しながら、部下をパフォーマンスの達成に専念させなければならない。ところがマネジャー自身は全員が同じやり方で仕事をするように強制できないという信念にとらわれている。そんなジレンマだ。

これに対しては、効果的で明快な解決策がある。つまり成果を適切に定義し、そのあとで各個人がその成果・目標に向かって自分なりの道筋を見つけるよう仕向ければよいのだ。

これは単純な解決策に聞こえるかもしれない。けれども詳しく検討すれば、その有効性が理解できるはずだ。

第一に、この解決策によってすぐれたマネジャーのジレンマが一気に解消される。自分がよりどころにしている二つの考え、すなわち人は永久に個性的な存在だという考えと、共通のパフォーマンスを達成するように部下に専念させなければならないという考えは、互いに相容れないものではなくなるのだ。調和するようになる。実際に両者はうまく絡み合う。後者の考えによって、マネジャーは前者の考えをうまく利用できるようになるからだ。従業員をパフォーマンスの達成に専念させるためには、成果を適切に定義して、あくまでその成果にこだわることが条件だ。しかしマネジャーが部下をパフォーマンスの達成に専念させたり、目標とする成果を標準化したりしたとたん、マネジャーが常に不可能だと思っていたこと、つまり成果を達成するために同じ道筋をたどるよう強制する行為をとにかく回避したことになる。目標を標準化することによって、マネジャーは手段を標準化する必要がなくなる。

学校の指導監督官が、担当地区の教師が教えている生徒の評価や成績だけを見ていればよい場合には、教師が作るカリキュラムの質や教室の規律正しさで教師を評価するといった無駄な時間を費やさずにすむ。ホテルの場合には、接客担当のマネジャーが、その部下のフロントデスク担当者に対する宿泊客の評価を手がかりに、どれだけのリピーター客を獲得しているか評価ができるなら、部下の担当者が接客の際の決まり文句にどれだけ忠実かということを監視する必要はなくなる。企業では、セールスマネジャーが部下のセールス担当者に要求する成果をこと細かに定義できるなら、担当者による顧客訪問報告シートの記入状況をいちいち気にしなくてもよいだろう。

第二に、この解決策は、ずば抜けた効率性を発揮する。自然にできあがったA地点からB地点までの最も効率的な道筋が真っ直ぐであることはほとんどない。そういった道は「例外なく」最も無理のない道なのだ。人の才能をパフォーマンスに結びつける最も効率的な方法は、要求されている成果を上げる最も無理のない、その人らしい独自の方法を一緒になって見つけることなのだ。

この適切に設定された成果をしっかりと頭に置いているため、すぐれたセールスマネジャーは、部下それぞれの売り込みのスタイルを矯正することによって決められた枠におさめようという誘惑にかられることがない。反対に、各個人の仕事の流れに乗って、要求されている成果を目指す、その人なりのやり方が円滑に進むようにできるのだ。あるセールス担当者は人間関係を築くことから始めて契約に結びつける、またある担当者は技術的知識や詳しい説明を通じて、あるいはまた説得力で契約にまで持っていく、こうした場合、すぐれたマネジャーは手を差しのべる必要がない……質の高い販売活動が維持されている限りは必要がない。

第三に、この解決策は、従業員に責任をとろうという前向きの気持ちを起こさせる。すぐれたマネジャーは従業員一人ひとりに対してある種の緊張感、つまり努力する緊張感を要求する。成果を適切に定義することで、こういった緊張感が生まれるのだ。目標とする成果を定義する、そして折に触れてそれを評価することによって、すぐれたマネジャーは従業員一人ひとりがちょっとした心理的な負担を感じるように、つまり自分だけが非常に明快な目標から外れているかもしれないという感覚を抱くような環境にもっていく。この種の環境は、才能のある従業員の気持ちを盛り上げ、渡り鳥兵を追い払うことになる。この種の環境のもとでこそ、人は「学習」しなければならないのだ。自分にとって効果のある独自の手法や、行動の組み合わせを、何度も繰り返し学習しなければならない。心理的負担にどう対処するか、人との信頼関係をどう築けばよいのか、どうすれば集中を持続できるか、休みはいつ、どのようにとればよいのかを学習しなければならない。そして最も無理のない自分独自の道筋を見つけ出さなければならないのだ。

成果を適切に設定するためには、従業員に対する期待も非常に高いレベルになることは間違いない。しかしおそらく、部下のなかに自己認識と独立独歩の精神を育てるためには、これ以外に方法はないだろう。

陥りやすい罠
――なぜ自分の部下をコントロールしたがるマネジャーがあまりにも多いのか

手法や手段より成果をはっきりと示した方が部下にとってわかりやすく効率的だとすれば、なぜ素直にそうするマネジャーの数がもっと増えないのだろうか。それどころか才能をパフォーマンスに開花させるという課題に直面すると、仕事の方法論の押しつけに走るマネジャーがあまりにも多いのはなぜだろうか。どのマネジャーにもそれなりの理由があるのだろうが、結局のところはコントロールするという誘惑があまりにも強いということなのではないだろうか。表面上これらの誘惑は無理もないように思える。ただし、それを続けていると、あっという間にその企業の生命力を奪い去り、企業価値をおとしめることになる。

誘惑「完璧な人たち」

この第一の誘惑は、よく知られているものだ。

専門家、つまり善意の専門家をここで思い描いてみよう。この専門家はすべての従業員がその不完全さを克服するための力になりたいと考えている。自分の周りにある未熟さが生み出す非効率性を見つめながら、文字どおり、次のように考えている。つまり、人々がこの専門家の考え出した簡単な手順を身につけさえすれば、世界はもっと仕事のしやすい場所になるだろう。そしてだれもがこの専門家に感謝するだろう。

この専門家は、あらゆる職務をこなすための「唯一最高の方法」があると信じているのだ。自分が時間をかけて調査をしたなかから、この「唯一最高の方法」を見出して、それを従業員全員に教える。この専門家によって従業員の効率性が高まり、もっとよい成績が上げられるようになる。マネジャーはといえば、自分の部下がこの専門家の教えを守っているかどうかを監視するだけでよくなるだろう。「唯一最高の方法」が確かに存在し、それを人に教えられるという考えに、ややもすると寄りかかってしまうマネジャーが数多く見受けられる。この考えを根拠に、セールス担当者に研修を受けさせ、交渉を効果的に進める一〇の秘密を学ばせて、そこで学んだ手順をどれだけ忠実に実行しているかを基準に部下を評価する。新米の経営者を研修に参加させて、すぐれたリーダーシップを支える二〇の能力を身につけさせ、そうした能力を発揮できるかどうかで本人の評価をする。また、本当に部下のためを思い、あらゆる部下が快適な生活を送れるための九つの習慣を身につける意欲を持たせようとする。

従業員の興味の対象が一人ひとり異なっているにもかかわらず、これらの科学的専門家にはどれも共通の前提がある。それは、各個人の独自性は欠点であるということだ。こういった専門家の意見によれば、もしマネジャーが部下に仕事をさせたいと思うならば、完璧な方法を教えて欠点を取り除き、その部下を完全な人にしなければならない。

あの評判の芳しくない時間動作研究家、フレデリック・テイラーは「唯一最高の方法」的思考の父と考えられているが、最近の厳しい競争のなかで最も「影響力のある」「唯一最高の方法」の専門家は、おそらくマデレン・ハンターという名の女性だろう。

実際にアメリカでは教育者のだれもがハンターの名前を知っている。UCLAのユニバーシティー・エレメンタリー・スクールで効果的な実践教授法を学んだ結果、マデレン・ハンターは、自分が考える効果的授業の最も基本的な七つの構成要素を規定した。

ステップ1　簡単な復習
ステップ2　紹介
ステップ3　説明
ステップ4　デモンストレーション
ステップ5　理解度の確認
ステップ6　Q&Aセッション
ステップ7　個別学習

ハンターはそれぞれのステップにあだ名をつけた（たとえばステップ5は『ディップスティッキング』、ステップ6は『観察演習』となっている）（訳者注：ディップスティックとは、クルマのエンジンオイル測定用ゲージをいう）。しかし自らも認めるように、ハンターが基本的に行っていたことはすべて、すぐれた教師がいつも実行していたことの再構成だった。すぐれた教師の仕事に何か問題があったから再構成したわけではない。これは、最高の人から学びたいと思っている教育者にとって、願ってもない貴重な分析だった。

もしハンターがこれ以上何もしないでいたら、おそらくそれほど注目されることも、多くの批判を受けることもなかっただろう。ところがハンターは、何もしないままではおさまらなかった。しないではいられなかった。自分が規定した七つのステップは、優秀な教師のほとんどが教室で実行していることの単なる直観的な集約ではなく、具体的手法、厳格な模範的手法だと思い込むようになっていた。ハンターの模範的手法をじっくりと学んで応用する人は、だれでも優秀な教師に生まれ変われる。ハンターはそう信じ込んでいた。

「教師というのは生まれつきのもので、作られるものではないと考えていました。けれども今ではもっと理解を深めています」。ロサンゼルスタイムズとのインタビューでこう答えている。「だめな人が天才に変身するのをこの目で見ていますよ」。

本当に見たかどうかは疑わしいが、自分の模範的手法が確かに「だめな人を天才に」変身させられると信じていたわけだ。ハンターには教育システム全体の改善ができなかったのだろうか。教師、生徒そしてその親のためにもっとよい世界を作れなかったのだろうか。ハンターの頭のなかでは可能だった。本人はそれこそが自分の役割だと考えていた。

六〇年代の終盤に着手して以来一九九四年に亡くなるまで、ハンターは自分の模範的手法を書籍やビデオテープにまで展開している。また精力的に各地を回って講義を続けていた。学校の指導監督官や行政官に対して自分の仕事を理解してもらえるよう努力していた。自分の信念を広く伝えていたのだ。ハンターはこう言っている。「ユニバーシティー・エデュケーショナル・スクールで、われわれは学校教育に不可欠の栄養素を割り出しました。こういった学習のための栄養素が何か、これらすべてを利用して栄養豊富な食事を作るにはどうすればよいかを先生方に教えたのです。われわれが育てたなかから非常に腕のいい料理人も現れました」。

読者にも想像できるだろうが、こういった楽観的な話は、多くの苦しんでいる教育者の耳に心地よく響く。何千人もの学校の管理者がこれを信奉するようになった。教師にこの七つのステップを訓練するだけでなく、その決められた手順をどれだけ忠実に実行しているかを基準にして教師一人ひとりを評価することにしたのだ。すぐれたマネジャーについての好意的なメッセージが、あっという間にどんな教師も暗唱させられる教義になった。今日でもこの「マデレン・ハンター手法」に洗脳されている教師が何十万人もいる。しかも一六の州では依然として、公式にこの手法に対してある程度の評価が与えられているのだ。

とはいえ、世のなかの流れはマデレン・ハンターの科学的教義とは反対の方向に変わりはじめている。ある評論家はこう指摘する。ハンターの調査には欠陥がある。つまりこの調査では何千人ものすぐれた教師が対象となったわけではない、調査したのは自分が教えているUCLAのスクールで働いていたわずか一握りの教師にすぎない。ハンターに洗脳された学校区の成績には見るべきものがないと指摘する人もいる。つまり何年間も生徒の成績は一般的な学校区と比較して決して高くなく、ところによっては著しく低い場合もある、という指摘だ。

ハンター自身に対してそれなりに寛大な見方をする人も見受けられる。「ハンターはこういったことがすべて起こると主張したわけではない」と指導監督官のゲリーは言う。「あの七つのステップは、教師一人ひとりが自分のスタイルに消化してもらえばよいと本人自身が考えていたアイデアにすぎない。だれもが従うべきルールにしようという意図はまったくない」。

もっと厳しい評価をくだす人もいる。別の指導監督官アミーだ。「われわれはこの話でハンターにごまかされている。われわれは何でも数字に基づいて段階を追って教えているという感覚が好きだ。教師は不安感にさいなまれやすい人種で、だからこそ教えるということを科学であるかのように考えようとした。教えるということの本質は、子供一人ひとりに対して、それぞれが一人の立派な人間であることを認めて接することだという事実をわれわれは忘れていたのだ。これを訓練することは不可能だ。たとえばビリーという生徒は実際に試すことによって学び、サリーは読書によって学ぶということを発見するためにこの七つのステップは必要ない。必要なのは才能だ。ハンターはこの点からわれわれの目をそらせてしまった。教えることの理念を混乱させてしまった」。

その批判がどんなものであっても、ほとんどの教育者のあいだでは、今後一〇年間、ハンターの理論がこれまでと同様にすぐれた教授法の研究として認められ、おそらく評価されるだろう、ということで一致している。しかし今日発揮しているような教養の影響力がそのまま維持されることはなくなるだろう。

これは教育の世界での事例だが、どんな職務にも応用することができる。「唯一最高の方法」の押しつけは、それがどんな試みであっても失敗するほかない。第一に、効果がない。つまりこの場合「唯一最高の方法」は、個人一人ひとりが持っている独自の四車線道路と戦わなければならない。第二に、人の品位を傷つける。すべての答えを押しつけることによって、各個人は自分が成長したり、自分独自のスタイルに責任をとろうとしたりする意欲をなくしてしまう。第三に、学習を阻害する。ルールを作るたびに選択の余地が狭まる。選択をするという行為が、それ自体本人に啓発的に作用し、本人自身の学習する意欲の源泉になっているのだ。

繁盛しているクルマのディーラー二店舗のマネジャー、エイドリアンはこんなふうに語っている。「マネジャーの立場にいて最も頭が痛いのは、自分ならこうするという方法で部下が仕事をしようとしないのが気になってしまうことです。けれどもそれには慣れるしかありませんね。というのは、もし仕事のやり方を押しつけようとすると、二つのことが起こるからです。一つ、連中は頭に来て仕事を放り出す。二つ、言うことを聞かなくなる、そして仕事にならない。どっちにしても、生産性最悪のトンネルですよ」。

部下に仕事をさせようとするとき、決して完全な人間を作ろうとしてはならない。この誘惑に文字どおり勝てないかもしれないが、負けてはいけない。それは幻想にすぎないのだ。何でも直す奇跡の治療法に思えるものは、実際には職務の価値を落とし、人の品位を傷つけ組織を弱体化させる病弊そのものなのだ。

ジョージ・バーナード・ショウが次の言葉を口にしたとき、おそらく極端に機嫌が悪かったのだろう。「地獄への道は善意で舗装されている（自分の意志に反して最悪の結果になることが多い）」。けれども何とかして完璧な人を作ろうという話になると、このショウの指摘が完全に外れていたわけではない。

誘惑「私の部下には満足できる才能がない」

第3章で議論したように、あまりにも簡単そうに見える職務の場合には、才能など必要ないとつい思い込みたくなるものだ。

そうした職務は、伝統的常識によって「だれにでもできる」職務ととらえられてしまう。

この誘惑に疑問を抱かない多くのマネジャーは、これらの職務に合った才能の持ち主を選ぶためにまったく手間をかけようとしない。ただ現実に応募してきた人を採用するだけだ。そのあげく行き着く先は、どうしようもない人員配置だ。そこで何千人もの従業員は自分たちの職務が軽く見られていると感じるようになり、さっさと転職したいという考えで頭がいっぱいになる。こうした状況のもとで自分の立場が悪くなってくると、マネジャーは厳しい規則を作って対処しようとする。聖書並みの分厚さの作業標準マニュアルを部下に押しつける。その意図は、部下に与える仕事を「頭がからっぽでもできる」ようにするためだ。その理屈はこうだ。「もし部下に選択の余地を与えるようなことをしたら、それをいいことに間違った判断をする人間がいっぱい出てくるはずだ」。

このようなシナリオが主張されても、マネジャーのコントロールしたいという気持ちを現実には非難できない。才能で人を選ばないのであれば、選んだ人たちに裁量の自由を与える「べきではない」。どんなことにも最後まで、細大漏らさず注意を怠ってはならない。すべての従業員の一挙手一投足に目を凝らし、指示どおりの作業手順を守っているかどうかを確認する「べきだ」。これは途方もなく時間のかかるやり方であり、これにはマネジャーが警察官になってしまうというあまり誉められない側面がある。逆にどんなことも運に任せるというのもまた問題だろう。いまいる従業員がよく考え抜かれて選抜された人たちでない以上、抑制が緩んだときにどっちの方向に飛び出すのか、一体だれに予測できるだろう。

もちろん、もっとも生産的な解決策は、最初の段階で職務の重要性を十分に認識し、それにふさわしい才能の持ち主を選んでから実際に仕事にとりかかることだ。

誘惑「信頼は貴重。必ず獲得しなければならない」

才能を求めて人を選んだ場合でさえ、マネジャーによっては人に対する根本的な不信感から挫折することもある。この不信感とは、ある種の根深い不安感の産物なのかもしれない。あるいはある種論理的な帰結として、次のように表現できるかもしれない。「私の考えでは、人は基本的に自分本位で動くものであり、とがめられないですむと思えばほとんどの人は手を抜こうとするものだ」。しかしその原因が何であれ、こうした不信感からわかるのは、これらのマネジャーには、従業員一人ひとりがその人なりのパフォーマンスを目指す道筋を見つけてもよい、と思う気持ちが極端に少ないということだ。

だれかがどこかで自分の弱みにつけ込んでくるのではないかという疑念に常にさいなまれているために、人を信用できないこうしたマネジャーにとって、唯一の頼みの綱は部下に規則を守らせることだ。自分たちの世界に規制の網をクモの巣のように張りめぐらせる。規制以外には、部下たちが必ず引き起こす過ちから自分たちの立場を守る術がないと信じているのだ。

他人を信頼しない人たちにとって、マネジャーという職務は、信じられないほどストレスが大きい仕事だ。「部下たちは一体何をしているのだろうか」という不安、そして「どんなことでも、それは悪いことにちがいない」という疑念が鬱積しているにちがいない。こうしたマネジャーにとって不幸なことに、規則や規制の押しつけがこうした疑念をうまく解消することはまずあり得ない。反対にこれらの押しつけが原因で順調になることはただ一つ、それは、組織が持っている柔軟さ、機敏さ、そしておそらく最も重要だと思われる気持ちの温かさがだんだんと死に絶えていくということだけだ。

次のことをよく考えてみよう。フロリダ州の教師の場合、自分の生徒に段階評価をつけるときに自分の判断を基準にするのは違法とされている。これは誇張ではない。間違いなく「違法」だ。自分が持っている不信感とコントロールしたいという気持ちから、州の立法者は点数と段階評価を定義する法律を施行したのだ。九四点以上とった子供に対して段階評価でA以外をつけることは違法とした。八五点から九三点の場合はBでなければならない。アーカンソー州も積極的に法律を作って、教師の判断を排除している。ただし同州は子供に対して少しばかり寛大だ。つまり九〇点以上でA、八〇点以上ならBが保証されている。

すぐれた学校の指導監督官は、教師に対して段階評価 対 点数のガイドラインを与えること自体何も間違っていないと言う。ほとんどの州ではそうしているし、それによって地域全体の統一性が保たれる。しかしそのために、法律まで変える必要があるのだろうか。あまりにも多くの教師が、これが原因で人々からの信頼と温かい気持ちを失ったと感じているのだ。

「信頼を獲得しなければならない」という考えはどういう意味なのだろうか。もっともらしい考えに聞こえるかもしれないが、すぐれたマネジャーはそうした考えを否定する。というのは、基本的に人を信頼しなければ、相手がいきなり信頼に足る人に変身する境界線や時間的瞬間が存在するはずがないからだ。不信感は未来にもかかわってくる。生まれつき人の気持ちを疑ってかかる人間は、過去にどんなによいことをしてもらっても、相手が自分を落胆させるつもりなどないという確信を決して持とうとしない。つまり懐疑心は死ぬまでなくならないのだ。

ときとして人は相手の期待に背くことがある、というのももちろん事実だ。けれども、本書の冒頭で紹介したレストランを取り仕切るマイケルのようにすぐれたマネジャーは、この現象を、普通の状態というより例外だと素直に考えている。というのは、従業員に対して最高の成果を期待していても、たいていの場合、その最高とはいまの部下の仕事そのものだと信じているからだ。

とはいえ、不信感が非常に価値のある職務もあるだろう。これには、弁護士や、不正を暴く調査報道記者がその例として挙げられる。これとは反対に、マネジャーにとって不信感は致命的だ。

誘惑「成果には定義できないものもある」

成果を適切に定義して、部下一人ひとりが自分なりの仕事の道筋を見つけられるようにしてやりたいがそれができない、と言うマネジャーは多い。成果によっては定義できないものもあるというのだ。もし適切に成果を定義できないなら、そのときは努力して、正しい手順を定義しなければならない。マネジャーに言わせれば、それが混乱を回避する唯一の方法なのだ。

見方によっては、確かにこの考え方に共感すべきところがある。

第一に、成果には定義の難しいものもある。販売、利益、あるいは生徒の成績などは簡単な計測で十分だが、顧客満足度や従業員のモラルとなると話は別だ。それどころか両者とも、多くの職務において非凡なパフォーマンスを発揮するために不可欠な要素なのだ。

第二に、「顧客満足度」や「従業員のモラル」を成果という観点からうまく定義できなくても、従業員に自分たちの顧客や仲間に積極的な姿勢をとらせるよう、何らかの方策を見つけなければならない。適切な手順を定義することは、そのための一つの方策であることは間違いない。

この考えは共感してよいかどうかわからないが、賢い考えではない。これではマネジャーのあきらめ方が早すぎる。というのは、成果によっては定義が「難しい」ということが、すなわち、定義できないという意味にならないからだ。それは成果を明確にできないというだけの意味でしかない。もっとよく考えることが必要だ。もう少し深く考えると、パフォーマンスの最もつかみどころのない側面でさえ、実際には成果という観点から定義できると考えられるはずだ。そしてこれらの成果が定義されれば、そのときは、全員に対して顧客を満足させるように強制したり、まったく同じやり方で部下に接するといった、時間ばかりかかるムダな努力をしないですむようになる。

成果である「従業員のモラル」をもっと詳しく観察してみよう（顧客満足度については本章の後半で述べる）。第1章で触れたように、多くの企業はその企業文化の強さが競争を勝ち抜くための立派な武器であることをよく認識している。競合他社よりも部下への待遇をよくすることができれば、すぐれた才能の持ち主をさらに多く獲得して仕事に専念させ、育てることができるはずだ。最後には勝ち組みになれるだろう。この考え方からすると、企業文化（マネジャーがその部下をどう扱っているか）が途方もなく重要になる。あまりにも重要すぎてマネジャーのなすがままにしておくわけにはいかないだろう。

従業員の「感情面での成果（従業員にはこのように感じてほしい）」という観点から強力な文化を定義するよりも、むしろ「文化」をいくつかの「ステップ」に分解することにした企業が数多く見受けられる。つまり「これがすべてのマネジャー／経営者がしなければならないことだ」というステップだ。第3章で述べたように、これらのステップを一般には「コンピテンシー」と呼んでいる。

いったんステップの定義がきちんと決められると、企業のなかで進行中の業務のほとんどが、全社共通の目標として、あるいは業務上の意味を持って理解されるようになる。新しいマネジャーは、こういったコンピテンシーを身につけることが必要だ。年数を重ねているマネジャーは、同僚や、直接の部下や上司によって、これらのコンピテンシーのレベルを判定される。完璧なマネジャー像はこれらすべてを兼ね備えている人だ。もちろんこんな人物が幻想であることはだれにもわかっている。しかしだからといって、マネジャーが、直接の部下が「説得力に富むビジョン」や「非常時にも沈着冷静」といった自分のコンピテンシーについて低い点数をつけるかどうかを気にしなくてもよいというわけではない。また、ボーナスを自分で決めて、その満額が獲得できるような場合でも、次の年、ボスから成績を伸ばすように指示されなくてすむというわけでもない。だからこそマネジャーは、これらのコンピテンシーをすぐにでも自分のものにしようとする。

幸いなことに、すぐれたマネジャーの態度はこれとは違う。マネジャーは自分の部下と接するときにどんなやりとりをするのか、それは、あらかじめ規則で決めておくべきものではないと考えている。文化に筋書きを作ろうとは考えていないのだ。第一、そんなことをすれば本筋から外れることになる。つまり部下が自分にとってどんなスタイルが最も有効かを探るべきなのに、逆にマネジャーの姿勢を「標準」として縛りつけてしまうことになるからだ。第二に、そんなことは不可能だ。というのは、臨機応変のやりとりは「コンピテンシー」ではなく、才能を動員することで可能になるからだ。こういった才能は教えることができない。

といっても、これは、マネジャーの部下との接し方に責任を負わせるべきではないという意味ではない。責任を負わせるべきだ。そのためにはどうするか。ステップを追ってその方法を規則にすべきではない、というだけのことだ。自分の部下に感じて欲しいと考えている気持ちを明確にしておいてから、マネジャーにそうした気持ちを生み出す責任を負わせる方が効果的だろう。この気持ちがマネジャーの成果となる。

一つの例として、職場の強さを測る一二の質問のうち最初の六項目を考えてみることにしよう。

Q1　仕事の上で自分が何をすべきか、要求されていることがわかっているか

Q2　仕事を適切に遂行するために必要な材料や道具類が揃っているか

Q3　毎日最高の仕事ができるような機会に恵まれているか

Q4　最近の一週間、仕事の成果を認められたり、誉められたりしたことがあるか

Q5　上司や仕事仲間は、自分を一人の人間として認めて接してくれているか

Q6　自分の成長を後押ししてくれている人がいるか

これらの質問は、マネジャーが部下に作り出して欲しいと期待すべき最も重要な感情面での成果にかかわっているものだ。マネジャーは、これらの質問に対して年度末には部下から「確かにそのとおり」という回答がされることを望み、自分の部下であるマネジャーには「5」を確保する責任を負わせたいと考えている。けれども部下にどんなことを感じて欲しいかを、これらの質問によってはっきりさせてさえおけば、うれしいことにマネジャー一人ひとりが、がんじがらめの方法に従ってこうした感情を生み出せと強制する必要はない。

「信頼」の感情を考えてみよう。これはQ5「上司や仕事仲間は、自分を一人の人間と認めて接してくれているか」という質問によって計測できる。ある第一線のスーパーバイザーは、物静かで心なご

やかな人間関係をスタイルとして仕事をしている。またあるスーパーバイザーは、その率直さと堅実さを通して人間関係を築いている。さらに、底抜けに明るい情熱とユーモアが売り物のスーパーバイザーもいる。しかしすぐれたマネジャーは、それがどんなスタイルや方法であっても気にすべきではない。ただしそのスーパーバイザーの部下がQ5「上司や仕事仲間は、自分を一人の人間として認めて接してくれているか」に対して「5」と回答している限りは、という条件がつく。すぐれたマネジャーは、物静かなスーパーバイザーを話し方教室に、あるいは率直なスタイルのスーパーバイザーを社交教室に送り込んで時間と金を無駄にする必要がないことをよく理解している（もちろん、ある特定のスーパーバイザーが部下との人間関係を簡単に築けない場合もあるだろう。つまり理由が何であれ、部下がそのスーパーバイザーを信頼しないという問題だ。この問題にすぐれたマネジャーがどう対処しているか、については第6章で議論する）。

ギャラップが発見したように、成果を適切に定義して「文化」を測ることは、なかなか難しい問題となることがある。しかし、これには努力をするだけの価値がある。もしマネジャーのスタイルを規制しようとして払われた努力と同じだけの努力が、部下に要求する成果を明確にするために払われたとしたら、だれもがもっと幸せになるだろう。その会社の効率はさらに向上する。人事部門はもっと親しみやすいところになる。従業員の信頼はもっと高まるだろう。そしてマネジャーは最後まで仕事をやり遂げられる。それが本来の姿なのだ。

経験的ルール

――すぐれたマネジャーはいつ、どのようにして手順をうまく活用するのか

最高のマネジャーは完璧な人を作り上げるという誘惑には決して動かされない。マネジャーの課題は完璧な人を作り上げることではなく、一人ひとりが持っているその人ならではの個性を活かすことだと理解しているからだ。あくまで才能によって人を選んでいる。どんなに単純な職務であってもそれは同じだ。最高のマネジャーは最初から何の抵抗もなく採用した人を信頼する。さらに「顧客満足度」や「従業員のモラル」といった漠然としたものでさえ、考えを尽くせば、成果という観点から定義できると信じている。

しかし、だからといって手順の必要性を退けてしまおうとしているのではない。そんなことはしない。マネジャーの責任の第一は、才能をパフォーマンスに開花させることだ。そのために必要な具体的手順が、そのパフォーマンス達成の足がかりとして役に立つこともあるのだ。ギャラップによる一連のインタビューで、これらのマネジャーが、決められた手順をいつ、どのように利用して、パフォーマンスを上げようとしているかを説明してくれた。次に示すのが、そのマネジャーがよりどころにしている経験的なルールだ。

経験的ルールその１「銀行をつぶすな」

従業員は仕事上どんな場面でも、正確さあるいは安全性を確保するために必要とされている具体的手順に従わなければならない。

銀行を例にしてみよう。銀行には実にさまざまな機能があるが、結局のところ、顧客の資金を正確かつ安全に扱うことが、顧客に対する銀行の価値なのだ。したがって、銀行内のあらゆる職務の基本は、それがトレーダー、投資アドバイザー、あるいは出納係など何であれ、どんな場合にも正確にそして安全に職務をまっとうすることだ。従業員に「正確」と「安全」の意味をきっちりと示すために、銀行業界が規定する手順を明確にし、各銀行が独自の社内指針を作っている。銀行の従業員は、これらの規定を厳しく守らなければならない。これは単なる仕事の一部ではない。銀行の仕事の根幹をなす部分だ。このことを忘れているマネジャーや、部下に裁量の余地を与えすぎているマネジャーは、一人残らず銀行の価値を破壊する危険を冒しているということになる。

二〇〇年の歴史を持つイギリスの銀行、ベアリングス銀行のマネジャーはこのことを忘れていた。いきさつはこうだ。

一九九四年の終わり頃、ベアリングス銀行シンガポール支店の先物取引担当ゼネラルマネジャー、二八歳のニコラス・リーソンが日本の株式市場に巨額の投資を開始した。相場の上昇を見越しての判断だった。ところがこの見通しは誤りだった。株式相場は下落し続けた。この下落を受けて、リーソンはひたすら賭けの金額を増やし続けた。相場の反転上昇にどこまでも望みをつなぎながら。一一月と一二月の二カ月で銀行の資金を大量に失う結果になってしまった。

これ自体は特に異常なことではない。先物取引で企業が巨額の損失を出すのはいつものことだ。損失が繰り返されれば、資金の供給を止め、担当のトレーダーを解雇し、損失を補塡して、事業を継続するための損金として計上すればそれでことはおさまる。

このニック・リーソンの場合に異常だったのは、リーソンの上司が損失の拡大に気づかなかったことだ。これは権限委譲が度を越したとんでもないケースで、この上司は、リーソンにシンガポール支店のいわゆるフロントオフィスとバックオフィス両方のコントロールを許していたのだ。つまりリーソンは、自分自身がニワトリ小屋のキツネであり、同時に自分の取引を監視する立場だった。リーソンが「正確で適切な」資金の使い方と「安全な」投資についての指針に従っているかどうかを確認する仕組みは、まったく整っていなかったのだ。そのためにこのどうしようもないこの二八歳は、いともたやすくその権限を越え、架空口座を作って増え続ける自分の損失を隠そうとした。ロンドンの本社ではリーソンのマネジャーが、これにまったく気づかないまま脳天気にシンガポールに資金を送り続けていた。

リーソンは一九九五年一月、最後のばくちを打った。日経平均の上昇に賭けた最後の大ばくちだった。リーソンは前世でとんでもない悪行を働いていたにちがいない。というのは一月一七日、大地震が阪神地区を襲い、日経平均が暴落したのだ。リーソンの賭けは失敗に終わった。

その翌朝、目が覚めたとき、損失は一三億ドルを超えていることが判明、何と同社の現金準備高をおよそ七億ドル以上も上回っていた。一カ月後の一九九五年二月二七日、ベアリングスは倒産した。リーソンは刑務所に送られ、四〇〇〇人が職を失った。創業二〇〇年の企業が崩壊したのだ。

これは銀行の話だが、それがジェットエンジンの製造会社やテーマパークの乗り物の企画設計、地下鉄の運行、あるいはスキューバダイビングの学校の話であってもおかしくはない。どんな職務にもある程度の正確さや安全性が必要であり、従業員には標準化された手順を実行することが要求されている。すぐれたマネジャーは、自分の部下がこれらの手順を理解して完璧に実行しているかどうかを確認することが、自分の責任であると認識している。それが個性に反するものであっても、それはそれで仕方のないことだ。

いい加減な権限委譲は、企業価値を下げることにもなるのだ。

経験的ルールその2「標準についてのルール」

ある手順が企業あるいは業界の標準になっている場合には、従業員はその手順に従わなければならない。

「標準」の重要性をいくら評価しても、しすぎることはまずないだろう。「標準」によって、われわれは、モラルや倫理の標準にまで踏み込もうとしているのではない。意図している標準は、言語、記号、会話、あるいは評価に関する基準だ。これらは文明のDNAだ。われわれに標準を整備してそれに従う能力がなければ、今日のような複雑化した社会を作り上げることはできなかっただろう。

標準があるからこそ、われわれは意志の疎通ができる。それぞれの言語は、それを話す人たちが共有している標準だ。もし相手の言語の標準（文法）を知らなかったら、そして、もしその具体的な記号の意味がわからなかったら、その人の言語では話ができない。すべてのコミュニケーションは、それを伝えるメディアがどんなものであっても、互いに共通する標準が必要なのだ。マックおたくの仲間から送られてきたドキュメントをダウンロードしようとしたウィンドウズのユーザーに聞いてみれば、それはよくわかるはずだ。

標準があるからこそ、学習効果が上がる。算数の技能を正確に教えられるのは、足し算や引き算が「十進法」になっていると、生徒や教師のだれもが理解しているからだ。共通する標準によって、技能は人に伝えることができるのだ。

標準によって比較対照も可能になる。たとえば市場経済には、それが機能するために企業相互の価値を比較する標準的な仕組みが必要だった。一五世紀の終わりになるまで、こうした仕組みは現れなかった。ところが一四九四年、ベニスの僧ルカ・パチオーリがその仕組みを完成し、最初に本の形でそれを発表し、複式簿記の標準を詳しく解説し、普及させたのだ。ウォールストリートでは現在でもこの仕組みを利用している。

直観的にはその反対になるように思えるのだが、標準が生まれると創造性が向上する。その例として音楽を考えてみよう。音を構成する正しい方法というのは一つもない。けれども一六世紀の西ヨーロッパでは、ある音階が次第に標準として定着するようになった。この音階は「半音階」と呼ばれている。一二の半音で一オクターブが構成され、各半音の間隔は一〇〇セントと決められている。これは、ピアノの鍵盤では七つの白鍵と五つの黒鍵になっている。表面的には作曲家の生来自由な創造性を枠にはめてしまうような印象を与えるが、事実はまったくその逆だ。この一二の半音に制限されたために、作曲家の創造性が損なわれたことはない。むしろその創造性を養うことになった。半音階とその公式の記譜法の普及によって、その後二世紀にわたり歴史上最も多くの独創的な音楽作品が生まれることになる。ビバルディ、マイルス・デイビス、ストラビンスキーといった多士済々の作曲家、そしてマドンナなど、皆この標準となった半音階を使い、その頭のなかで独創的な音楽を湧き上がらせたのだ。

したがって、標準は、人の共同作業や発明発見を書きとめる規準といえる。すぐれたマネジャーは、協力的で創造力のある組織を作るためには、従業員にそれに関連した規準を守らせる必要があると認識している。弁護士は判例法を学ばなければならない。航空管制官は標準的航空規約を学習する必要がある。会計士は複式簿記の記入法を勉強しなければならない。さらに技術者は国立標準局のラジオ局、WWVBから毎日二四時間流される標準周波数放送を基準に動作する製品を設計しなければならない。

今日すでに重要になっている標準の場合、その重要性は間違いなく次の一〇年間に幾何級数的な膨らみ方をするだろう。この次の一〇年がどうなるか、ケヴィン・ケリーは「ワイアード」誌にこうに書いている。

われわれの時代にとって偉大な皮肉は、コンピューターの時代が終わったということだ。スタンドアローン型コンピューターはその本来的な役割をすべて果たし終えた。つまりコンピューターはわれわれの生活のスピードをほんの少し速めてくれた。それだけのことだ。対照的に最も有望なテクノロジーが今、世のなかに出現し、主にコンピューター間の通信に応用されようとしている。

つまり、応用の対象はコンピューターによる計算ではなく「接続」なのだ。

接続とはネットワークのことであり、ネットワークには標準が必要だ。われわれがこのネットワーク化した世界に急速に足を踏み入れている現在、新しい標準、つまり新しい言語、プラットフォーム、基準、規約などを定義できる企業は、後から参入する企業に比べ圧倒的に有利な立場を確保できる。これらの企業は他社の参入を規制できる、つまりこれらの企業が作ろうとしている新たなビジネスチャンスを見逃さず、積極的に参入しようとする競合他社の姿勢に対して、完璧な対処ができる立場を確保するのだ。

自社の標準を「普遍化」することが競争上強力な武器となるのはもちろんだ。この方法でVHSはベータマックスに勝ち、マイクロソフトはアップルに勝った。今後数年間には、従来型ビジネスのルールをすべて打ち砕いてネットワークを構築しようとする企業がどんどん出現するだろう。ネットスケープが自社開発のブラウザーを無償にした理由はこれだ。また、スプリント、MCI、そしてAT&Tが無料携帯電話をわれわれに勧めている理由、あるいはサン・マイクロシステムズがJAVAをマーケットに大盤振る舞いしている理由も、これである。これらの企業はすべて、それぞれ独自の標準を投入し、真の「標準」になるために必要な決定的多数を獲得しようとしのぎを削っているのだ。

ネットワークの構築は非常に重要であり、すべての従業員はそのなかで与えられた自分の役割をきちんと果たさなければならない。スイスの時計メーカーに、メーカー独自の時間単位を考え出す意欲がまったくないのと同じ理由から、従業員がこれから先も独自の標準を生み出すことは許されないだろう。たとえば、サン・マイクロシステムズと激烈な競争を演じている以上、マイクロソフトのプログラマーにはサンのJAVAを使って新しいソフトウエアを書く自由はほとんどないはずだ。あるいはそこまでハイテクでなくてもよい。たとえば国中の教育現場をあげての標準アチーブメントテストでは、教師が自分たちの考えをもとにカリキュラムを再編成してはいけないことになっている。

これは将来、企業の管理体制が固定化されて押しつけがましいものになるという意味ではない。従業員は標準化されたメディアを通して自分たちの創造性や個性を表現しなければならなくなる、というだけのことだ。繰り返して述べると、枠をはめない権限委譲は、企業価値をおとしめる可能性があるということだ。

経験的ルールその3「教義によって本当の意図を歪めるな」

決められた手順が役に立つのは、要求する成果をあいまいにしない場合に限られる。

大手コンサルティング会社のマネジャーを務めるマークは、ニューヨーク発午後四時の飛行機でシカゴに飛ぼうとしている。その飛行機はすでにゲートを離れ、予定の滑走路にゴトゴトと向かっていた。突然機長の声がスピーカーをふるわせた。「(シカゴの)オヘア空港では悪天候のため当機は地上待機の状態です。いま現在、現地での離着陸は一切行われておりません。運航に遅れが生じるかもしれません。情報が入り次第お知らせいたします」。

乗客がこのアナウンスを聞いてもただ気が滅入るだけだ。地上待機はキャンセルよりも始末が悪い。少なくともキャンセルの場合は、それに代わる対策を自分で練ることもできる。ところが悪天候による地上待機の場合には、自分の置かれた状況にどう対処すればよいのか。現地到着の遅れは五分かもしれないし、あるいは二時間かもしれない。天気の神様は気まぐれだ。

そこでマークは座席のボタンを押して客室乗務員を呼び、こう尋ねた。「ゲートに戻って、降ろしてくれませんか」。

客室乗務員が、こうした懇願を何度も聞いた経験があるのは明らかで、マークの話を聞き終わる前にもう首を横に振っていた。「申し訳ありません。待機の順番を変えることはできません。それに地上待機がいつ解除になるかもわかりませんので」。

マークは力なく微笑んで、何か別のことをしようと決めた。コンピューターは使用禁止、一〇〇人の乗客が機内にあるわずか三本の電話に殺到していたため、窓の外をぼんやりと眺めているしかなかった。三時間たってもその目は窓の外を向いていた。飛行機が次々に離陸しているのは見えていたが、どの飛行機もシカゴ行きでないのは明らかだった。これだけ時間がたてば少しは客室乗務員の物わかりがよくなったのではと思い、もう一度呼んで、以前よりも強い口調で問いただしてみた。「いいですか、もう夜ですよ。なぜゲートに引き返してくれないのですか。その方が間違いなく乗客は皆ハッピーですよ。あなた方もそうにちがいない。乗客のいらいらに煩わされることがなくなるんですよ。この空港そのものもその方がありがたいはずです。われわれがここの店やレストランでお金を使うことになるのだから。ゲートに引き返してくださいよ」。

この客室乗務員は同情してくれたのか、膝をついてひそひそとこうつぶやいた。「お客様、恐れ入りますが、この飛行機のクォリティーは定時運航によっても計測されているのです。そして困ったことに、定時運航はゲートを離れた時刻が基準になっています。離陸の時刻ではありません。というわけですので、このような状況で乗客をゲートに戻すことは本当に許されないのです」。

これを聞いて、マークはわっと泣き出した。いや泣いたわけではないが、納得するにはほど遠かったといってよい。

これは古典的な事例だ。特定の成果、つまりこの場合には顧客満足度を上げるための手順そのもので頭がいっぱいになり、何とその成果の達成を実際には妨げる結果になっていたのだ。そして事実、この具体的な状況をさらに調査すると、ゲートに引き返そうとしない本当の理由、それももっと強烈な理由があることに気づくはずだ。つまり乗務員と搭乗員には高い給料と乗務手当が、ゲートから飛行機を切り離した時点から支払われる仕組みになっているのだ。

もちろん、パイロットのなかには自分自身の判断で、乗客が窮屈にしている状況の方が、自分の航空会社の定時運航成績や自分の給料袋より重要だと考える人もたくさんいるだろう。しかし滑走路上での待機を決め込んでいるパイロットを非難するのは、まず無理な話だ。すべてのシグナルが、パイロットにとって最も重要な成果であるはずの顧客満足度を無視するように指示しているからだ。

身の回りを見渡すと、成果を達成しやすくするために考案された手順がかえってその成果の妨げになるような例が数多く存在している。品質向上運動のうねりのなかで、多くのホテル予約センターは顧客が自分の電話をベルが三回鳴るうちにとって欲しいと考えている、と判断した。その上でセンターの仕事が見直され、規則が定められた。組織が再編成され給与体系が変更されて、予約担当者が着信ベル三回以内の応答という目標を実行できるようにした。しかし実際のところ顧客のこだわりは電話のベルに対する応答の速さではないことが次第にはっきりしてきた。顧客は自分の質問に対して、それもどんな質問であれ、担当者と電話がつながったときに満足のいく答えが欲しかっただけなのだ。応対中の電話を早く切って次の電話をとろうと焦っている担当者にぶつかると、顧客はせかされている気分になるのだ。決められた手順が、その成果を有名無実化しているというわけだ。

しかし、手順の最も典型的な例は決まり文句の復唱だろう。従業員にいつも確実に同質のサービスをさせるためには決まり文句を口にさせること以外にない、と考えているマネジャーが数多く見受けられる。

次のセリフの変形版を読者は何度か耳にしているはずだ。

「ニューヨークに到着いたしました。現在だいたいの時刻は午後八時六分でございます。皆様の安全確保のため、ドアが開くまではお座席から立ち上がらないようにお願いいたします。荷物棚の扉の開閉には十分ご注意ください。飛行中に棚のお荷物の位置が変わっている怖れがございます。ニューヨークでお降りの方は、お疲れさまでした。また乗り継ぎのお客様にはこれから先、目的地まで快適な旅をお続けになりますようお祈りいたしております。ご搭乗いただきありがとうございました。またのご搭乗を心からお待ち申し上げております」。

連邦航空局が客室乗務員にこのセリフを言うよう指示しているという印象があるかもしれないが、そうした指示はない。連邦航空局の要求は、乗客にシートベルトや酸素マスク、非常口、そして水上に不時着する場合の脱出手順の説明をすることだけだ。それ以外のセリフはマネジャーがサービスの質を保つために書いた作文だ。航空会社のなかには、乗務員が一言一句そのまま読めと要求しているところもある。また単にそのセリフ、あるいはその改良版をひな型として渡すだけのところもある。強制の度合いは会社によってさまざまだが、ほとんどの客室乗務員は、このセリフを上手に利用して顧客への気配りや心遣いを表すよういつも指示されている。

これは一種のごまかしだ。気配りと心遣い、その気持ちを相手に伝えようとするなら、それには純粋な気持ちが必要だ。決まり文句だけでは、それがどんなに気持ちのこもった作文であっても、それを話す人の本当に純粋な気持ちを顧客に信じてもらうのは非常に難しい。ここではマネジャーが部下に決まり文句を用意していることが問題なのではない。従業員はだれでも、特に新入社員は、与えられた仕事をこなすために助けてもらうことに感謝しているからだ。問題は、優秀なパフォーマンスとは、乗客に対して純粋な気持ちを伝えようとすることではなく、セリフを忠実に繰り返すことだと規定していることだ。教義が本当の意図を歪めてしまっている。

サウスウエスト航空は最近の六年間、業界の三冠王だ。最少の苦情件数、最高の手荷物遺失管理、そして最高の定時運航率を記録している。同社は自分たちの本当の意図を伝えることに成功している数少ない航空会社だ。同社の客室乗務員の訓練担当ディレクター、エレンは言う。

「サウスウエストでは、すべての基準を『楽しさ』に置いています。安全が重要であることは言うまでもありません。客室乗務員全員が連邦航空局の規則に従う義務があるのはもちろんですが、私どもの会社全体としての目的は、乗客に機内で楽しんでもらうことなのです。そのためにどうするかは乗務員一人ひとりの判断に任せています。全員に同じセリフを言わせるつもりはありません。訓練のときに、基本的な理念を教えてそのツールを与えますが、それを自分に合った方法で消化して実行すればよいのです。たとえば、客室乗務員一人ひとりに私どもの『ファン・ブック（Fun Book）』を支給します。この『ファン・ブック』には、ジョークのセクションや、五分間で楽しめるゲーム、二〇分間のゲームや歌といったさまざまなセクションがあります。つまりこの本には乗客を楽しませる面白いアイデアを載せてあるのです。けれどもそれが自分のスタイルに合っていなければ、無理に利用しなくても構いません。話は簡単ですよ。私の部署で実行しているのは、どうすれば乗客に対して最高の『自分らしさ』を発揮できるかという訓練です。サウスウエストではクローン人間など必要ありませんからね」。

サウスウエスト航空は乗客を楽しませることを素直に追求している。そのおかげで客室乗務員は一人ひとり、その狙った成果を達成するための自分なりの道筋を見つけることができるのだ。このことをエレンはずっと巧みに表現する。

「サウスウエストでは、だれでも決められた線の外側に積極的に色を塗ってもいいんですよ」。

経験的ルールその4「顧客を満足させるための手順は一つもない」

決められた手順でできるのは、せいぜい顧客に不満を感じさせないようにすることだけだ。満足感を持たせることはできない。

現実のあらゆる種類のビジネスにおいて、顧客満足度は最も重視されている。真面目に仕事に取り組んでいる従業員ならだれでも、あらゆる手を尽くして上得意の顧客の数を増やそうと考える。その製品を使ったり、サービスを試したりした経験のない見込み客をつかまえて、自分たちの有力客にしようとする。有力客が上得意の顧客になってくれる。競争相手に鞍替えしようとする気持ちを起こさないだけでなく、周りの人たちにも積極的に宣伝してくれる。これらの有力客は企業にとって最大の無給セールス部隊だ。さらに、マーケティングの施策以上、プロモーション以上、場合によっては価格以上に企業の成長を支えるエネルギーになる。

ではどうすればこういった有力客を作り出せるのか。

過去二〇年間、ギャラップは一〇億人以上の顧客にインタビューし、顧客が本当に望んでいることは何かを調査した。大方の予想どおり、まずわかったことは顧客の要求が業界によって異なっていることだった。顧客が望んでいる自分たちと医師との関係は、ケーブルテレビの修理工との関係とは違うものだ。また会計士に対しては、街の食料品店よりも、もっと親しい関係を望んでいる。

次に明らかになった内容は意外だった。さまざまな違いがあるにもかかわらず、さまざまなビジネスのタイプ、人のタイプに関係なく、驚くほど共通の顧客の期待が四項目存在するのだ。この四項目の期待は階層構造になっている。つまり低い階層の期待は、その上の期待に顧客が目を向けようとする前に満たされていなければならない、という意味だ。これらの四項目の期待はそれぞれ順番に、見込み客を有力客に変えるためには何をすればよいかを企業に教えてくれている。

レベル1　顧客の一番下のレベルの期待は「正確さ」だ。それがホテルの場合には、予約した部屋が確保されていることだ。銀行に対しては預金残高が正確に反映された口座収支報告書、外で食事をするときにはウェイターが注文どおりの料理を持ってくることだ。従業員がどんなに親しみやすくても、それとこれとは関係がない。もし企業がいつになっても相変わらず正確さのテストに不合格のままだとすると、顧客はその企業から離れていってしまう。

レベル2　一つ上のレベルは「すぐに利用できる便利さ」だ。顧客は、気に入っているホテルチェーンがいろいろな都市にホテルを展開して欲しいと考えている。銀行に対しては、自分が足を運べる時間帯に店舗が営業していて欲しいと思う。さらにあまり行列をしなくもすむだけの数の窓口担当者を確保するよう望んでいる。気に入ったレストランに対しては、近所にあって、駐車場が広く、「今すぐテーブルに来て欲しい」という仕草にすぐ気がつくウェイターがいて欲しいと思う。自分の身近にある店なら積極的に試してみたいと考える顧客の数を増やすことができるのは明らかだ。だからこそドライブスルーの窓口、現金自動預け払い機、そして最近ではウェブサイトが急増するのだ。

このレベル1とレベル2への期待に関する二つのポイントを挙げる。

一面ではこれらの期待は簡単に満足させられる。両方とも技術的な解決策、あるいは手順を順番に積み上げていく解決策に向いているからだ。

その反面、都合の悪いことにこれらの解決策は簡単に盗まれる。場所がよいために繁盛しているレストランがあれば、あっという間に一等地で儲けようともくろむ競争相手に取り囲まれてしまうのはまず間違いない。フェデラルエクスプレスの先進的な貨物追跡システムは、すぐにUPSやエアボーンそして郵便局にまねされてしまう。そして言うまでもなく、現金自動預け払い機は今ではいたるところに溢れている。これら低いレベルの期待を満たすための方法は、その方法自体にどんなに独自性があったとしても、すぐに競争の武器から当たり前の存在に引きずり降ろされてしまう。

最後に、そしてこれが最も重要だが、これらの期待は両方とも、たとえ企業側がうまく対処したとしても、顧客に不満を抱かせないようにするのがやっとなのだ。公共事業の会社が正確な明細の請求書を送ってきても、顧客はそれを見て安心したり、感心したりはしない。正確さは必要だし、要求されてもいる。ただ顧客が請求書に反応するのは、それが隣のアパート全体のガス使用料を書き込んであると思ったときだけだ。同じように、ケーブルテレビ会社が自分の都合のよい時間に約束してくれたからと言って、顧客が喜んでそれを知らせるために友だちに電話をかけたりはしない。人生で避けられないイライラの一種から逃れられて、ほっとするだけのことだ。

正確さと便利さはだれにとっても非常に重要な要求だ。これらにいつまでも応えられない企業は衰退する。しかし正確さと便利さだけでは十分とは言えない。見込み客が有力客に変わったところで、まだ道は半ばだ。

次の二つの要求を満足させて初めて、残された道のりが完結する。これらは不満感という後ろ向きの気持ちを防ぐだけではなく、着実に答えを出せれば、満足感という前向きの感情を生み出してくれる。気まぐれな顧客を最も影響力のある有力客に変えてくれるのだ。

レベル３　このレベルでは、顧客は企業との協力関係を期待する。企業に対して、自分の話をよく聞き、よく応え、その企業も自分たちと同じ側にいると感じさせて欲しいと思っている。

サービス関連の企業は、長年この協力関係に対する期待の重要性を認識してきた。だからこそウォルマートはにっこり微笑んで顧客を迎え、その顧客の名前を憶えている心優しいシルバー世代を入り口に配置しているのだ。航空会社全社が顧客優待クラブを作ってフリークエントフライヤー（よく飛行機を利用する人）を特別に扱うのも、同じ理由からだ。そしておそらく、ビデオのレンタルショップが「当店お奨め」コーナーを作って「私どももお客様と同じです。ビデオを楽しんでいます」と訴えているのも同じ理由だろう。

しかし最近は、他の企業でも顧客の目を通して世のなかを見ることとの重要性に着目しはじめた。たとえばリーバイスでは、オーダーメード並みのジーンズを買える仕組みができあがっている。顧客の体の寸法を採って、小売店はそれを工場に伝える。そして寸法に合わせてその人専用のジーンズを裁断するのだ。

スナップルも協力関係の効果をうまく使っている。同社が狙っている市場、つまり大学生のあいだでスナップルを飲ませるために、王冠の裏に特別の記号がついたボトルを買った幸運な人に賞品を出すと宣伝している。現金そのものを渡すのではなく、スナップルは賞品を同社の若い顧客が一番欲しがっているものにした。具体的には、一等賞は「スナップルに一年間家賃を払わせよう。一〇〇〇ドルずつ一二回」とした。二等賞は「スナップルに一年間クルマのローンを支払わせよう。三〇〇ドルずつ一二回」。もっと下の賞、つまり支払いが一回だけの場合でも、若い学生がお金を使いそうなものをその支払いの対象にしている。たとえば一〇〇ドルの賞は「スナップルに一月分の電話代を払わせよう」。実際に当選するのは一握りの学生にすぎないのだが、このように賞品の出し方を工夫することによって、スナップルは巧みに同一のメッセージを若い顧客の一人ひとりに浸透させられるのだ。つまり「われわれスナップルは学生の皆さんが何に苦労しているか理解していますよ」というわけだ。

今日、サービス業、製造業、あるいは商業など業種に関係なく、ほとんどの企業が実感しているのは、自分が理解されていると感じた顧客が本当の満足感を得て、有力客のレベルにさらに一歩近づく、ということだ。

レベル4　顧客が望む最高レベルの期待は「アドバイス」だ。顧客は、自分にいろいろ教えてくれた組織に対して一番の親密さを感じるものだ。たとえばそれは、大学や学校の同窓会が最も強力な人間関係に恵まれているのとまったく同じことだ。しかもこの教わろうとする気持ちは、どんな業種にもあてはまる。大手の公認会計士事務所は、顧客に財務運営の効率化を指導することにとりわけ力を入れている。日曜大工用品の販売を手がけているホームデポが盛んに宣伝しているのは、顧客の家まで出張して、植物の手入れから左官仕事に至るまで何でも教えられる専門家のサービスだ。インターネット書籍販売のアマゾン・ドット・コムでは、少なくともある程度の購入者を追跡する仕組み作りを続けている。それは同じ本を買った人たちが読んでいるその他の本をもとにした推奨本リストを購入者に届けているからだ。どこを見回しても、企業はその窓口担当者、セールス担当者、事務員を「コンサルタント」に変えようと一生懸命だ。教えることによって間違いなく顧客の気持ちをつなぎとめられることに気がついているからだ。

協力関係とアドバイスは、顧客が望む最高レベルの期待だ。これらの期待にいつも例外なく応えられれば、見込み客を有力客に変えられるはずだ。

ここまではすべていいことずくめだが、実際には一つだけ疑問が湧いてくる。「どうすればこういった高いレベルの期待に応えられるのだろうか」。技術や手順そのものにはほとんどその答えは見あたらない。たとえば、顧客がお互いの協力関係が存在していると感じるのは、従業員がきちんと応対しているときだけだ。したがってこの期待に応えるためには、一人ひとりの顧客に合わせて、正しい言葉を選び、適切な口調で話ができる従業員を最前線に配置することが必要だ。言うまでもなく、これを前もって規則化しておくことはできない。協力関係はお互いが接しているその場その場で築くものだ。つまりこれは従業員の手腕にかかっているのだ。

アドバイスにも同じことがあてはまる。アマゾン・ドット・コムは技術的な解決策を考え出したかもしれないが、同社は例外だ。教えるという行為は、従業員と顧客が一対一でする場合がほとんどだからだ。このことを理解していれば、マネジャーは部下に対して、一人ひとりの顧客に新しいことを積極的に教えるようきちんと指示することができる。ただし、教える／教わるという行為は非常に気を遣う人間同士のやりとりだ。だからそれぞれの顧客を教育する適当なタイミングと正しい方法がわかっている特殊な店員や銀行の窓口担当者が不可欠だ。技術はそのサポートに活かすことができる。あらかじめ行動の手順を示しておけば指針として役に立つ。とはいうものの、教える／教わるという行為自体は、その場その場で積み重ねていく従業員個人と顧客個人のあいだのやりとりのなかで、うまくいったり、いかなかったりするものだ。

ギャラップの調査から、すぐれたマネジャーは本能的に何をつかんでいるのかがわかった。部下を決められた手順に従うように強制しても、それだけでは顧客の不満を何とか防げる程度にすぎない。その目標が本当に満足感を与え、有力客を作ることだとすれば、手順を一つひとつ追跡する方法だけでは、目標の達成はとてもおぼつかない。むしろ人の話を聞く、そして教える才能のある従業員を発掘して、協力関係やアドバイスといった単純な感情面の成果を上げることに専念させるべきだ。これは簡単にできることではないが、ただ一点、決定的な魅力がある。もしこれがうまくいっても、決して他社に盗まれることはないということだ。

これらの経験的ルールは、すべて、ある職務についてあらかじめどの程度規定しておき、どの程度従業員の判断の余地を残しておくかを判断するための手がかりとして、すぐれたマネジャーが役立てているものだ。たとえその職務に、手順や標準の遵守が要求される側面があるにせよ、すぐれたマネジャーはその職務の成果そのものを最も重視することに変わりはない。これらの成果を利用して部下の意欲を高め、仕事の方向性を示し、そしてパフォーマンスを評価する。成果こそが重要なポイントなのだ。

どんな行為に対して報酬を受け取るのか

――成果が適切かどうかをどのようにして判断するのか

成果を上げることに専念することと、どの成果が「適切」かを見極めることは、それぞれまったく別の話だ。では適切な成果をどのようにして定義すればよいのだろうか。部下が取り組んでいる「かもしれない」ことをすべて観察して、どれが部下が取り組んでいなければ「ならない」ものだと判断すればよいのだろう。

読者の想像どおり、われわれは手順を一つずつ追跡する解決策を示すことはできない。第一、そのためには大声のなかから誘惑のささやきを聞き分けられる才能が必要だ。第二に、もしこの才能、つまり集中する才能、あるいは識別する才能を持ち合わせているとしたら、その人は自分なりのやり方でその才能を活かそうとするにちがいない。われわれがここで提示できるのは、何人かの世界レベルのすぐれたマネジャーから手に入れた一見簡単そうに見える指針のいくつかだ。

指針その１　自分の顧客にとって正しいものとは何か

まずこれが最初の問題だ。どんなことを思いつこうと、顧客がその具体的な成果に価値を認めないなら、それは価値がないということだ。これは資本主義の基本的な教義であるため、かなり直截的な指針といえる。にもかかわらず多くの企業は、自分たちの抱えている習慣や専門知識が邪魔をするためか、最後に価値があるかどうか決めるのは顧客であるという事実を忘れてしまっている。

航空業界のことを強いてあげつらうつもりはないが、その航空業界もご多分に漏れず格好の実例だ。ほとんどの航空会社は客室乗務員に安全第一の姿勢を貫くよう指示している。そのため機長の機内アナウンスは「当機の客室乗務員は、乗客の皆様の安全が第一と心得ております。皆様の快適な空の旅にお役に立てることがございましたら、何なりとご遠慮なくお申し付けください」。身なりはウェイターやウェイトレスのようだが、われわれの客室乗務員は安全を守るプロなのだと、このアナウンスは強調している。親切さや思いやりのあるサービスといった他の要素がどんなものであれ、それは標準から外れたオプションというわけだ。

乗客は一般的に、航空会社の安全運航記録を一つひとつ見て航空会社を選んでいるのではない。この単純な事実を、これらの航空会社は忘れている。どこの航空会社の飛行機に乗っても、乗客は無事に目的地に着くことを期待しているにすぎない。安全であることを要求はする。けれども安全だからその航空会社がすばらしいとは考えない。航空会社にとって安全は乗客に強調する価値のある成果ではない。

サウスウエスト航空だけは傑出した例外だ。同社の客室乗務員は皆決められた安全業務規定の専門家ではあるものの、安全を仕事の中心にはしていない。中心にしているのは楽しさだ。同社の情熱的なCEO、ハーブ・ケレハーが乗客の気持ちを本能的に感じ取っていたのだ。飛行機の旅にはストレスがつきまとうものだとケレハーは感じていた。乗客全員の不安やいらだちを解消するなど、とてもできない相談だとも考えていた。同社にできることといえば、従業員の意欲を高め、飛行機の旅が乗客にとってできるだけ楽しくなるように仕向ける以外にない。そこで出てきたのが、歌やジョーク、ゲームなど「決められた線の外側に色を塗る」というサービスだ。ケレハーの洞察力のおかげでサウスウェストの従業員のだれもが適切な成果の達成に専念できるようになった。

このような洞察力がきわめて有効な場合もあるが、顧客の目を通して世のなかを見るためのもっと実践的な方法が他にもある。たとえば、クルマのディーラー二店舗のマネジャー、エイドリアンの場合は、二カ月に一回、最近クルマを購入した人たちを集めたフォーカスグループを運営している。もう一つの例はウォルト・ディズニーのイマジニアーズだ。同社はテーマパークの設計と施工を手がける抜群の創造性を持った人たちの集団で、絶えず「現場」に出ている。そしてその現場で行列に並んだり、来園客のなかに紛れ込んだり、アトラクションの乗り物に乗ったりしている。

顧客調査は顧客の意識を詳しく調べるためのさらに高度な手法だ。時間と意欲があるなら、顧客の経験のあらゆる面に迫る質問を組み込んだ調査を設計してみるのがよいだろう。「最も重要な側面」を見極めるためには、総合的な満足度や周囲の人に勧めようとする気持ち、再購入の可能性に関する顧客の評価に最も強い関連性を示す質問は何かを見つけ出す努力が必要だ。この手法を使ってギャラップは、数多くの企業が顧客にとって本当に重要な感情面での成果に照準を合わせられるよう協力した。

ある大手の保険会社は、患者に提供する医療サービスの質についての責任を、契約している医師に持たせたいと考えていた。さまざまな理由からこの保険会社はそうしたかったのだが、見過ごせない理由の一つに、幸福でない患者は入院期間が長く、比較的安易に提訴したり、死亡率が高い傾向があるという事実があった。保険会社にとっては、こうしたことを考慮しておくのも重要なことだ。というわけで、もし保険会社がすべての医師に対して、細かく決められたマニュアルに従って診療するように強制したとしても、それは許されるだろう。しかし保険会社はこの方針に抵抗した。反対に、重点を置いている感情面の成果のどれに対して患者が本当に価値を認めているのかを調査するようギャラップに依頼してきたのだ。その調査を行ってわれわれが発見したのは、ひとたび患者がその医師の基本的な力量に安心感を抱いたら、診察を受ける際に医師に対して本当に望むことは、以下のわずか四項目にすぎないという結果だった。

・待たされる時間は二〇分以内にして欲しい(すぐ役に立つ)
・だれかが自分のことを気遣ってくれているような感覚を味わいたい。それが医師である必要はない。受付の人でも看護婦でもかまわない。しかしだれかが気遣っていなければならない(協力関係)
・医師からは自分のわかる言葉を使って体の状態を説明してもらいたい(協力関係)
・自分の体調をよくするために家にいてできることを医師から教わりたい(アドバイス)

もしこれらの質問の答えがすべて「イエス」なら、この医師を人に紹介したり、自分のかかりつけになってもらう可能性の方が、提訴したり、死に至る可能性よりもはるかに大きいだろう。これら四つの感情面の成果をサービスを測る物差しとして利用することで、保険会社は医師個人がどのように診察するかを規定することなしに、医師一人ひとりに対して医療サービスの質についての責任を持たせられるようになった。

指針その2　企業にとって正しいこととは何か

部下に対して定義する成果と、現在の会社全体の戦略とを必ず一致させること。これはまたしても母親とアップルパイの関係のようだ。しかし現代の産業界のめまぐるしい変化のもとでは、マネジャーがそれになかなか追いつけないときもある。

ここで最も重要なことは、「使命」と「戦略」との違いだ。企業の使命は常に変わらず維持されて、従業員の世代ごとに意味と目的を示すものだ。企業の戦略というものは単にその使命を達成するための最も効果的な方法にすぎない。そのときどきの業界の状況に合わせて変化するものだ。

たとえば、ウォルト・ディズニーの使命はこれまで一貫して、すばらしい物語を伝えることで人々の想像力をかき立てることだった。過去、同社の戦略の二本柱は映画とテーマパークだ。しかし今日では、競争が激しくなるに伴ってその戦略を拡大し、外洋航海の大型船やブロードウェイでのショー、ビデオゲーム、そしてディズニーショップにまで手を広げている。ウォルトディズニー・イマジニアリングの研究開発担当上級副社長、ブラン・フェレンは次のように話している。「元気のある企業は、五年計画をまとめあげなければなりません。けれども一年ごとにその五年計画を変更する積極性が不可欠です。それ以外に生き残れる方法はありませんから」。

自らの戦略の再評価を絶えず繰り返すことが企業の健康維持に不可欠だとはいえ、この再評価作業があるためにマネジャーはかえって難しい立場に立たされることになる。マネジャーは仲介者であり、仲介者には新しい戦略を従業員に説明し、そしてそれを明確に定義したパフォーマンス面の成果に落とし込む責任が課せられているからだ。

ただしこれは、部下のセールス担当者に次のようなことを伝えるだけの単純な場合もある。つまり成長している市場では利益よりもシェアの拡大を目指すという会社の新しい戦略に従って、各セールス担当者は以後「利益率」よりも「売上高」の方に精力を注ぐよう指示されるというような場合だ。

ところが、ときには戦略ががらりと変更されることがある。そうなるとマネジャーは部下をそれまでとは違った成果に改めて専念させなければならず、ますます激しい精神的重圧がのしかかることになる。たとえばこんな具合だ。かつてさまざまなハイテク企業にとって最も効果的な戦略はイノベーションだった。そこで出現したのが巨額の研究開発費であり、身なりはだらしないが創造力のあるソフトウエア設計者の集団であり、ほんの少し規律の緩い職場環境だった。しかし最近では、これらのハイテク企業は戦略の方向性を変えてきている。市場を支配している有力企業にとって、決定的多数(これによってその企業の製品が「標準」として認知される)の方が、今ではイノベーションよりも重要になっている。イノベーションは小さな専門企業から買い取ることもできる。そこでこれらの大企業はその経営の方法を改め、すべての社員の活動を実際には新しい言語/プラットフォーム/製品の売り込みに絞り込もうと考えている。つまりこれは、企業のマネジャーは速やかに要求される成果を定義し直し、成功についての定義を改めなければならないという意味だ。そうなると、ユーザーの数そのものが、一ユーザー当たりの売上高よりも重要になることもあるだろう。

もちろん、戦略の変更があまりにも極端なために、要求される成果をどれだけ明確に定義し直しても、現在の従業員にはそれを達成できないような事態が起こる。このような状況に直面すると、社員の頭の配線を組み直すことはすでに不可能だ。ハイテク企業でソフトウエアの設計者をマーケティングの担当者に変えようとしたとき、これに気づいた。銀行がこれに気づいたのは、窓口担当者をセールス担当者に変えるために再訓練をしようとしたときだ。実際にできることは、新しい戦略のもとで従業員がその才能を発揮できる職務を見つけるようにする以外にない。もしそのような職務が存在しないなら、そのときは打つ手がない。この従業員は働き場所を変える以外にない。

指針その3　個人にとって正しいこととは何か

デニス・ロッドマンはバスケットボールというスポーツで最高のリバウンダーだと言ってよいだろう。確かにロッドマンほど型破りな選手はいない。髪の色は毎週変える、女性の服装が好き、被害妄想があるなど、気性が激しく、何をしでかすかわからない。この男をどのように操縦すれば、積極的にその才能を発揮するような気分にさせ、キレるのを抑えられるのだろうか。

その前の三シーズン、シカゴ・ブルズはさまざまな違反行為が原因で少なくとも一シーズンに一二ゲーム、ロッドマンをゲームに出場させられなかった。そこでブルズは一九九七～九八年のシーズンに、それまでとは違った戦略をとることにした。ロッドマンの才能と本人の弁明をよく理解した上で、特異な成果を盛り込んだ契約書を作成した。それはＮＢＡ（全米プロバスケットボール協会）の歴史上最もインセンティブに偏った契約だった。ロッドマンが保証された金額は四五〇万ドル。シーズンを通してトラブルを起こさなければさらに五〇〇万ドル。七回目のリバウンド王のタイトルを獲得すればさらに五〇万ドル。そしてアシスト対ターンオーバー率を一以上にすればさらに一〇万ドル、というものだ。

この数字は天文学的だが、この報酬に対する考え方そのものはどんな従業員にも応用できる。まずその人の特長を見極める。そしてそれらの特長を引き出すような成果を明確にする。それらの成果の達成度を計測・評価し、ランクづけする方法を確立すればよい。こうすれば、その人に本来の力を発揮させることができる。

この契約は、ロッドマンとシカゴ・ブルズの双方によい結果をもたらした。そのシーズンが終わるまでに懲戒処分で欠場したのはわずかに一試合だけだった。通算七回目のリバウンド王のタイトルも手にした。アシスト数二三〇に対してターンオーバー数は一四七だった。ブルズはチャンピオンになった。

全員がまったく同じ職務の大集団を率いているような場合には、言うまでもなくその集団の一人ひとりに合わせてきめ細かく成果を設定することはずっと難しくなるだろう。しかし、それが大集団ではなく小人数のチームで、そこにさまざまな才能の持ち主がいる場合、適切な成果を明確にするにはそれぞれの人の才能を考慮しなければならない。殿堂入りしたミネソタ・バイキングスのコーチ、ポーカー・フェースで有名なバド・グラントはこう言っている
「最初に芝居を書いて、そのあとでそこに役者をはめ込むのは無理ですよ。どんなに芝居の台本がうまく書けたとしても、手持ちの役者がどの登場人物を演じられるかわかっていなければ、それは無駄な努力です。私が台本を書くときは必ず、まず役者、それから次に芝居という順に考えますね」。

適切な成果を明確にして示すとき、すぐれたマネジャーがすることは皆同じだ。まず役者を頭に浮かべ、そしてそのあとで芝居を組み立てる。

第5章

第三のカギ

部下の強みを徹底的に活かす

部下の個性を今以上に伸ばす
変身の話
配役がすべて
例外による管理
自分の時間は優秀な部下と過ごせ
部下に弱点を回避させながら仕事をさせるには

部下の個性を今以上に伸ばす
――すぐれたマネジャーはどのようにして部下一人ひとりの可能性を引き出すのか

ここまで、才能を基準に人を選び、成果を適切に定義してきた。部下がいて、それぞれに自分の目標を持っている。そこでマネジャーは何をすべきなのか。パフォーマンスを上げるために一人ひとりの仕事のスピードを速くするために、何をすればよいのだろうか。

すぐれたマネジャーのアドバイスはこうだ。それぞれの強みを活かすことに専念して、弱点を克服すること。弱点を直そうとはするな。完全な人間を作ろうとするな。反対に、あらゆる手を尽くして、それぞれの部下が自分の才能を磨けるように力を貸してやろう。一人ひとりがその個性を今以上に伸ばせるような力になることだ。

このいわば非常識な姿勢は、ある単純な考えによって勢いを増している。つまり人はそれぞれ違っているという考えだ。人はそれぞれ、その人だけの才能、その人だけの行動パターン、情熱、あこがれなどを持っている。個人が持つ才能の組み合わせパターンは一生続き、変えようがない。だから人にはそれぞれ、その人だけの運命があるのだ。

悲しいことに、この考えが多くのマネジャーの頭から欠落している。これらのマネジャーは一人ひとりの違いに不安を感じ、おおざっぱに一般化してしまうことで安心していたいと考える。部下と仕事をする場合、よりどころにするのは自分なりの思い込みだ。たとえば、「セールス担当者はたいていうぬぼれが強い」あるいは「ほとんどの経理担当者は恥ずかしがり屋だ」といった内容だ。

これとは対照的に、すぐれたマネジャーはこういった一般化のいい加減さに我慢がならない。一般化によって現実が見えにくくなることがわかっているからだ。セールス担当者は皆一人ひとり違っているし、経理担当者もすべて違っている。職業が何であろうと、個人個人は皆ただ一人だけの存在なのだ。もちろん優秀なセールス担当者に共通する才能もある。しかしエリートのあいだでさえ、つまりセールス担当者の世界のマイケル・ジョーダンでさえ、似ているところよりも違っていることの方が多い。セールス担当者は一人ひとり、その人なりの意欲の根源と売り込みのスタイルを持っているものだ。

すぐれたマネジャーが魅力を感じているのはこの強烈な個性だ。人と人とのあいだ、それも同種の仕事に携わっている人たちのあいだでさえ存在する、微妙だが重要な違いに魅力を感じている。ある個人がその人であること、あるいはその人でしかないことは、その仕事の仕方つまりスタイルで決まる。それは、その人が何をしているか、言い換えればその職業によって決まるのではない。

ピーターは資本設備レンタル会社の創業者だ。このピーターが事業ユニットのマネジャー二人について語ってくれている。一人はすご腕のセールス担当者で、周りの地域にネットワークを張り、地域の事業や活動に加わることで、文字どおり顧客を巧みに囲い込んでいる。もう一人はとてつもない資産管理担当者で、会社の工場で最高の効率を維持させ、どんな機械もすべてその寿命の限界まで使い切っている。二人ともその任務で抜群の働きをしている。

ガイは学校の指導監督官で模範的な学校長二人の担当だ。一人目の校長は自称「思慮深い実践家」

だ。さまざまな新聞雑誌を読み、常に最新の教育理論に目を通し、学んだことを他の人たちにも教えている。二人目は教育の使命感や天分とは関係のないところで学校を運営している。その学校には教育の専門用語は一つもない。存在しているのは、勉強に対し無限に湧き出る活力と情熱だけだ。それでもうまくいっている。

すぐれたマネジャーである証の一つに、それぞれの部下本人にしかない才能を詳しく分析する能力が挙げられる。意欲の源は何か、どのような考え方をしているのか、どのようにして人間関係を築いているのかといったことだ。ある意味では、すぐれたマネジャーは優秀な小説家と似たところがある。「登場人物」を生き生きと個性豊かに描くことができる。それぞれにきわだった特徴があり、それなりの欠点もある。マネジャーの目標は、どの従業員に対しても、それぞれの「登場人物」がその役目を最大限演じきれるように協力することだ。

一般化することに対する不信感は、人種や性別といったところにまで大きな広がりを見せている。もちろん文化的な影響によって自分の考えが一部できあがり、この影響を受けている人たちと共通の考えを持つこともあるだろう。

コネチカット州グリニッジに住んでいる裕福な白人女性は、たとえばカリフォルニア州コンプトンで育った若いヒスパニックの男性よりも世界を穏やかな目で見ているかもしれない。しかしこうした類の違いはあまりにも大きくつかみどころがないため、たいして役には立たない。それよりも、この「具体的な」白人女性の努力する才能、あるいは「具体的な」ヒスパニック男性の人づきあいの才能を理解する方がはるかに役に立つ。こうすることで初めて、どうすればこういった人たちの才能をパフォーマンスに開花させるための手助けができるのかがわかるようになる。そこで初めて、一人ひとりに対してその本人だけの特長を十分に発揮するための力になれるのだ。

というわけで、すぐれたマネジャーにとって最も興味深く、また参考になるのは、個人と個人のあいだの違いであって、個人が所属している組織や会社といった集団とのあいだの違いではない。

これは大局的な視点であり、大変重要な意味を持っているが、まさに共通の認識だ。二五人を抱えるデザイン部門のマネジャー、マンディーはこの話題について次のように語っている。

「私はその個人だけに備わったもの、その人ならではのものが何かを発掘したいと思っています。もし私に、それぞれの人たちが発揮できる特別なものは何なのかがつかめたら、そして、もしその人たちにそれがわかるようにしてあげられるなら、その人たちは自分でそれをもっと掘り下げる努力を続けるでしょうね」。

ある医療機器会社のセールス担当役員、ゲリーはこれをもっと現実に即した言葉で語ってくれた。

「部下一人ひとりに対して、私が好きになれる面を注意深く見つけ出そうとしています。ある部下の場合には、そのユーモアのセンスがまあ気に入っていると言えますね。別の部下は、自分の子供のことを話している姿でしょうか。また別の人は、その我慢強さが気に入っています。言い換えるとその心理的負担の対処法ですよ。もちろん部下にイライラさせられるようなことは星の数ほどあります。もし私が部下の気に入ったところを探すような余裕を持っていなければ、ろくでもない考えがまず頭に浮かんでくるかもしれませんね」。

マンディーやゲリーをはじめとするマネジャーにとって、個人個人の強みを見つけ出し、その強みを活かすことにこだわるということは実に真面目な取り組みなのだ。それは部下を助けて、その目標を達成できるようにもっていく最も効率的な方法だ。それが、本当の自分を発揮する責任を部下にとるように仕向ける最高の方法なのだ。そしてそれ以外に、部下一人ひとりに対する敬意を表す方法はない。部下の強みへのこだわりこそ、マネジャーとしての努力のすべてを語れる核心的仕事なのだ。

変身の話
――どうしてそんなに人の欠点を直したいという気になるのか

伝統的常識はむしろ違った話を教えている。第一にわれわれをこんな話で煙に巻く。「もし自分の夢を持ち続けて一生懸命努力するなら、あなたは何でも自分がなりたいと思うものになれる。毎日、自分自身だと感じているのは、本当の『自分自身』ではない。そうだ、本当の『自分自身』は自分の奥深いところにあって、自分自身の怖れと消極性によって隠されている。もし自分自身をこの怖れから解放することができれば、そしてもし本当に自分自身を信じられるなら、本当の『自分自身』が姿を現すはずだ。その潜在的な能力が爆発するだろう。巨人が目を覚ますのだ」。

これが変身の話である。われわれはこうした話が大好きだ。わくわくするし希望が湧く。悪人に立ち向かい、自分自身をいつでも望みどおりに何にでも変身させられるヒーローに拍手喝采しない人がいるだろうか。われわれのだれもが間違いなくそうするだろう。だからこそわれわれは「摩天楼はバラ色に」のマイケル・J・フォックス、「ワーキングガール」のメラニー・グリフィス、そして「フェノミナン」のジョン・トラボルタに拍手を送るのだ。われわれは皆、こういった変身の話が大好きだ。なぜなら、われわれには皆同じ可能性があり、厳しい訓練や意志の強さによって、そしてそのあいだずっと幸運でありさえすれば、この無限の可能性を引き出せると教えてくれているからだ。

伝統的常識による最初の洗脳ではぐらかされると、われわれはつい二番目の話にも納得させられてしまう。「自分が持っている無限の可能性を開花させるには、自分の弱点を見極めてそれを直さなければならない。この自己の完全化を目指す治療方法は、パフォーマンスの最初の評価がなされたあとも、絶えず頭にたたき込まれる。昇進するには『自分が持っている技能の幅を広げなければならない』と教えられる。もっと『何でもできる』存在になる必要がある。毎年恒例の業績評価を聞かされるなかで、その年に達成した抜群のパフォーマンスに対して少しばかりの祝福の言葉があるかもしれないが、その後出てくるのは厳しい本音の会話だ。つまりどうすれば自分の『チャンスの領域』をさらに膨らますことができるかということだ。そこで上司であるマネジャーがまたしても持ち出してくるのは、成績のよくない分野、つまりこれまでいつもうまくいかない分野の仕事の話なのだ。そしてその後、マネジャーと一緒にもう一つ別の『個人成長プラン』をでっち上げ、弱点をとにかく直してしまおうとする。会社の地位を上りつめるまでには、自分自身を修正するための膨大な時間を費やすことになり、きっとほぼ完璧な人物になれるのだろう」。

最高のマネジャーはこうした話が嫌いだ。あらゆる感傷的な話と同じように、これは心の休まるおなじみの話ではあるが、不思議なことにこの話には不満が残る。荒削りなところを一生懸命削ぎ落とそうとしているヒーローの姿は共感を覚えると同時に気高くも見える。けれどもどういうわけか……現実味がないのだ。最高のマネジャーにこの話について質問すればするほど、返ってくる意見がますます生々しくなる。じっくりとその答えを聞いてみると、マネジャーはその化けの皮をはがし、その奥に隠されている卑劣な本音を完全に暴露するだろう。そしてこんなふうに語っている。

第一、「われわれ一人ひとりが『一生懸命努力すれば、何でも自分がなりたいと思うものになれる』

という話は本当のところ画に描いた餅のようなものだ。なぜなら、もしわれわれが皆『何でもなりたいものになれる』のなら、われわれの潜在能力は皆同じということになる。もし潜在能力が同じなら、自分たちの個性がなくなってしまう。与えられた才能も違わなければ、その人なりの目標や可能性、そして特技によって自分自身を押し出そうとすることもない。皆同じだ。まったくその人らしさがなくなり、その運命にも違いがなくなる。われわれは皆真っ白なキャンバスで、準備万端整えて積極的な気持ちで待機してはいるが、各個人には何の特徴もないということになる」。

第二に、才能のない人を一生懸命育てれば最後には報われるという言葉がある。言い古されてはいても、表面的にはそれなりに堅実なアドバイスだ。つまり「最初のうちは、うまくいかなくても、何度もやってみることだ」ということになる。ところが、最も仕事のできるマネジャーはこれを否定する。なぜか。それはマネジャーの人生が、たとえば思いやりや戦略的思考、あるいは説得力といった才能に恵まれない部下の教育に専念するためにあるとすると、それは絶望的な人生になってしまうからだ。

新しい技能を身につける、あるいは特別な知識を学ぼうとするなら、ねばり強さはそのための力になる。自分自身のなかにある頭脳の荒野に細い道を切り開く場合に、このねばり強さが適していることもある。そうすれば、たとえば思いやりの才能の欠落が他の分野の才能にいつまでも悪影響を及ぼすことはなくなる。けれども本来才能のなさを解消するために発揮されるねばり強さは自滅的であって、どれほどの決断力や前向きの意志を持ってしても「絶対に」頭のなかでまったく新しい四車線道路を切り開くことはできない。不可能なことを達成しようと力を尽くす過程で、自分自身を非難し、ののしり、あらゆる種類の無理難題を身をもって感じることになるだろう。

すぐれたマネジャーの鋭い目から、伝統的常識の話が表面上どれだけ楽観的に見えたとしても、実際には何の実りも得られない自己否定的で無駄なねばり強さなのだ。

第三に、この話は崩壊する以外にない関係について語っている。昔ながらのマネジャーは、部下が持っている最高の能力を発揮させたいと心から願っているためにかえって部下の弱点克服にこだわる。部下にはたくさんの強みがあるに違いないが、マネジャーはその部下が苦しんでいるごく一部の分野の仕事ぶりで、どんな特徴の人間なのかを決めつけてしまう。これが他の人間関係を壊す原因になっているのだ。

読者は、人間関係がうまくいかなくて苦しんだ経験があるだろうか。毎日の精神的負担が自分の活力を奪い取って、自分自身を見失うような種類の関係だ。もしできるならば、その人間関係を経験しているときに味わった気持ちを思い返し、そして、この言葉を思い出してほしい。「うまくいかない人間関係の原因は、相手が自分のことをよく理解していないからではない。そんなケースは稀だ」。ほとんどの場合、それは、相手がよく理解するようになって……そして態度を変えて欲しい、と思うからだ。ただ気が合わず、自分の弱点が互いに気になっているだけかもしれない。相手が他人の失敗をただあげつらっているだけの人物なのかもしれない。その理由が何であれ、最後には、自分がどんな人間なのかを、実行したことではなく、実行しなかったことで判断されるような感じを味わうことになってしまう。その感覚が恐ろしい。

多くのマネジャーがいつの間にか部下に押しつけているのも、これと同じ感情だ。最も生産的な部下と協力して仕事をしているときでさえ、その部下個人の才能のない分野を指摘して、どうすればそれをなくせるかということばかりを話題にしている。その意図がどんなによくても、弱点が先入観になっている人間関係は必ず行き詰まる。

最後に、この話の核心に潜んでいるのは、最も希望の持てないテーマだ。「犠牲者が責任を負わされる」。あまり出来のよくないマネジャーは、自分たちがあくまで部下に対する助言者だという立場をとろうとする。技能と知識（両方とも学習できる）と、才能（努力しても得られない）との区別がまったくわからずに、これらのマネジャーはやたらに部下一人ひとりについて欠けている才能を指摘する。というのは、そのマネジャーが、自分に欠けている才能を克服できた部下は何でもできるようになると信じているからだ。「欠けている才能を一生懸命克服すれば、君はもっと説得力のある、戦略的な、あるいは思いやりのある人間になれる」といったような話をするのだ。その言外にある本当の意味は、部下自身が「一生懸命取り組む」ことによって、その成果は何とでもなるということだ。部下は研修を受け、その態度を改め、自分自身を律することができる。責任は自分でとらなければならない。したがって不可能なこと、つまり弱点を克服できなければ、責任追及の見えざる手は他でもない、その部下本人の方を向いてしまうことになる。つまりこういうことだ。「部下」にはねばり強さが足りなかった。自分の能力を活かしきれなかった。責任はその「部下」にある。

部下に対し、弱点は克服できると話すことで、このあまり出来のよくないマネジャーは部下の失敗を仕組もうとしているだけではない。部下の必然的な失敗を本来的に責めているのだ。これはひねくれた態度だ。

こういった理由から、すぐれたマネジャーは伝統的常識を拒絶する。それは、ねばり強さが全部無駄だという意味ではない。才能のない人が専念しようとするねばり強さが無駄になっている、という意味にすぎない。また伝統的常識を拒絶することは、すぐれたマネジャーが人の弱点を無視しているという意味でもない。部下にはそれぞれ不得意の分野があり、その分野には何らかの対処をしなければならない（この章の後半で、すぐれたマネジャーがどのようにして人の弱点に対処しているのか、詳しく解説する）。

それどころか、すぐれたマネジャーは積極的に各個人の才能を見つけ出して、その才能に磨きをかけられるように力になろうとしている。

これがすぐれたマネジャーの取り組み方だ。つまり配役がすべてだと信じている。常識にとらわれない自分流の管理だ。そしてすぐれたマネジャーは、自分の時間を最高の部下と過ごしている。

配役がすべて

――すぐれたマネジャーはどのようにして優秀なパフォーマンスを着実に育て上げているのか

これまで述べてきたように、だれにも才能がある。才能とは、つまり、生産性に活かすことのできる考え方や感情、そして行動の日常的なパターンのことだ。要するに、だれでも少なくとも一つくらいは他の一万人よりもうまくできることがある。しかし一人ひとりが必ずしもその才能をうまく活かせるというわけではない。たとえばある従業員が、最初の段階でこそ、その人なりの才能によって採用されたとしても、二度三度と人事異動や組織変更が行われて、今ではミスキャストの状態にあるかもしれない。

従業員の才能をパフォーマンスとして開花させたければ、一人ひとりを適切に配置して、その従業員が自然に無理なくこなせる仕事に対して給料を払うようにしなければならない。適役を与えなければならない。

スポーツの世界の方が話が早い。物理的な体の強靭さと血の気の多い豊かな個性のおかげで、ロッドマンが、コート上を走るよりも、ボードにぶつかることで稼いでいるのは明らかだ。映画演劇の世界では、もっとはっきりしている。「明日に向かって撃て」のもともとの配役は、ポール・ニューマンがサンダンス、ロバート・レッドフォードがブッチ役だった。何回かリハーサルを繰り返すうち、この役では二人のいいところが出てこないのがはっきりしてきた。そこで役の交替が行われた。そうするとあっという間に二人ともその役にぴったりとはまったのだ。ニューマンは軽薄で自信家のブッチ・キャシディー役が大いに気に入った。一方、レッドフォードには陰があって物腰の穏やかなサンダンス・キッドが完璧にはまり役だった。こうしたパフォーマンスの特長が、役の交替をしなければ得られなかった魅力をこの古典的映画に与えている。

実業の世界での人の配置は、これよりもう少し難しく、やりがいがある。第一に、大切なことは個人の中身であって、その身体的な能力や姿ではない。マネジャーのなかには、身体的能力だけでなく本当の才能を見通すのが困難な人もいる。第二に、マネジャーが個人の技能や知識に目を奪われてしまうことがよくある。そうなると、マーケティングの学位を持っている人たちは問答無用でマーケティング部門に配置され、財務の経験のある人は財務部門に吸い上げられる。配役の調査リストに個人の技能と知識を加えることは何も間違ってはいない。しかし、もしそのリストの一番上に才能を書いておかなければ、結果的に平凡なパフォーマンスになってしまう危険を常に冒していることになる。

才能を活かす配役をするというのが、すぐれたマネジャーが成功する秘密の一つだ。それは、盛り上げる必要のある地域の担当者に、攻撃的で自分勝手なセールス担当者をあてればよいというような簡単なときもある。これとは対照的に、我慢強く、人づきあいの上手なセールス担当者はじっくりと育てようとする地域の市場に投入すればよい。けれども、才能を活かせる配役をするためには鋭敏な目が必要だ。

たとえばいま自分が何人かのグループのマネジャーに昇格したとしよう。部下たちに才能があるのかどうかわからない。自分が部下を選んだわけではない。とはいえ今は、自分に任され、自分がパフォーマンスに責任を負う立場だ。マネジャーによっては部下をすぐ、「勝ち組」と「負け組」という二つのグループに分ける。「勝ち組」を残し、「負け組」を整理し、「自分で選んだ」人を採用してその穴を埋める。

最高のマネジャーはもっと巧妙だ。個人的によく話し合って、長所や弱点、目標、夢についてたずねる。部下一人ひとりの仕事に密着して、仕事でどんな判断をするのか、どんな対処の仕方をするのか、だれがだれを助けているのか、そしてその理由は何かを記録する。さまざまなものを観察する時間をかける。一人ひとりの才能を見極める最も確実な方法は時間をかけてその仕事ぶりをよく観察する以外にはないと考えているからだ。

そうしたあとで、チームに残す人と積極的に別の仕事を探した方がよい人という二つのカテゴリーにチームを分ける。しかし興味深いことに三番目のカテゴリーも作る。それが「ムーバーズ」だ。この人たちは貴重な才能の持ち主であることはわかったのだが、その理由が何であれ、それを活かせる立場を与えられていない。つまり配役ミスだ。改めてその人向きに修正した仕事をする立場を与えることによって、すぐれたマネジャーは部下それぞれの強みを活かすことに精力を注ぎ、才能をパフォーマンスに開花させられるようになるのだ。

前述したデザインチームのマネジャー、マンディーの話はこうだ。最近、会社のデザイン部門のトップに昇進したマンディーは、ジョンという名の部下を引き受けることになった。ジョンは戦略的な職務を与えられていて、クライアントに対して概念的なアドバイスを提示しなければならない立場だった。ジョンの周りの環境は熾烈で一匹狼的な仕事の雰囲気だ。仲間はクライアント向けの最も独創的なソリューションをひねり出そうと互いに競い合っていた。そこでジョンは苦しんでいた。だれの目にもジョンにはその仕事をこなせるだけの実力があるはずだった。しかしそのパフォーマンスは期待外れに終わった。ジョンは感情的に落ち込み、ジョンをよく知る同僚によれば、いまにも会社を辞めようという気になっていた。自分からそうしなくても、近いうちに解雇されるだろう。

しかしマンディーはジョンが持っている何かを見ていた。自分が昇進する二カ月前、ジョンがたった一度だけ輝いていたのは、その仕事にいつも関心を示してくれる上司がいたときだということにマンディーは気づいたのだ。そして、二人のあいだには人間的なつながりができ、ジョンは輝きはじめた。ところがマンディーが新しい職に異動すると、ジョンの光が輝きを失うことになる。

この観察をよりどころに、マンディーはジョンを「ムーバーズ」のカテゴリーに入れた。こう考えたのだ。ジョンは一部の人たちが仕事の結果を欲しがるのと同じように、人とのつながりを欲しがる人間だ。そこでジョンの人とつながりを持ちたいという強烈な気持ちに目をつけて、その気持ちが会社にとって大きな価値になる仕事で活かそうとした。それは事業推進だ。

ジョンはセールスマシンになった。才能のおかげで、いつの間にか人と接触し、相手の名前を憶え、その人の特徴を忘れなかった。会社のクライアントや見込み客のなかの何百人という人たちと個別に誠実なつながりを築き上げた。こうした関係が接着剤の役割を発揮して、クライアントをしっかりとつなぎとめながら、見込み客もあっという間にクライアントに変えていた。ジョンはその本領を発揮し、その長所を皆の利益のために活かしたのだ。

マンディーがこの話をするときは、ほとんど泣きそうになるほど感情的になる。たくさんの優秀なマネジャーと同じように、自分の才能を最高に発揮している人がいると思うとうれしくてしかたがないのだ。自分に備わっている特殊な才能が発揮できる機会を与えてくれる、そんな仕事に恵まれるのは稀だということをこのマンディーはよく知っているからだ。つまりその仕事に取り組むことによって、自分を「自分自身」にしてくれているものがやはり自分を活かしてくれることになる。これは滅多に起こらない。それは面白い仕事があまりないという理由からではない。実際にうまくいっている仕事はどんなものでも興味をそそるだけの力を潜在的に持っている。本当の理由は、自分の才能に気がつく人が稀で、その手がかりを見つけられないマネジャーの数が驚くほど多いからだ。マンディーにはわかっている、それが別の日だったら、別の会社だったら、ジョンの才能を見過ごしてしまっていたかもしれない。そうするとジョンは仕事に失敗し、その失敗からほとんど何も学ぶことはなかっただろう。

けれどもマンディーは見逃さなかった。隠れた才能に気がついた。そして慎重に配置換えをすることで、その特長を引き出してジョンの才能をパフォーマンスに開花させたのだ。

だれにも何か秀でた才能があるものだ。それを引き出す秘訣はその「何か」を見つけ出すことだ。その秘訣は配役にある。

例外による管理
――なぜすぐれたマネジャーは黄金律を破るのか

「だれでも他人にはないすばらしさを持っている」という言葉には裏の意味がある。つまりだれでも例外として扱われるべきだ、という意味だ。従業員には一人ひとり自分のフィルター、身の周りの世界を解釈する自分なりの考え方がある。だからこそマネジャーに一人ひとり違ったことを要求する。

採用されたほとんどその瞬間から干渉を嫌う人もいれば、毎日仕事を確認してもらわないと無視されたように感じる人もいる。マネジャーつまり「ボス」に認めて欲しいと思う人がいる一方で、同僚に認められるのが本当だと考えている人がいる。職場の仲間がいる前で誉めて欲しいと思う人もいれば、人前に出るのを避けて個人的に静かに感謝されればそれで十分だと考えている人もいる。従業員一人ひとり、互いにまったく違った心理的酸素を吸っているのだ。

カークは製薬会社のセールスマネジャーで、この事実をすぐに理解した。ある特別なセールス担当者の話をしてくれた。マイクは常に会社のセールス担当者一五〇人のなかで上位の一〇人に入っていた。けれどもまだその実力を出しきっていないというのがカークの考えだった。

「最初のうち、マイクがどんな人物か見極めがつきませんでした。私は本当に競争心旺盛ですが、マイクは八年間プロのフットボール選手でランニングバックをしていましたから、当然、私と同じように競争心旺盛にちがいないと思いこんでいました。他のセールス担当者の成績を伝えることでマイクのやる気を引き出そうとしていたのです。けれども話しかけるとうんざりした様子でした。情熱がなく、覇気もない。無気力なだけでしたね。わかったことは、あのすばらしい経歴にもかかわらず、マイクにはまったく競争心がないということでした。マイクは努力家です。自分自身に勝てればそれでよかった。他人のことは気にならないのです。マイクの頭のなかでは何の関係もないと思っていました。だから私は、自分に勝つために何をするつもりなのかと月が変わるたびに聞くことにしました。この質問をしたとたん、マイクの話は止まらなくなる。アイデアが次から次にあふれてくるのです。そこで一緒になってそういったアイデアを実行に移しました。マイクは六年連続でこの会社のセールス・ナンバーワンになったのです」。

読者は黄金律をご記憶だろうか。「己の欲するところ人にもこれを施せ」。最高のマネジャーは毎日この黄金律を破っている。そしてこう言っている。自分がして欲しいことを人にはするな。黄金律の前提は、だれもが自分と同じ心理的酸素を吸っているということだ。たとえば、もし自分が競争心旺盛なら、だれでも同じような競争心があるはずだ。もし自分が人前で誉めてもらいたいと思うなら、他の人も皆そのはずだ。重箱の隅をつつくような管理の仕方が嫌いだというマネジャーには、だれもがその考えに理解を示すはずだ。

この考えの意図はよいのだが、あまりにも単純化しすぎているために、四歳の子供がお母さんの誕生日のお祝いに「自分が」欲しいものだからと赤いトラックを大いばりでプレゼントしているところを思い浮かべてしまう。だから最高のマネジャーはこの黄金律を排斥する。反対に、部下一人ひとりを「本人」の望むように扱うべきであって、その部下個人がだれなのかを常に忘れないようにするべきだと言っている。もちろん部下はだれでも一定の行動の標準、一定のルールには従わなければならない。ただしそれらのルールの範囲内で一人ひとりの扱い方を変え、それぞれの要求に合わせるべきなのだ。

一部のマネジャーは次のように言って抵抗するだろう「一体どうすれば部下一人ひとりの要求を把握できるというのか」。この発言をだれが責められるだろう。一人ひとり扱いを変えるのは難しい。特に外見からだけでは、個人個人の具体的な要求を見つけ出す手がかりがほとんどない。それはすべてのコマの動かし方がわからないままチェスをしろと言われるのに少しばかり似ている。

しかし最高のマネジャーには解決策がある。それは部下の話を聞くことだ。部下にその人の目標を聞くことだ。たとえば、いまの仕事で何を目指しているか。本人のキャリアの方向性は何か。マネジャーと一緒なら楽に取り組めると感じられる個人的な目標は何か。自分の進捗を直接報告する頻度はどれくらいがよいか、といった質問だ。

どのように誉められたいか、その方法も打診しておくべきだ。皆の前で誉められたいのか、それとも個人的にか。賞状が欲しいのか、それとも口頭でよいのか。だれに一番知らせたいのか。これまで本人にとって最も有意義な認められ方とはどんなものだったのかを尋ねると、非常な効果を発揮することがある。なぜそれを詳しく覚えているのかを探ること。そして本人が自分との関係をどのように考えているのか聞いてみる。どのようにして学習しているのかを話してくれるだろうか。助けてくれた指導者、あるいはパートナーがいたのかどうか聞いてみてもよい。パートナーはどのようにして力を貸してくれたのだろうか。

部下一人ひとりの膨大な情報を憶えておく必要があるため、マネジャーはそれらをすべてメモしておくのが有効だということにも気がついている。ある人はファイリングシステムを整備している。部下一人ひとりに専用のフォルダーがあり、そのあいだには各従業員の備忘録ファイルがあって、部下それぞれの定期的な記録の時期がめぐってきたことを思い出せるようになっている。また人によっては粗末なメモカードに細かく殴り書きし、ポケットに入れて持ち歩いている。従業員の「虎の巻」と呼んでいる。

この種の情報をきちんと把握する正しい方法がないことはだれの目にも明らかだ。きちんと把握すること。そうしなければ周りが何も見えない状態に陥り、固定概念や一般化、そして「公平性」とは「同一性」のことだという考えにとらわれて失敗することになる。しかし情報を武器にできれば、自分の方向性を正しく維持していられる。各個人の強みにこだわり、才能をパフォーマンスに開花させられる。「例外による管理」ができるのだ。

自分の時間は優秀な部下と過ごせ
――なぜすぐれたマネジャーはひいきをするのか

もしあなたがマネジャーなら、この練習をしてみればよい。真っ白な紙の左側に、生産性の高い順に自分の部下の名前を書く、最高の部下を一番上、最低の部下を一番下にする。右側にも同じ名前を書くのだが、ただし今度は「一緒に過ごしている時間」の多い順に書く、一番長い時間の人が一番上、短い人が下だ。それができたところで、左にある名前から線を引いて右側の同じ名前とつないでみる。

つないだ線が交差しているだろうか。たいていはそうなる。ほとんどのマネジャーが気がつくのは、最も生産性の悪い人と一番長い時間を過ごしている、反対に最も生産性の高い部下とは一番時間が短いということだ。表面的にはマネジャーが自分の時間を有効に使うためのだれもが認める安全な方法だろう。だれが何と言おうと、最高の部下は一人前に仕事をきちんとこなせる。こういった人たちはマネジャーに助けてもらおうとは思っていない。しかし仕事がうまくいかない部下はどうだろうか。マネジャーがあらゆる力を貸してやる必要がある。その援助がなければ個人として失敗するだけでなく、チーム全体をも巻き込んで足を引っ張ることになるだろう。

しかし、仕事に苦しんでいる部下に集中的に手を差し伸べるのは賢いように見えるが、最も仕事がすぐれたマネジャーがすることはその反対だ。すぐれたマネジャーが右と左の名前を結びつけた直線は水平になっている。自分の「ほとんどの」時間を「最も高い」生産性を発揮している部下と一緒に過ごしている。最高の部下に肩入れしているのだ。それはなぜか。

それはすぐれたマネジャーの自分の仕事に対する理解の仕方が、一般的なマネジャーの理解の仕方と比べて本質的なところで大きな隔たりがあるからだ。ほとんどのマネジャーは自分の仕事の中心は指揮監督することか、指導することだと思い込んでいる。もし「指揮監督」であることがマネジャーの仕事の核だと考えているなら、仕事に苦しんでいる人に多くの時間を割くことが生産的であることは間違いない。というのは、この人たちには指揮監督が依然として必要だからだ。同様に、もし「指導する」ことが管理に不可欠な要素だと考えていたら、苦しんでいる部下に最も肩入れするのがそれと同じように意味のあることだ。部下にはまだ学ばなければならないことがたくさんあるからだ。

けれども、すぐれたマネジャーは、指揮監督や指導のどちらも重視しない。ただ指揮監督と指導の両方が必要な対象者は存在する。特に新入社員の場合がそうなのだが、この人たちが中核なのではない。初心者でありすぎるし、周りに対する影響力もない。

すぐれたマネジャーの場合、その任務の中心にすえているのは触媒としての役目だ。つまり才能をパフォーマンスに開花させることだ。したがって、部下と一緒の時間を過ごすときに、部下の弱点の克服や修正、指導をすることはない。むしろ知恵を絞って、その部下のきわだった才能を解き放つもっとよい方法を考え出そうとしている。

・一人ひとりの能力を最大限に発揮させるような、その人に対してだけの一連の達成目標を作り上げることに精力を注ぐ。ロッドマンが結んだ契約内容とその特異性を思い返し、ブルズの他の選手全員がよく似た内容の特異な達成目標を要求するものだということを思い起こして欲しい。

・各個人独自のスタイルに光を当て、それを完璧に育て上げるように努力する。本人にもそれを意識させる。なぜそれが本人にとって有効で、完璧にするにはどうすればよいかが理解できるようにする。これこそマンディーがジョンに働きかけていたことであり、同時にすべての部下に対してしなければならないことだ。

・そしてマネジャーは、それぞれの部下のために先回りし、地ならしをしておくにはどうすればよいかといった筋道を考え、部下がもっと自由に自分の才能を発揮できるように準備している。大手証券会社の支店長をしているロバートはこう説明する。「部下のブローカーは、私のために仕事をしているのではない。私が部下のために仕事をしているのだ。もし私がスーパースターである部下の力になるような新しいアイデアをひねり出せないなら、私にできることはせいぜい、内野の管理業務を円滑に動かして、彼らの仕事の邪魔にならないようにすることくらいだ」。

これがマネジャーの自分の職務に対する見方とするなら、そしてもし部下と一緒にいるときに、部下本人に合った達成目標を設定し、個人のスタイルに光を当て、完璧に育て上げるために先回りして地ならしをしているなら、そのマネジャーが最も才能豊かな部下に魅力を感じるのは自然の成り行きだ。才能は大きな実りをもたらしてくれる。関心とエネルギーを注げば注ぐほど、その見返りも大きくなる。最高の部下と過ごす時間は、それこそ単純に、最も生産性の高い時間なのだ。

「ニュースがない」が行動を押しつぶす

これとは反対に、最高の部下と過ごしていない時間はとにかく危険きわまりない。体育会系の経営学校の卒業生にとっては冷徹なモットー「ニュースがないのはよい知らせ」があるために、それがどれだけ危険かがわかっただけで驚くはずだ。

最も簡単に言えば、マネジャーの仕事は部下の生産的な行動を促し、非生産的な行動を抑えることだ。体育会系のマネジャーは、部下に対する自分の反応には著しい影響力があり、部下のどの行動を助長し、どの行動を押しつぶしてしまうかを決めてしまうという事実を忘れてしまっている。毎日自分が舞台の上に立っていて、好むと好まざるとにかかわらず、すべての部下の耳に信号を送っていることも忘れている。

ところがすぐれたマネジャーは忘れてはいない。自分がいつも舞台の真ん中にいることを頭に置いている。特に、部下のスーパースターの生産的な行動に関心を示さなくなれば、その分、こういった生産的な行動も減少する。人間は本来自分に何らかの関心を持ってもらいたいと思うものであり、もし関心が得られないなら、意識的にしろ無意識的にしろ、関心が得られるようになるまでその行動を変えようとするものだ。

したがって、もしマネジャーが仕事に苦しんでいる部下ばかりに関心を払い、スーパースターを無視していたら、スーパースターは愚かにも行動パターンを変えてしまうことにもなりかねない。スーパースターは、マネジャーの自分に対する無関心をその態度から読み取り、自分自身をスターにしている行動をしなくなるどころか、むしろマネジャーから何らかの反応を引き出そうと別の行動をとろうとする。その行動の良し悪しは関係ない。スーパースターのわがままに気づいたら、それは、自分が関心を示した人間や行動が間違っていたというサインなのだ。

そこで、このことを常に意識しているべきだ。「マネジャーはいつも舞台に立っている」。間違った時間の過ごし方をする、間違った対象に関心を持つことは周りに影響をおよぼす。ニュースがないのは決してよい知らせではない。ニュースがないことは、増殖させたい行動そのものを抹殺してしまうのだ。

これを実践的に表現すれば、すぐれたマネジャーは最高の部下を活かそうとしているということだ。そうすることがきわめて生産的であって、しないことが決定的に危険だからだ。われわれがインタビューした際、すぐれたマネジャーは積極的にこの効用をより概念的な言葉で説明してくれた。すなわち、最高の部下を活かすことは第一に「最も公平な行動」であり、第二に「最高の学習方法」であり、第三に「優秀な者から目を離さないための唯一の方法」なのだ。

最高の部下を活かす「最も公平な行動」

すぐれたマネジャーは「公平」という概念に忠実に従う姿勢でいることには変わりはないが、その定義は一般的に考えられているものとはかなり違っている。「公平」が、だれに対しても同じように扱うという意味だとは考えていない。人を公平に扱えるただ一つの方法は、その人にふさわしい扱い方をすることだと言っている。コーチとしてダラス・カウボーイズを二度スーパーボウルに導き、現在マイアミ・ドルフィンズの監督をしているジミー・ジョンソンは、「公平」に振る舞うことの意味をよく理解している。ドン・シューラから監督の地位を引き継いだ直後、マイアミの選手を前にしたスピーチのなかでこの点に触れている。

「私は君たち一人ひとりに対して一貫した姿勢をとるつもりだ。それは一人ひとり皆接し方を変えるという姿勢だ。それが私のやり方だ。一生懸命プレーすれば貢献度も高くなる。私のガイドラインに忠実であればあるほど、私と一緒にプレーする時間も長くなる。逆に、もしいい加減なプレーをしたり、いいプレーができない場合は、私のそばにそんなに長くいられると思わないように」。

こうした発言は、会社の環境のなかでは少し乱暴に聞こえるが、すぐれたマネジャーの耳には妥当性があるように響く。そして素直に、自分の最高の部下との時間を長くとろうとする。最高の部下にはそうするだけの価値があるからだ。

人間というものは自分に関心を持ってもらいたいと思っていることが、すぐれたマネジャーにはわかっている。人それぞれ持ってもらいたい関心の種類は違っているにしても、一人の人間として、無視されることはだれもが絶対に望まない。もし好きということが嫌いの反対でないとすると、無関心が両方の言葉の反対語だ。もしマネジャーの割く時間が最低の部下に対して一番長い場合、それは部下に対して次のように言っているのと同じだ。「あなたのパフォーマンスが向上すればするほど、マネジャーである私との時間は短くなり、私の関心も低くなる」。どう考えても、これは首を傾げざるを得ないメッセージだ。

だから、最も仕事ができる部下と過ごす時間を一番長くすべきなのだ。部下に関心を払い、それなりの人たちには公平な態度を保つべきだ。

本書を読破したあとで得られる最も強力なアイデアの一つに、自分のオフィスに戻って最高の部下を「再雇用する」という行為が挙げられる。つまりオフィスに戻って、なぜ彼らがそんなに優秀かを説明するということだ。なぜ彼らがチームの成功の礎なのかを説明する。自分に合った説明の仕方でよい。ただしそこで口を滑らして将来の昇進を約束してはならない。それはまた別の時間に、機会を改めてする話だ。いま現在、なぜこうした部下の貢献が高く評価されているか、その理由を説明するだけでよい。最高の部下もその理由を知っているとは思い込まないことだ。

最高の部下を活かす「最高の学習方法」

仕事で苦しんでいる人と一緒に過ごすことから学べることはたくさんある。あるシステムがなぜうまく運用されないのか、なぜイニシアチブがうまく作用しないのか、なぜクライアントが満足していないのかが学習できる。そうした時間を重ねるうち、一部のマネジャーと同じように、失敗の解剖とそのさまざまな治療法を非常に明快に説明できるようになる。

皮肉なことに、こんなことをしても、優秀さとは何かを理解するためには何の役にも立たないのだ。失敗を研究したところで優秀さについてたいしたことは学べない。ある仕事を達成するには無数の方法が存在するが、そのほとんどは間違いだ。正しい方法は一握りにすぎない。都合の悪いことに、間違った方法をなくすことによって、一握りの正しい方法を見つけ出せる力がわずかでも身につくというわけではない。優秀さは失敗の反対ではないからだ。ただ意味が違っているだけだ。優秀さには優秀さ独自の意味がある。そこには、仕事に苦しんでいる人の行動と驚くほどよく似た行動も含まれている。

たとえば、もし自分の時間のほとんどを失敗の探求に当てているなら、すぐれた客室係が客室のベッドに仰向けになって天井のファンを回してみるという事実を決して発見できないだろう。また、すぐれたテーブル係がはっきりと自分の意見を言う、すぐれたセールス担当者は電話をかける際ほとんど毎回のように受話器を上げたくない気分に襲われている、すぐれた看護婦は患者と強い感情的なつながりを作る、などということも発見できないはずだ。あるいは反対に、最も出来のよくない客室係や最悪のテーブル係、セールス担当者、看護婦にある文字どおり共通の行動をいくつか見つけ出すことによって、こういった行動をさせないための規則や方針を生み出してしまっているかもしれない。

ギャラップはヨーロッパ最大手の健康管理会社の一社と協力して、最高の看護婦と普通の看護婦を見極めしようとした。調査の一環として、われわれはスーパーバイザーの評価を利用しながら、優秀な看護婦一〇〇人と平均的な看護婦一〇〇人を選び出した。そのあと個別にインタビューをして、優秀な看護婦に共通する数少ない才能を割り出した。

すぐれた看護婦が共通に持っている数多くの才能のなかから、われわれは「患者の反応」と呼ばれるものに気がついた。すぐれた看護婦は世話を「したがっている」。世話をしないではいられない。そのフィルターが周りの世界を見通して、本能的に世話をする対象となる人を選び出してしまう。しかし世話をすること自体がある種の衝動になっている場合、世話をすることの喜びを感じるのは患者が反応をしてくれるようになったときだ。一歩一歩状況を改善することが看護婦にやる気を起こさせるのだ。これは看護婦の心理面での報酬だ。患者の反応が見たいという愛情があるからこそ、すぐれた看護婦はその仕事に本来つきものの悲しさや苦しさで気持ちが落ち込まなくてすんでいるのだ。自分の仕事で自分の長所を見つけ出し、満足感を味わえるのはこの才能があるからだ。

われわれが看護婦のマネジャーにこの話をしたとき、こんな答えが返ってきた。「われわれはそんなやり方をする組織にはなっていない。看護婦に患者とあまり親密になって欲しくないからだ」。患者はいつもベッドを移動しているという。看護婦が一週間の休暇あるいは一日休んだあとで職場に戻ると、その患者は別の病棟へ移ったか、別の病院に転院したか、あるいは単に退院したというのが日常茶飯事だ。「常に空き病床を確保しておくのが大きな精神的負担になっている。看護婦と患者の同じ組み合わせを非常に長い期間続けるような運営方法はまったく存在しない。自分の患者がいなくなったのに気づいて自分を見失う看護婦もいた。そんなわけで、今では看護婦に患者との距離を保つように指示している。患者を移動させてしまうことで、看護婦の心にぽっかりと穴をあけさせたくないのだ」。

こうした立派な意図があるにもかかわらず、あらゆるところで激しい動揺が起きていた。看護婦が苦しんでいた。その仕組み全体が看護婦の満足感を満たす最も強力な源泉を否定していたのだ。患者も苦しんでいた。さまざまな調査によれば、患者は自分とよい人間関係ができている看護婦に世話をしてもらった方が、回復が早いことがわかっているからだ。マネジャーも苦しんでいた。孤独感を味わっている患者、そして動揺している看護婦の両方に対処しなければならないからだ。

病院の組織はどのようになっているのだろうか。難しい問題だ。医療コストを低く抑えるために、どの病院も早期に患者を「回復」させて病床をあけておこうとする重圧を感じている。この事実は避けようがない。ギャラップはこういった病院の苦境に対する応急策を提示できなかったが、解決への最上の道筋は示すことができた。それは、最高の看護婦と腰を落ち着けて話をし、「看護婦自身が」、患者、他の看護婦、そしてマネジャー、それぞれの要求のバランスをどのようにとっているのかを聞き出せばよいということだ。どのような解決策を考えついたとしても、患者を痛めつけ、看護婦に酸素を供給しないような組み立てラインシステムより悪くなるはずはない。

悪いことに、この医療組織は最も優秀な人の声を無視していた。その経営者は、欠点は多いが見かけ上は効率的なシステムを変える理由、またその意図を思いつかなかった。今では患者の不満、看護婦のモラル、そしてコストの上昇との格闘にこれまで以上に苦しんでいる。

運のよいことに、他の企業は優秀な人を調査することで、優秀さとは何かを学習する知恵を理解しはじめていた。サウスウエスト航空、GE、そしてリッツ・カールトンといった「金印」企業の見学ツアーには一年先までの申込者リストが積み上げられており、ウォルト・ディズニーでさえ「ディズニーウェイ」といったセミナーをパッケージ化して提供している。

素直なマネジャーは、これらの企業が体験している内容を調べることによって学習できるが、他社の成功体験にこだわってしまうと、最も重要な教訓を見落とすことがよくある。それは自分たちを見つめ直し、自分たち「自身の」パフォーマンスについて最高の成績を上げている人物を研究することだ。それがウォルト・ディズニー、サウスウエスト航空、GE、そしてリッツ・カールトンがしていることだ。見学ツアーやセミナーの資料を作るために、こうした企業は最高の社員にインタビューし、密かに観察し、撮影し、そしてその業績を称えている。それぞれ自分たちの世界のなかで毎日起こっている優秀な仕事を調査している。最高の社員から学んでいるのだ。

マネジャーはだれでもこれと同じことをすべきだ。自分の時間は最高の部下と過ごす。そこでよく観察する。その部下から学ぶ。失敗を説明するのと同じ明確さで優秀さを説明できるようになる。社外の成功体験を学ぶことにはそれなりの価値があるにしても、「社内の」成功体験を学ぶことが独自性を生み出すための絶好の方法なのだ。

どうすればそれができるか。優秀さを調査する最もよい方法は、最高のパフォーマンスをする部下と過ごす時間を長くするという単純なことだ。そしてその部下の秘密を説明するように頼むことから始めればよいだろう。ただしほとんどの場合、その部下は、あまりにも自分の成功が身近すぎて、なぜうまくいっているのかを正確に説明するのに苦労するといったことがよく起こる。

その代わり、われわれのインタビューの対象となったすぐれたマネジャーには、最高の部下をただ観察するだけのために多くの時間を割くという人が数多くいる。セールスマネジャーは無理をしてでも必ず毎月、部下のセールス担当のスター一人か二人と出張をするようにしている。学校の校長は最高の教師が担当しているクラスを二つ視察している。顧客サービスのスーパーバイザーは定期的に最も優秀な顧客サービス担当者の電話を聞いている。このように時間を費し関心を払う本来の目的は評価や監視ではない。それはあるセールスマネジャーが言うように「頭のなかでテープレコーダーを回して自分の部屋に戻ってからそれを再生する。そして分析し、実際に何が起こっているのか、なぜそれが有効なのかを理解することだ」。他のすぐれたマネジャーと同じように、読者にもそのテープレコーダーを回し続ける必要がある。

最高の部下を活かす「優秀な者から目を離さないための唯一の方法」

「平均」という言葉はどこにでもころがっている。予約センターは、顧客サービスの担当者が一時間でさばける電話の「平均」件数を計算している。レストランチェーンでは「平均的」レストランにスタッフが何人必要かを見積もることによってスタッフの必要人数を算出している。セールスの組織では、「平均的」セールス担当者が何人の見込み客を相手にできるかを基準にして担当地域を分けている。「平均」はどこにでもある。

最高のマネジャーは必ずしもこの種の「平均の考え方」に異議があるわけではない。むしろ企業の効果的な経営には、社内で毎日何が起こっているのかをおおよそ把握するためには何らかの方法が必要だと認めている。ところがこの「平均の考え方」が人の管理にまでおよぶとなると激しく抵抗する。悪いことに、こんなことはいつも起こっているのだ。

最高のマネジャーは気づいていないかもしれないが、「平均」に執着しているマネジャーは実に多い。その頭のなかには、受け入れてもよいと考えられるパフォーマンスレベルは具体的にこうだというはっきりした考えがあるのだ。そのパフォーマンスとは、セールスの組織がよく「ノルマ」と呼んでいるものだ。このノルマ、すなわち「平均」のパフォーマンスは、各個人のパフォーマンスを評価するためのバロメーターとして役に立つ。そこでたとえば、マネジャーはその部下のパフォーマンスが「平均」よりもどのくらい上あるいは下なのかに基づいてランクづけをすることができる。個人が受け取る「平均的」ボーナスの適正な配分を計算することによって、部下のボーナスをはじき出せる。そしてこれがおそらく「平均の考え方」の最も明確な兆候だろうが、マネジャーはそのほとんどの時間を、苦しんでいる部下が少しでも「平均」を上回る業績を上げるよう力を貸すことに使いながら、その一方で平均以上の部下に対しては何もせず、当然のように勝手に仕事をさせている。

この種の「平均の考え方」はきわめて魅力的だ。非常に安全であると同時に実践的に思える。つまり苦しんでいる部下を集中的に指導することで、こういった部下による避けられないミスから自分自身、ひいては会社を守ることになるからだ。ところがすぐれたマネジャーはこれを一蹴する。

その理由は二つある。

第一に、部下一人ひとりのパフォーマンスを判定するためのバロメーターとして平均のパフォーマンスを使わない。使うのは優秀さだ。平均は優秀さとは何の関係もないという考えだ。

第二に、優秀というレベルに手の届く部下は、とうに平均を上回っている人たち以外には存在しないことがわかっている。こうした部下はすでにその職務をこなせる何らかの能力を見せている。これらの部下には才能がある。われわれの直観的な印象とは逆に、すでに平均よりよい業績を上げている従業員は、これからも成長する余地が最も大きいのだ。またすぐれたマネジャーは、才能のある人がその才能に磨きをかけるのに協力するのはきつい仕事であることもわかっている。もしマネジャーが、仕事で苦しんでいる人を何とか平均より持ち上げて生き残れるようにするという仕事に専念しているなら、そこそこの成績の人をできるところまで指導するという、本当に難しい仕事をする時間などほとんどなくなってしまう。

ジーンの話から「平均」の見当違いと、才能の成長する可能性の両方がよく理解できるはずだ。データ入力の職種では、全米平均のキー入力回数が一カ月当たり三八万回、一日当たりに直すと一万九〇〇〇回になっている。多くの企業ではこのような平均的パフォーマンスの物差しを使って、新規に採用するデータ入力の必要人員数を決めている。それなりのマネジャーならおそらく、採用したデータ入力担当者のパフォーマンスを全国平均よりも高いところにまで引き上げられるはずだ。どれくらい高いところなのか。自分の物差しとして「平均」を使うとして、このマネジャーの目標は二五

％以上か、三五％か、それとも五〇％か。五〇％以上の場合、キー入力回数は一カ月当たり五〇万回以上になる。事実、データ入力トップの従業員は全国平均を何とも思っていない。トップの従業員の実力は平均のほぼ一〇倍だ。

ジーンはそんな従業員の一人だ。最初に計測したとき、ジーンの月平均入力数は五六万回だった。これでも全国平均を五〇％上回っている。ジーンはその実力が認められると今度は、マネジャーと二人で、そのパフォーマンスを向上させ、記録するための個人的な目標を設定することにした。三カ月後、回数は一〇〇万回を数えた。このマイルストーンから二週間後、ジーンは一日の終わりにキー入力の合計回数を調べたところ、一日に一一万二〇〇〇回叩いていることがわかった。そこでマネジャーのところに行ってこう言った「どういうことかわかりますか。一カ月間通して一日の平均が一一万回を越えたら、そのときは月二〇〇万回の大台を突破することになります」。ふたりはプランをまとめ、その六カ月後二〇〇万回を達成した。

ジーンはこの職種の模範となった。マネジャーは時間をかけてジーンを観察し、なぜ自分の仕事がそんなに好きなのかを尋ねた。その答えはこうだ「本当に負けず嫌いだからです。数を数えるのが好きですね」。なぜキーを叩く回数が増えるほど、ミスが減るように思えるのか。「熟練度が上がるからです」。マネジャーはジーンのような才能の持ち主を見つけ出すために、その才能の中身を具体的に示し、さらにジーン並みの優秀さに報いるために給与の仕組みを工夫した。現在ジーン個人としての最高回数は月に三五二万六〇〇〇回だ。周囲で仕事をしている仲間のデータ入力すべての平均回数は一〇〇万回を超えている。

ジーンの話から得られる教訓は、ほとんどどんな職種にも応用できる。優秀な人の限界を判断するために平均をその根拠に使うべきではない。可能性を極端に過小評価してしまうことになる。最高のパフォーマンスを示す部下から目を離さず、釣り鐘型をした分布曲線の右端に向かってその後押しを続けるべきだ。われわれが抱く印象と反対だが、ジーンのような最高実力者は成長する可能性が「最も」大きいのだ。

天井を突き破る

「平均の考え方」は、マネジャーを本当の優秀さに対する理解から大きく逸脱させ、また業績トップの部下からも目をそらさせてしまうだけではない。それは、マネジャーの最大の努力を台なしにする究極の、そして恐らく最も破滅的な方法なのだ。なぜなら「平均の考え方」はパフォーマンスに制限を加えるのだ。あるコンピューターソフトウエア会社のセールスマネジャーをしているジェフはこの破壊的な効果を次のように語っている。

「私の会社での目標は一つ、売り上げと利益を年に二〇％上げることです。二〇％成長がわれわれの会社としての成功を判断する基準だということを入社当日からたたき込まれます。一二年間連続で、この数字を達成してきました。だからウォールストリートからも非常に受けがいい。なぜ会社が毎年この数字を狙う必要があるのか私にはわかります。なぜウォールストリートがそういった予測が好きなのかも理解できます。けれどもマネジャー個人としては、これは厳しい数字です」。

「私の立場になったとして考えてみてください。この四年間、われわれの担当地域はナンバーワンでした。毎年第3四半期の終わりには、私の部下は皆自分の二〇％目標を達成しています。年度末までにまるまる四半期が残っているわけですが、すでに目標に届いています。この集団をやる気にして年度最後の四半期、つまり三カ月間にこれまでの九カ月と変わらない全力投球をさせたい。部下にしてみると、自分たちの売り上げをすべて来年にとっておく方がはるかに意味があるのです。そうすると翌年の一月にはいきなり勢いのついたスタートを切ることができますから。部下が仕事のペースを落としても責められません。ノルマ制のもとではそんな気持ちになります。私は毎年、われわれの成績を上げさせようとしてできあがっているこの制度と戦わなければなりません。仕事の意欲を全員に維持させるためには別の方策を考える必要があります」。

ジェフはどうするのか。ジェフには意志が強く、非常に哲学的な姿勢があり、そんなところから部下全員に対して示唆に富んだ手紙を書くという手段をとっている。そうして部下に自分の内面を見つめ直させ、最後の力を振り絞ろうという気持ちにまで持っていく。次に挙げるのがその実例だ。

各　位

あとわずか二カ月を残しているこの時期、今年度の目標達成に専念することが重要だ。今年もここまで長いレースをうまく戦ってきた。今年の残りの期間をのんびりと過ごしてもノルマを達成できる人はたくさんいる。その決断はあなた方次第だ。つまり私がその決断をするのではなく、私はこれから先の実績の上積みを自分の仕事として期待するつもりもなければ、あなた方に強制するつもりもない。
　けれども、もしわれわれもあなた方も自分の能力に許された最高を目指そうとしているなら、さらにあなた方が自分の能力をその極限にまで成長させたいと願っているのなら、その目標には終わりがないはずだ。成功とは向上を目指すための果てしない努力、つまり個人的な、専門的な、金銭的な、そして精神的な努力によって、初めて達成されるものだ。好むと好まざるとにかかわらず、それが本質であり、最高になるという課題を受け入れたときに、あなた方が自分自身に課した責務なのだ。
　この課題に専念すること。それ以外にない。自分自身の優秀さの基準を目指す取り組みを放棄してはならない。毎日少しずつ前進する。そして時間の積み重ねのなかで大きく前進しよう。

一〇月二九日

ジェフ

追伸。あなた方は会社のなかで最高の人材であり、私が管理者の立場になって以来、会社から与えられた最高の部下だ。

ジェフは運がよい。この誠実な個人的呼びかけと、一人ひとりが「毎日少しずつ前進する。そして時間の積み重ねのなかで大きく前進しよう」というマントラによって、ノルマ制の束縛を打ち破ることができた。一人残らず優秀な成績を上げることに専念させる方法を見つけたのだ。ノルマによってできあがった限界をはねのけ、今ではジェフの担当地域は四年連続して社内でトップの地位を維持している。

この他のすぐれたマネジャーにも、独自の才能ややり方によって優秀さを目指す、その人なりの道筋があるだろう。しかしそれがどんなに成功していても、対象となるパフォーマンスの天井を不用意に規定してしまう評価制度によりかかりながら管理しようとして、創造性を浪費してしまうのはやはり誉められたことではない。「平均の考え方」を批判するために相当のエネルギーを消耗してしまうのもやはり誉められたことではない。優秀さを自由に追求できる環境のもとでは、このエネルギーと創造性ははるかに貴重な存在となるのだ。

ところがもしこれと同じ「平均の考え方」に直面したら、それはただ精力的なだけだと非難すべきだ。優秀さの意味をはっきりと定量的に定義しよう。優秀さとはどのようなものか、最も才能豊かな部下にわかるように画を描くべきだ。釣り鐘型の分布曲線の右端を目指すよう、絶えず全員の意欲を盛り上げることだ。その方がもっと公平だ。もっと生産的だ。そして特筆しておきたいのは、その方がはるかに楽しいということだ。

部下に弱点を回避させながら仕事をさせるには
――すぐれたマネジャーはどのようにして部下の弱点をフォローするのか

言うまでもなく、これはすぐれたマネジャーがパフォーマンスのまったく上がらない人を見逃しているという意味ではまったくない。見逃すようなことはない。強みを徹底的に活かすというのは、楽観的に考えることと同じではない。現実には悪いことも起これば、失敗する人もいる。苦労する人もいる。部下のなかのスターでさえ、欠点を抱えている。こういった頭の痛いパフォーマンスには真正面から対処しなければならない。ただしそれが非生産的で危険な状態を招くような怖れがない場合という条件はつくが。しかもその対処はすばやくなければならない。進行性の疾病の場合と同じく、頭の痛いパフォーマンスを前にして対処を先送りすることは愚かな治療法だからだ。

部下による頭の痛いパフォーマンスの最も直接的な原因は「機械的な」原因、つまり、会社が本人に必要な道具や情報を与えていないといったものだ。これに加えて「個人的な」原因もある。最近家族のだれかに死なれた悲しみからまだ立ち直っていないといったことだ。マネジャーとして、もしこういった頭の痛いパフォーマンスに直面したら、まずこの二種類の原因を思い起こしてみることだ。両方とも比較的簡単に確認ができる。ただ、両方とも解決がなかなか難しいことがある。前者に必要なのは、慎重に仕事を与えることと、人あるいは組織間の協力を改善することであるのはほぼ間違いない。後者には本人に対する理解と我慢が必要だ。しかしいずれにしても、パフォーマンスの問題の原因が何かは理解できるだろう。

反面、パフォーマンスの問題にはその原因がはっきりしないものが数多くある。こういったものの原因を割り出すのははるかに難しい。ただ運のいいことに、正しい視座を忘れなければ、その対処法はすべてマネジャーができる範囲に収まっている。

すぐれたマネジャーは手はじめに二つの質問をする。

お粗末なパフォーマンスは訓練で直せるのか、が最初の質問だ。仕事に必要な技能や知識がないために本人が苦しんでいるのなら、ほぼ間違いなく「現実の」訓練で改善できる。広告代理店のマネジャー、ジャンはわれわれにわかりやすい事例を教えてくれた。

「ある仲間が私の手書きノートを全部かき集めて、プレゼンテーション資料に仕上げてくれることになっていました。これはわれわれにとって決定的な武器となるはずでした。けれどもそうはなりませんでした。仕事は遅く、できあがった資料も期待外れでした。私は本人と二人だけで、じっくりと本音の話をしました。そのなかで本人が打ち明けてくれたのは、本人自身がパワーポイント（パソコン上で操作するマイクロソフト社のプレゼンテーション作成用ソフトの名称）をきちんと勉強したことがない、ということでした。頭のよい美術学校の学生でしたが、だれ一人として、その頭のよさをコンピューター操作に活かすための細かな仕様を教えていなかったのです。これは簡単に解決のつく話です。私は本人をあるパワーポイントの集中トレーニングコースに入れました。今ではスターですよ」。

石油化学会社のマネジャー、ローリーは知識を学ばせるためのもう少し巧妙な方法を語ってくれた。

「ジムは若くて才能が豊かでしたが、いつも遅刻していました。そのことを指摘すると、時間どおりに来るのがどうしようもなく苦手だという答えが返ってきたのです。毎朝思いどおりにいかない何かが起こる。私に向かって気にしないでくれ、遅刻は毎度だが、仕事はきちんと片づけていると言うのです。私は『掛け値なしに』心配だと言いました。心配なのは他の人たちがジムをどのように思っているかです。周りの人の自分に対する評価をどう考えているのかジムに問いただしてみました。ジムはこう漏らしました。遅刻するのはたぶん怠け癖からだ。責任感のなさからだ。チームの一員としては失格だ。そして、でもそれは本当の私ではないと言いました。私の答えはこうです。あなたでないことは『私には』わかります。けれども周りの人にはわからない。これから先、時間に間に合うように来いといっているのではありません。私が言っているのは、チームメイトの見方を何とかしてよくしろ、ということです。でなければ周りは信頼しない。チームの足を引っ張ることになる。そうなると私は君に辞めてほしいと言わなければならなくなる」。

「ジムは今では九五％定時前に来ます。ジムの行動を変えたのは私ではありません。その行動を変えたのは、周りの人間がどれだけ自分を否定的な目で見ているかを認識し、そんなことはごめんだという自覚を本人自身が持ったからです」。

このような事例はたぶん読者にも馴染みのあるものだろう。読者もたとえば製品のことをろくに知らないセールス担当者に悩まされたことがあるかもしれない。あるいは経理伝票の起こし方を知らない秘書がいたり、現実のビジネスの世界でレポートをどのようにして作成すればよいのかを勉強したことがない、ビジネススクールの卒業生を採用したことがあるかもしれない。こういったパフォーマンスゼロのケースの原因をたどれば、それはすべて、部下に具体的な技能や知識が備わっていないという事実に行き着く。それがコンピュータープログラムをだれかに教えてもらえればすむような簡単なものでも、あるいはだれかに自分自身を客観視させようとするときのように神経を遣うものでも変わらない。これらの技能と知識はすべて訓練して教えることができるのだ。

すぐれたマネジャーの第二の質問はこうだ。マネジャー自身が間違った引き金を引いたためにパフォーマンスゼロが生じているということはないか。従業員一人ひとりの動機はさまざまだ。もしマネジャーがこの事実を忘れて、競争心のない人をあおって競争させようとしているなら、あるいは恥ずかしがり屋を公の席に引っぱり出して誉めたりしているなら、パフォーマンスゼロに対する解決策は他でもない、その「マネジャー自身」が握っていることになるだろう。もしマネジャーが正しい引き金を見つけて、それを引いたら、部下の本当の才能は堰を切ったようにその力を発揮するはずだ。

損害保険の代理店を経営しているジョンは、だれもがわかっている過ちを犯して初めてこの事実を思い知らされた。その部下のなかで最も成績のよいエージェントはマークという名前の男性だった。年間最優秀エージェントという類の賞を何度も受賞しており、副賞の飾り板はもう欲しくないと周りの人に漏らしていた。もしまた自分の功績を認めてもらうようなことがあるなら、引き出しの肥やしになってしまう意味のない飾り板とは違うものの方がありがたいと言っていた。ジョンはこのマークの話を黙って聞きながら、それでも自分の判断の方を信じていた。セールスをする人間は一人残らず飾り板が大好きな人種だと思っていたのだ。

授賞式のとき、ジョンはマークがまたこの賞を獲得したと発表してステージの上に引っ張り上げ、そして飾り板を手渡した。マークはそれを一目見ただけで、参列者の方に向き直り、わけのわからない仕草をし、そして怒ったような足取りでステージを降りながら会社を辞めるという言葉をはっきりと口に出していた。授賞式はとんでもないことになってしまった。

ジョンは事態を収拾する手だてを探ろうとして、マークの友だち仲間に相談を持ちかけた。クルマのなか、会社の廊下、ランチのときなどに、仕事に関係のない話をしていてわかったことは、マークには二人の娘がいるということだった。マーク夫妻は子供ができないものと考えていただけに、二人のかわいい女の子は願ってもない授かりものだったのだ。マークは娘がこんなすごいことをしたとか、こんなかわいいことを言ったとかということをよく話していた。マークは二人の娘をそれほど誇りに思っていたのだ。娘はマークの人生そのものだった。

ジョンはすぐさまマーク夫人に電話して事情を説明した。夫人に一つの考えが浮かんだ。電話のあと、二人の女の子を写真スタジオに連れていき、きれいなポートレート写真に仕上げてフレームにおさめた。そのフレームにマークの名前を刻み込んだ。

二週間後、ジョンは午さん会を開いた。仲間のエージェントや招待客、マーク夫人とその娘が集まったところで、ジョンはそのポートレート写真のお披露目をして、マークにプレゼントした。授賞式の席から逃げ出したあの気むずかし屋が今度は泣き出してしまった。マークの引き金は二人の娘だったのだ。

マークが、ジョンは心から自分のことを心配してくれていると思っていなかったら、こんなことは起こらなかっただろう。ところが幸運なことに長いあいだに二人には信頼関係ができあがっていた。この二人の関係で欠けていたのはただ一つ、特にジョンの立場からは、マークにとって本当に大事なことは何かということについての十分な理解だった。マークの仲間がくれた手がかりによって、ジョンはこの穴を埋めた。これからジョンは、マーク独特の意欲を燃やす引き金を尊重し、それを活かすようにすることだろう。

マネジャーならだれでもジョンの事例から得るものがあるはずだ。部下のパフォーマンスが思わしくないとしたら、その部下の仕事に対する動機づけが何かを読み違えている可能性がある。もし別の引き金を引いたら、部下の本当の才能が再び花開いたはずだ。マネジャーは部下のお粗末なパフォーマンスに対して責任を問われることになるだろう。何か違ったことをする前には、この可能性を考慮するべきだ。

ただし、もしこの最初の質問「お粗末なパフォーマンスは訓練で直せるのか」に対して本心から「ノー」と答えられるなら、つまりその「ノー」という答えの意味が技能や知識の問題ではなく、また引き金の問題でもないというなら、パフォーマンスゼロはたぶん才能の問題だろう。仕事をこなすために必要な特定の才能がないから、仕事に苦しむ。この場合には、トレーニング経験を活かすことができない。個人の才能は努力しても得られないものだという本質からすれば、仕事に必要な才能をあとから身につけることはできない。その人は、だから、その人なのだ。そこで自分の好きなようにしろといわれると、本人の才能にまったく適していない仕事をこなそうとして、いつも立ち往生してしまうだろう。

このような状態になれば先の楽しみはない。しかし実際にはよくある話だ。だれが何と言おうと、完璧な人は一人もいない。ある特定の職務で人よりもすぐれた成績を上げるのに必要な才能をすべて備えている人は一人もいない。われわれは一人ひとり才能を授かっている反面、完全な才能を備えている者もいないのだ。

「才能がない」と「弱点」の違い

すぐれたマネジャーは好意的に、われわれの不完全さに対して現実的な見方をしてくれる。最初はある重要な違い、つまり弱点と才能がないとの違いから始めるのだ。才能がないということは、頭のなかに荒野があることだ。いつも苦しんでいる様子が行動に現れる。決して感じられないのは燃えるような意欲だ。常に欠けているのは物ごとの本質に対する理解力だ。才能がないだけならまだ害はない。人の名前の記憶、思いやり、あるいは戦略的思考の才能がないかもしれない。それを一体だれが気にするだろう。人は持っている才能の数より、持っていない才能の数の方が多いのだ。ただし才能がなくてもほとんど問題にならない。無視してもかまわない。

ところが才能がないことが、突然変異によって弱点に変わることがある。それは、自分が持っていない才能の分野で優秀な成績を上げないことには成功を収められないような仕事を与えられたときだ。レストランのサービス係の場合、常連客は自分の名前を憶えて欲しいと思っているため、常連客の名前を記憶する才能がないと弱点になる。セールス担当者で思いやりについての才能がないと弱点になる。なぜなら見込み客は、自分のことを理解して欲しいと思っているからだ。経営者の場合、戦略的思考における才能がないと弱点になる。会社にとってどんな落とし穴やチャンスが隠れているかを見通す力が要求されているからだ。自分の弱点からは目をそらさない方が賢明だ。

すぐれたマネジャーは弱点から目をそらしたりはしない。ある弱点が芳しくないパフォーマンスの原因だと気づくと、すぐに別の対策を立てる。なぜなら、結果的に成功につながる道筋はわずか三種類しかないことを知っているからだ。つまりサポートシステムを整える、互いに補い合えるパートナーを見つける、別の仕事を見つける、というのがその三つだ。すぐれたマネジャーはすばやく核心に切り込み、三つの選択肢を秤にかけて最適の道筋を選び出す。

サポートシステムを整える

おおよそ一億四七〇〇万人のアメリカ人は正常な視力の持ち主ではない。七〇〇〇年前には、遠視、近視、そして乱視に苦しんでいた人たちはだれでも重症の身体障害者といってよかっただろう。ところが光学技術の進歩のおかげで、視力を矯正するレンズを製造できるようになった。これらのレンズをフレームにはめてさまざまなメガネが作られた。そしてこの発明から、目がよくないという弱点が問題ではなくなった。何百万人ものアメリカ人が現在でも視力の悪さに悩まされているが、メガネやコンタクトレンズのサポートシステムが整備されたおかげで、だれもそんなことを気にしていない。

程度が進んだ弱点に対する最も速い治療法がサポートシステムなのだ。もしある部下が名前を憶えるのが難しいと感じているなら、ローロデックス（訳者註：アメリカで広く使われている回転式卓上カードファイル。Rolodex Corp.の商標、商品名）を買い与えればよい。あるいは誤字脱字の常習犯なら、印刷する前に必ずスペルチェックを実行させる。デザイン部門のマネジャーであるマンディーは、いつもおしゃれなつなぎを着ているせいで信用をなくしている、ある優秀なコンサルタントのことを話してくれた。マンディーはその人をショッピングに連れ出し、クライアントの前でも文句のないきちんとしたビジネススーツを一着購入させた。コンピューターソフトウエア会社のセールスマネジャーであるジェフは、あるセールス担当者の成績が落ちているのに気づいた。原因は、自宅での精神的負担だった。その担当者の妻が、自宅の私用電話に仕事の電話が頻繁にかかってくることに辟易としていたからだ。ジェフはもう一本電話を引いて、こう指示した。自宅の一室を専用の仕事部屋にする、その部屋のドアを閉め切っておく時間を設定する、そしてその時間のあいだは電話のベルが鳴らない仕掛けにする。

損害保険の代理店を経営するメリーは、成績抜群のあるエージェントに対して意見せざるを得なくなっていた。あまりにも自我が強いばかりでなく、オフィスに戻ってくるたびに周りに後ろ向きの雰囲気を振りまいていたのだ。その解決策は何か。本人の部屋に新しいドアをつけてエレベーターから直接入れるようにする。次にそのドアにクラシックな金色のレタリングでエージェントの名前を刻んだプレートを貼りつける。このドア一つで強い自我を満足させると同時に、本人を直接部屋に入れて周りをうろうろさせなくてすむようにしたのだ。

この解決策は少しばかり極端に思えるかもしれないが、壁に穴をあけるにしても、単にローロデックスを買い与えるにしても、これらのマネジャーは皆同じことをしているのだ。つまり部下の弱点を何とかして、部下が自分の長所を活かすのに専念できるようにしているということだ。強みに専念する戦略をとる場合と同じように、サポートシステムを整備する方が弱点を矯正するよりもはるかに生産的で精神的に楽なのだ。

たまにサポートシステムは違った目的で利用されることがある。大手のレストランチェーンでは、知的障害者を従業員としてある一定数採用するという公約をしていた。これらの従業員に簡単だがやりがいのある仕事を与えられると信じていたからだ。しかし現実の世界では、同社の従業員に対する愛情がときとして実行困難なこともあった。一つ例を挙げよう。同社の社長はジャニスという従業員のことを次のように話している。ジャニスの仕事はチキンを箱から取り出して丁寧にフライヤーに入れ、そしてタイマーが鳴ったところで一つ残らず引き上げることだった。ジャニスはその仕事の責任を自覚する力が十分にあり、その仕事を完璧にこなしていた。ところが彼女は数を数えられなかったのだ。そのうえ運の悪いことに、一度にわずか六個がそのフライヤーの能力の限度だったにもかかわらず、ジャニスはフライヤーにそれ以上チキンを入れてしまい、よく揚がらないまま危険な調理状態になっていたことが一度や二度ではなかったのだ。

同社は、ジャニスが数を数える力がないことを理由にして、簡単にジャニスをあきらめることもできた。しかし、あきらめなかった。反対に、単純なサポートシステムを作ってジャニスの弱点を補うようにしたのだ。チキンの納入業者にチキンを六個ずつ箱に詰めて納品するよう依頼したのだ。こうすればジャニスは毎回チキンを完璧に調理できるはずだ。ところが納入業者はこの依頼を断った。「当社の作業負担が過大になる」と言って抵抗したからだ。

そこで同社はこの納入業者との取引を打ち切って、チキンを六個入り箱で積極的に納品してくれる別の納入会社に変えた。今ではだれもジャニスが数を数えられないことなど気にしていない。弱点が「問題なし」に変わったのだ。

互いに補い合えるパートナーを見つける

リーダーとは育てるものだといった考えから、毎年、何万人もの新米経営者がリーダーシップ研修コースに送り込まれ、研修では、模範的なリーダーに必要なさまざまな特質や能力を教え込まれる。同僚や部下からのフィードバックを受け取る。参加者個人が持っているリーダーシップのさまざまな長所短所を見せてくれるフィードバックだ。そして最後に、教科や意見交換がすべて終わったところで厳しい演習が始まる。やる気のある参加者はそれぞれに、自分の欠点を埋めるプランを練り上げるよう求められる。模範的リーダー、つまり無理なくいろいろなことがこなせるリーダーに、参加者自身が生まれ変われるようにするためだ。

この最後のステップは、すぐれたマネジャーに言わせれば、不運な過ちだ。リーダーは目的を達成するために必要な仕事はすべて理解しているべきだという考えには賛成だ。リーダーは鏡を見て、自分が同僚や直接の部下にどんな印象を与えているのか心得ておけという考えにも異論はない。しかしこの最後のステップ、つまり何でもできるようになるためのプランを練り上げるという方法は、彼らの見方からするとあまりにも無邪気すぎる。人前で話すのが不得意の人が研修クラスに参加したところで、その人はクラスが終わったときにも、やはり人前で話すのが不得意のままだ。本人が論争好きでない場合、対立を嫌がっていつも避けようとするだろう。もし実践的な力がなければ、自分のアイデアを実行に移す際にいつまでたっても苦労するだろう。研修では、ある種の具体的な才能が重要で、それがどのように有効かを教えてくれる。しかし、参加者がどんなに真剣になっていても、研修ではそれらを身につけることは難しい。

これは何も後ろ向きな話でも、意外な話でもない。アメリカ株式会社の歴史上最も高名なリーダーはいつもこれを頭に入れていた。成功を目指して苦労を重ねているときでも、何でもできるようになろうということだけは考えなかった。自分自身の欠点についてはよくわかっていたのだろうが、だれ一人としてその欠点を長所に生まれ変わらせる努力はしなかった。その努力がどれだけ意味のない時間の浪費であるか、よくわかっていたからだ。そこで別の方法を取った。つまりパートナー探しだ。

ウォルト・ディズニーはパートナーを身近にいる弟のロイに決めて、人探しの苦労をせずにすんだ。ウィリアム・ヒューレットは、スタンフォード大学の教授の好意でデイビッド・パッカードを見つけることができた。ビル・ゲイツとポール・アレンは運よくハイスクールのコンピュータークラブで知り合った。これらの並はずれた成功をおさめたリーダーのだれ一人、何でもできる人物は見あたらない。それぞれ自分のビジネスについて幅広い知識を持っていたが、才能という観点からすると、それぞれが一つか二つ自分の得意分野があり、それ以外のほとんどの分野にはたいした力があるわけではなかった。それぞれの協力関係はまさに効果的なものだった。一方が不得意な分野に、もう片方が得意だったからだ。二人の協力関係があるからこそ何でもできたのであって、一人が何でもできたわけではない。

独立独歩に見えるリーダーでさえも、自分を補ってくれるパートナーによってその活動のバランスを保とうとするのが普通だ。ディズニーでは、とんでもなく頭がよく、強欲なマイケル・アイズナーが、もっと実践的で現実的なフランク・ウェルズによって大いに助けられていた。エレクトリック・データ・システムズでは、激しい性格で霊感的ひらめきのあるロス・ペローの背後に、賢くて社長の手本のような男ミッチ・ハートが控えているということはすでに読者もご存じだろう。

これらのリーダーから得られる教訓はきわめて明確だ。仕事で成功するためには、自分であることをそのまま活かす方策を見つければよく、自分にはないものを補おうと努力しても意味はない。自分は不得意だが重要な分野がいくつかある場合は、その人の得意分野である山と、苦手分野である谷がぴったりかみ合うようなパートナーを見つけることだ。このパートナーが補ってくれるおかげで、思う存分自分本来の才能を磨き上げることができる。

この教訓は、実際にあらゆる職務や職業で応用が利く。与えられた仕事を完全にこなせる人が限られているからこそ、すぐれたマネジャーはある人の谷と、別の人の山をうまくかみ合わせる方法を絶えず考えているものなのだ。

ジャンのもとには、溢れるほどの才能に恵まれた調査員のディアンがいた。ディアンは、経費の立て替え伝票を期限内に提出できないようだった。ジャンは、毎回遅れることをディアンになじって時間を無駄にするようなことをせず、こう言った。「外から戻って来たら、必ず経費伝票を封筒に入れてラリーに渡すこと。ラリーに計算してもらうから」。ラリーはアシスタントではない。ディアンと同じ立場の調査員だ。けれどもラリーがその小さなチームのなかで一番几帳面な存在で、仲間の伝票まで引き受けていた。おかしな処理の仕方かもしれない。ラリーとディアンのあいだには信頼と尊敬の気持ちがどうしても必要だ。ところがジャンは、これが、ラリーの才能を活かしながら、同時にディアンを弱点から解放してやれる唯一の方法だと考えている。

ソフトウエアのセールスマネジャーをしているジェフは、誠実で意欲的、そして観念型の人物である反面、企画立案能力のきわめてお粗末な人間だ。「戦術を考えるのはずっと苦手だった」と言う。続けて「何もない海抜ゼロフィートが出発点で、直接、顔と顔を合わせて信頼関係を築くということならだれにも負けません。二万フィート上空から対象物のパターンを見つけ出し、シナリオを最後まで演じきるのも得意です。けれどもその中間の距離ではまったく悲惨なものです。しかし、そこはトニーが得意な分野です。ある状況を観察するとき、トニーは私とは違った質問をします。私が質問する『もしそうだとしたら』や『なぜ無理なのか』と違って、『いくつだ』『いつだ』あるいは『証明してみろ』と聞くのです。もし私が生半可なアイデアを持って役員会に出れば、間違いなく討ち死にですよ。しかしわれわれ二人で同じアイデアを練ると、うまくまとまってもっともらしくなり、役員会でも一度もやり込められたことはないのです。トニーに言っています。個人的には二人ともたいしたことないけれども、一緒にやるとわれわれは知恵が働くと」。

すぐれたマネジャーにインタビューすると、このような類の事例を爆弾のように浴びせかけてくる。しばらくこのような協力関係の話を聞いていると、それが協力関係の原型のように思えてくる。言うまでもなく創造力はあるが実行力のない思索派が最終的に組むパートナーは、世慣れた、ビジネス経験豊富な実務派だ。もちろん管理能力に欠けるセールス担当者がチームを組む相手は、「どんな細かなことも見逃さない」内野のマネジャーだ。そして生意気でお金のない野心家は、愛のムチを振るってくれる歴戦の勇士を探しだす。これは論理的な帰結だ。起こるべくして起こっている。

ところが、現実はこれとは違う。すぐれたマネジャーが説明してくれる協力関係は典型例ではない。論理的な帰結ではない。それぞれの協力関係は実際には例外的で、驚くほど稀な事例なのだ。つまり一人のマネジャーが既成のシステムを壊し、それぞれに特長のある不完全な人たちの力を最大限に活かせる方法を考え出した結果なのだ。すぐれたマネジャーはこういった類の協力関係をさらりと言ってのけるために、それを現実の世界で実現することの大変さを、うっかりすると簡単に見落としてしまうのだ。

協力関係はどのようにして妨げられるのか

健康的な協力関係は、あるきわめて重要な相互理解の上に成り立っている。つまりどちらのパートナーも完全ではないということだ。もしパートナーになろうとする人が自分の不完全さを認められないでいるなら、あるいは一生懸命にそれを直そうとしたり、また相手に協力を求めようとしないなら、生産的な協力関係を真面目に探していることにはならないだろう。この人たちはあまりにもありすぎる欠点を認めるのに臆病で、協力関係を持ちかけてくる人に疑いの目を向けてしまう。

奇妙なことに、ほとんどの企業はこういった類の態度を奨励している。職務規程は最も簡単な職務でも二〜三ページの分量である。担当者が完全ならば、仕事を分刻みでこなせるのは当然と考えて書いている。研修クラスと教育プランが狙っているのは、従業員がいつも苦労している仕事ぶりの改善だ。だれでも口にするのが「自分の技能の幅を広げる」ことの必要性である。

たぶん最もよく目にする「協力関係の妨げ」の例は、チームとチームワークに関する伝統的常識のなかにあるはずだ。伝統的常識のなかでチームについて最もよく引き合いに出される言葉は「チームに〝私〟はない」だ。その意味は、チームとは互いの協力と助け合いによって成立するものだということだろう。どうやら全体の方が一人ひとりの構成員よりも重要だということらしい。

表面的には、この言葉はきわめてまともな考えに思える。この感覚が出発点になって、さまざまな企業が、自己完結型のチームを作るために精力を注ぎ込んできた。そこではチームのメンバーが、積極的にチームのなかで違った職務を交替で分担している。経験した職務が多いほど、給料も上がる。

だれもがチームの目標とパフォーマンスを第一に考えていることになっている。個人の目標やパフォーマンスが最優先ではないのだ。

とはいえ、チームワークに関する伝統的常識の見方は誤解を招きやすく危険だ。成績優秀なチームは、その基礎に同志愛を置いており、しかもそのチームメンバーは皆一様にすべての職務がこなせるなどとは、すぐれたマネジャーは信じていない。反対に成績優秀なチームとは、個人一人ひとりが自分の一番得意な職務を心得ており、ほとんどの時間をその職務に割り当ててくれるチームのことだと考えている。

この考えの基本的な原理は、優秀なチームは「個人の優秀さ」をもとに成り立っているということだ。すなわちマネジャーが持つ第一の責任は、一人ひとりを間違いなくその人にふさわしい職務につけることだ。第二の責任は、各個人の強みと弱みのバランスを考えて、個人同士が互いに補い合えるようにすることだ。そして、そこで初めて「同志愛」や「チームスピリット」のような幅の広い課題に関心を向けるべきだろう。あるチームのメンバーがたまに自分の職務をはみ出して仲間を助けようとすることもあるかもしれないが、この種のピンチヒッター的な行為はすぐれたチームでは稀なケースであって、それがチームの本質ではない。

陸軍大佐のジムは、チームを作り上げることを次のように説明する。ただし陸軍とは、個人の優秀さよりも、柔軟性や同志愛を全面に出してもよい組織なのだ。

「最初に小隊を召集するとき、私は、一人ひとりにどんな任務に一番魅力を感じるか教えろと言います。狙撃だと言う者もいれば、無線だと答える者、爆弾だと言う者などさまざまです。小隊の全員にあたって自分でノートを取ります。そのあとで分隊を編成するとき、魅力を感じるという任務をそれぞれの人間に割り当てるようにします。完全な人員配置ができないことは言うまでもありません。そしてもちろんどの兵士に対しても、小隊にある任務をすべて学習しろとは指示しません。戦闘で兵士を失うこともありますから、兵士のだれかが失った兵士の穴を埋めなければなりません。けれどもまずは適切な兵士の配置から始める必要があります。もしここで間違うと、小隊は戦闘のなかで立ち往生することになるでしょう」。

伝統的常識は個人の特技をチームワークとは正反対のものとして考える。これに対し、すぐれたマネジャーはそれを基本的な原理ととらえている。

個人の位置づけがそれほど重要だとするなら、すぐれたチームの中心には「私」が存在しなければならない。強力で個性豊かな私が大量にあるはずだ。自分自身をよく知っているだけに自分に合った職務を選び、ほとんどの時間、気持ちよくその仕事をしている個人がいるはずだ。もしある個人が自分自身の強みと弱みをよく理解しないままチームに加わると、お粗末なパフォーマンスや、職務を代わりたいといういい加減な気持ちが原因でチーム全体の足を引っ張ることになる。自己認識ができている個人、つまり強力な私が、すぐれたチームの構成要素となるブロックを積み上げているのだ。

代わりの職務を見つける

何をしても効果のない人が一部にはいる。たとえば、考えられるすべての引き金を探る。練習させる。パートナーを見つける。ローロデックスを買う。スペルチェックを教える。そしてオフィスの壁をぶち抜く。しかしどれも効果がない。

こういった状況に置かれたら、残された選択肢はほとんどない。この部下には代わりの仕事を見つけてやるしかない。追い出さなければならない。好ましくない人間関係を直すには関係を断ち切る以外に方法のないこともある。同様に、お粗末なパフォーマンスを改善する方法はその本人を外す以外にないというときもある。

そうすべき時期かどうかをどのようにして判断すればよいだろうか。確実な判断はできないだろう。しかし最高のマネジャーは次のようにアドバイスする。

マネジャーは部下一人ひとりの弱点を何とかしてやらなければならない。しかしもし、特別な人が一人いるために、ほとんどの時間をその弱点の対処に使うはめになっているならば、そのときは自分が誤った配役をしてしまったことに気づくべきだ。この時点が、誤った配役をやり直すときであり、その本人の行動を改める努力をやめるときなのだ。

第6章

第四のカギ

部下の強みが活きる場所を探り当てる

猪突猛進型のキャリアパス
梯子を一段登れたからといって、もう一つ上の段も登れるとは限らない
あらゆる職務に英雄を作れ
三つの話と新しいキャリア
厳しい愛情を注ぐ技術

猪突猛進型のキャリアパス
——旧来型の出世街道の何がいけないのか

遅かれ早かれ、マネジャーはだれでも部下からこんな質問をされる。「私の将来の方向性をどのようにお考えになっていただいているのでしょうか」。従業員は成長を望んでいる。もっとお金を手にしたいし、高い地位につきたいとも思っている。自分の能力を持て余し、それを十分に活かす場が与えられていない、もっと責任を与えてよいだけの能力があるはずだ、などなど。その理由が何であれ、本人は上を目指そうとしており、そのマネジャーの後押しを期待している。

この疑問に何と答えればよいのだろうか。昇進させてやるのがよいのか。人事に相談しろと答えるべきか。自分にできるのは君のことを誉めることぐらいだと言うべきか。何が正しい答えなのだろうか。

実は「正しい」答えは一つもなく、反対に状況次第でどれもが正しい答えになる。けれどもこの質問に対する「正しい答え方」は存在する。それは一人ひとりが自分の適性を見つけられるようにマネジャーが力を貸すことだ。一人ひとりの部下に無理なくこなせることをどんどん要求するような職務を、一緒に協力して見つけ出せばよいのだ。その人にしかない強みの組み合わせ（技能、知識、そして才能）が、まさに必要な条件としてぴったり合うような職務を見つける努力をすることだ。

ある従業員にとっては、これがスーパーバイザーへ昇進することかもしれない。また別のケースでは、解雇だったり、現状の仕事にとどまってもっと成果を上げることだったり、あるいは以前の仕事に戻ることかもしれない。これらの答えはまさに千差万別だが、従業員にとっては納得ができない答えもあるだろう。とはいえすぐれたマネジャーは、どんなに薬が苦くても、自分の目標は変えない。部下の望みが何であろうと、マネジャーの責任は、その部下を一番成功するチャンスの大きい職務につけることだ。

これは紙の上では単純な話のようだが、想像すればわかるように、現実の世界では一筋縄ではいかない課題だ。その第一の理由は、現実の世界ではたいてい「私の将来の方向性をどのようにお考えになっていただいているのでしょうか」の質問に対する正しい答えは「上だ」という伝統的常識に納得してしまっているということだ。

伝統的常識によれば、キャリアはあらかじめ規定された道筋をたどることになっている。つまり、まず権限のほとんどない地位から始めて、いくらか専門的な知識や技術を身につけたところで、少しばかり権限のある、重要度もほんのわずかに上がった立場に昇進する。次のステップは、他人を監督する立場だ。そこですぐれたパフォーマンスを示し、幸運と、よい人脈に恵まれればどんどん昇進して、最後には一般の従業員が何をしているのかほとんどわからないような地位にまで上りつめることができる。

一九六九年、ローレンス・ピーターはその著書『ピーターの法則』のなかで、もしわれわれがこのキャリアパスに何の疑問もなく従ったら、一人ひとりをその力量にふさわしくないレベルにまで引き上げてしまう結果になると警告している。この警告は正しかった。現在でもやはりこれが現実だ。悪いことに、この年以降われわれは大きな変革を経験してこなかった。いまだにわれわれは、ある職務での優秀さに報いる一番の方法は本人をその職務から上に引き上げることだと考えている。依然として給与や特典、そして肩書きが、地位の足がかりになる梯子、つまり出世のステップだと考えている。梯子の上の段に登れば登るほど、給与が多ければ多いほど、特典が有利であればあるほど、肩書きが上であればあるほどよいことになっている。マネジャーから発信されるこれらのシグナルはどれも、部下に常に前を見ろ、上を目指せというメッセージだ。したがってわれわれのアドバイスはこうなってしまう。「今の位置に長くとどまるな、履歴書の印象が悪くなる。とにかく次のステップを目指してひたすら努力しろ。それが前に出る唯一の方法だ。尊敬を勝ち取る方法はこれ以外にない」。

本当に本人のためを思ってシグナルを出しているにもかかわらず、反対にあらゆる従業員をきわめて不安定な立場に追い込んでいる。尊敬を得るためには、上に登らなければならない。従業員はそう考えている。そして梯子を一段ずつ上がるたびに、会社は、梯子の足もとを次々と燃やしてしまう。来た道を戻ることは、仕事に失敗して非難されない限り不可能だ。だからひたすら自分の周りを見ることなく、一気に頂上を目指そうとする。上を目指すうちには、得意でない職務に就くこともある。そこで落とし穴にはまってしまう。つまり後戻りしたくなければ、上に登る能力もない状態になってしまい、梯子にしがみつく。そしてついには会社が本人を追い出すはめになるのだ。

高くなりすぎた梯子

マークは追い出された。解雇されて会社を追い出された。ペンシルバニア・アベニューにたたずんでホワイトハウスをじっと見つめながら、一体何が起こったのか頭のなかを整理しようとしていた。

ほんの二年前には、まだスーツケースを持って世界中を飛び歩くような生活をしていた。ヨーロッパのあるテレビ局の優秀な海外特派員として、ある週はザイールに入って独裁者の失脚を取材し、その次の週にはチェチニア（チェチェン共和国）で反乱軍の撤退を取材したりという仕事ぶりだった。マークはどんな訪問先でも、ベテラン記者として評価されていた。どういうわけか、行く先々ですべての怒りと混乱の本質を見極め、その狂気のなかから何らかの意味を引き出す能力に長けていた。軍隊が市場を砲撃したとき、あるいは狙撃者が出勤途中の市民に銃口を向けたとき、マークはその現場に現れて、なぜそんな事件が起こったのか、そしてその意味は何かを分析する。マークを支持する視聴者にとって、マークは冷静で信頼に足る存在だった。つまり視聴者は信頼を寄せていた。だからマークがエルサレムに派遣されたこと自体にはだれ一人驚かなかった。

海外特派員にとっての梯子の場合、その頂上はワシントンだ。最も地位が高く、報酬も一番で、とりわけ最も放送される時間が長いということが大切だ。だれもが望んでいる特派員の椅子だった。ただしワシントンがナンバーワンだとして、エルサレムは僅差の二位につけていた。ブリュッセルの欧州議会よりも興味深く、冷戦後のモスクワよりも重要な地であるエルサレムは、その地における紛争の動向が世界に影響を及ぼす限られた地域の一つだ。それは海外特派員が目指す夢の地だった。

エルサレムでマークはその才能に一層磨きをかけた。イスラエルは国土が狭く、どこで紛争が起きても現場からリアルタイムで報道することができた。イスラエル側は和平協定の最終案に抵抗しているのだろうか。マークは当事者のまっただ中に飛び込んで、群衆が巻き起こしている騒音のまっただ中からレポートを叫び続けた。パレスチナ人の若者はイスラエル軍に向かって道路の敷石を投げている。マークは道路の片隅でカメラの前に立ち、群衆の怒りの理由を簡潔にわかりやすく解説する。中東の灼熱の気候に自ら飛び込んだマークは、冷静な理性の声となっていた。

一年後、ヨーロッパのマネジャーは、マークに最も高い梯子を提示した。報酬と地位、そしてワシントン進出だ。マークは現在の仕事を続けたかったが、この申し出を断る理由は何もなかった。すべての記者が目指す至高の仕事だ。意気揚々と最後となった旅のスーツケースを開き、新任のワシントン支局長に上りつめた。そしてそこからあっという間に崩壊が始まった。

たまに起こる興味本位のスキャンダルを別にすると、ワシントンはそんなにいろいろなことが起こるところではない。少なくともマークの就任以前はそうだった。つまりある週には大統領の拒否権が発動され、次の週には議会の引き延ばし戦術があるという程度で、マークの放送局のあるヨーロッパではこうした動きを理解する人はあまりなく、まして関心のある人はほとんどいない。たいていの動きは無味乾燥、同じことの繰り返しで、どれも重要ではあるが面白くも何ともないのだ。ワシントン支局長の仕事は、政界の退屈な駆け引きのなかに英雄と悪玉を登場させ、その勝者を挑発し、敗者をたたくことだ。つまりスパイスを利かせて話を面白くすることだ。

マークにはこれができなかった。目の前で展開される人生のドラマに政治的な味付けをすることにかけては実に聡明だったが、政治の話題を人生のドラマ並みに面白おかしく味付けする手腕はまったくひどいものだった。迫撃砲で攻撃されたがれきのなかでは、まさに的確な報道をした。ところが一般教書が大ニュースになるような町では、何をすればよいのかわからなかったのだ。マークの報道には買い手がつかなかった。つまらない報道だった。本人は途方に暮れた。

お膝元のヨーロッパでは、視聴者がそっぽを向いた。ヨーロッパのマネジャーには、マークにとって何が問題なのかわからなかったが、異変が起こっていることだけはわかった。しばらくのあいだはマークをかばっていたし、それはマークの過去の実績からして当然だった。ただそれも限界となり、引導を渡すことを決めた。赴任から六カ月、エルサレムの英雄はワシントンで一敗地にまみれてしまった。そして解雇された。

マークの職務はかなり特殊に思えるかもしれないが、これと同じような運命はどこにでもころがっている。自分が成長してマネジャーを喜ばせたいとの思いから、梯子をひたすら登り続け、そしてある日、分不相応な梯子の頂上まで上りつめてしまった。悲しいことに、こんな話はいつも繰り返されている。

たとえば教師は、お金、地位、そして尊敬を手に入れるためには行政官にならなければならない。マネジャーはリーダーシップの地位につかなければならない。看護婦は看護婦のスーパーバイザーを目指す必要がある。熟練工は他の熟練工のマネジャーを目指さなければならない。そして報道記者は必死で支局長になるように努力する必要がある。ほとんどの企業で、このマークのたどった運命がわれわれ全員を待ち構えている。

ローレンス・ピーターの説は正しかった。従業員はほとんどの場合、実力以上のレベルにまで「相変わらず」昇進している。この現象は避けて通れない。企業の仕組みに組み込まれてしまっているからだ。

こんなはずではない

この仕組みは誤っている。それは三つの間違った仮定の上に成り立っているからだ。

第一の間違いは、梯子を一段一段上がれば上がるほど、これまで登ってきた梯子より少しずつ複雑になってくるということだ。この前提から引き出される結論は、もしある人が梯子のある位置で優秀さを発揮したとすると、ほんの少しトレーニングをするだけで、その人はもう一段上に登ったところでも同じように成功するはずだというサインになるのだ。ところが最高のマネジャーはこの考えを否定する。「梯子の次の一段が、必ずしも次の地位への足がかりになるとは限らない」ということがわかっているからだ。

第二の間違いは、昔ながらのキャリアパスは混乱を引き起こすと信じて疑わないことだ。梯子の高いところにあるわずかな部分に高い地位を限定することによって、従業員のだれもが（自分自身の実力がわかっている人でさえも）、さらに上の段を目指そうという気にさせられてしまっている。梯子の争奪戦が繰り返されるだけでなく、従業員の数よりも梯子の数の方が少ないために、その都度、勝者より敗者が多く生まれることになる。すぐれたマネジャーはこれよりもっとよいアイデアを考えている。なぜ本人の実力にふさわしい地位の数を増やして衝突を解消しようとしないのか。優秀さを発揮した人に対して、どの職務でも意味のある地位を与えることによって別のキャリアパスを作り出そうとしないのはなぜなのか。「なぜすべての職務で英雄を作ろうとしないのか」。

第三の、そして最も致命的な間違いは、豊富な経験を積むことで従業員はますます魅力的な人材になるという前提だ。この前提があるために、従業員は、売り物になる技能や経験を身につけることに没頭してしまう。これらの技能と経験を履歴書に誇らしげに記入し、本人は静かに待機するか、あるいは積極的にロビー活動をして、一つでも上の地位への出世を目指すのだ。このシナリオでは、従業員が昇進を頼む立場になっており、そのマネジャーが門番で、その従業員の大群を押し戻し、魅力的な人材を選別する。つまり技能と経験に最もすぐれた人間を昇進させようとする。しかし、すぐれたマネジャーは、このシナリオ全体がゆがんでいると解釈している。世のなかで通用する技能と経験を身につけさせようとしても、それが部下のキャリアを成長させる力にはならないと考えている。すぐれたマネジャーが思い描く成長の力はこれとは違ったものだ。すぐれたマネジャーは、「新しいキャリア」を考えている。

梯子を一段登れたからといって、もう一つ上の段も登れるとは限らない

――なぜ部下を実力以上に昇進させようとするのか

なぜわれわれは、今でも相変わらず、梯子のある段で成功した人はその上の段でも成功すると決めつけているのだろうか。われわれは過去から現在まで、訓練できるものと、そうでないものを混同し続けている、と言ってもまず間違いないだろう。技能と知識、そして才能のそれぞれを明確に区別しないで、こうしたわけのわかりにくい言葉を使った方が話がしやすかったからだ。「ジョンは優秀なセールス担当者だから、きっと優秀なマネジャーに成長するはずだ」あるいは「ジャンは堅実なマネジャーだから、われわれにはジャンにリーダーになるために必要な戦略的な考え方やビジョンを教え込む自信がある」。

すでに述べたように、どんな職種においても非凡さを発揮するには、それにふさわしい才能が必要だ。技能や知識とは違い、こうした才能を訓練する難しさは並大抵のものではない。われわれはこう考えている。この考えをよりどころにするなら、われわれは長期間のキャリアパスのいくつかを廃止してもよいはずだ。売り込みのための才能と管理をするための才能は互いに相容れないものではないが、現実には確かに異なるものだ。もしある一方で優秀でも、それがもう一方でも優秀かどうかについてたいした判断材料を与えてくれるわけではない。同じことが、管理する立場に必要な才能と経営

者としての立場に必要な才能との比較についてもあてはめられる。実際にはすべての職務について同じことが言える。第一印象では非常に似ているように見える職種であっても変わりはない。

たとえばここで、一般的な情報技術（ＩＴ）の場合のキャリアパスを考えてみよう。仮にＩＴ業界で仕事をするとなれば、まずコンピューター・プログラマー、つまりコードを書くエンジニアとしてキャリアをスタートさせ、そして次にシステムアナリスト、つまり統合化システムの設計者に進むというのが世のなか一般の傾向だ。プログラマーからシステムアナリスト、この二つが一般的なＩＴのキャリアパスにおける梯子の第一歩になる。この二つの職種が表面的にはよく似ていることから、これが合理的なキャリアの積み上げ方のように思われている。

ところが実際にはこれらの二つの職種はかなり異なっている。すぐれたプログラマーには、問題解決と呼ばれる考える才能がある。最高のプログラマーはパズルにはめ込む断片のすべてを一度に要求する。ひとたびそのすべての断片を頭に詰め込めば、彼らの特殊な才能はこれらの断片を一つ残らず完璧にまとめ上げる能力を見せつける。個人的な生活のなかで、この才能がよく使われるのは、クロスワードパズルや第3章に挙げたような頭の体操的難問だ。プロとして生活するなかで何千行というコードを書き、それらを最も効率的かつ効果的な動作にする順番にまとめ上げることができる。

システムアナリストの場合、この才能を備えていることが有利ではあっても、それが特にその職種で成功することと結びついているわけではない。これとは対照的に、システムアナリストにとって最も重要になっている考える才能を「公式化」の才能と呼んでいる。彼らが歓迎するのは「不完全なデータ」で頭を悩ませるような状況だ。肝心な情報が一部欠けている条件下でも、自分たちが大好きなことを完成させられる。というのは、とりあえず自分でシナリオを実行し、仮説を立て、自分たちの理論を検証する。この仕事では、この才能があるおかげで高度に複雑化したシステムを構築し、さらにシステムのバグをつぶすことができるのだ。あるシステムに小さな欠陥があるとすると、類似のシナリオを実行して、可能性のある解決策にまで追い込んでいき、何を変更する必要があるのか、その場所はどこで、その理由は何かを正確に割り出すまでこの作業を続けるのだ。

問題解決の才能と公式化の才能は互いに相容れないものではない。従業員に両方の才能の持ち主がいても一向にかまわない。けれども問題解決にすぐれていても、その人が「必ずしも」公式化について同様にすぐれていることにはならない。ただ単にそれが一般的なキャリアパスのご託宣だからという理由だけでプログラマーをシステムアナリストに昇進させるのであれば、それはまさに「出たとこ勝負」の人事というものだ。才能のあるシステムアナリストのチームを作るのと同じだけ、不適格者のチームを作ってしまう可能性がある。

人を昇進させる前に、その職種で非凡さを発揮するのに必要な才能を慎重に吟味すること。つまりうまく仕事をこなすために必要な努力する才能、考える才能、そして人づきあいの才能だ。その人と職種を詳しく検討したあとで、改めて昇進させるかどうかを判断すればよい。また、個人個人は非常に不可解な存在であるため、そこまでしてもなお、その人が苦しむような立場に昇進させることもある。つまり毎回寸分の狂いもなく完全な適材適所を実行できるマネジャーは一人もいないということだ。しかし少なくともゆっくり時間をかけて、その職種に人を割り当てなければならない要求度と、その候補者の才能を天秤にかけるべきだろう。

もしマークのマネジャーがこのことを真剣に考えてくれていたら、おそらくワシントンの仕事とマークとの相性がよくないことに気づいたはずだ。つまりワシントンの仕事に必要なのは、事件にスパイスを振りかけるのが大好きな記者であって、マークの傑出した才能はこれとは逆に事件を冷静に伝える能力だったのだ。

あらゆる職務に英雄を作れ
――尊敬の念の欠如をいかに解決するか

たとえ従業員と職務との相性を真剣に吟味しても、まだ一つ問題が残っている。「マネジャー」がどんな結論を出しても、部下はとにかく上に行きたいと考えるということだ。それは昇進を望んでいるからだ。会社が出すシグナルはどれも、地位は高い方がよいと言っている。今よりも高い給与、印象のよい肩書き、豊富なストックオプションの権利、長椅子とコーヒーテーブルのある居心地のよい専用オフィス、あるいはこれ以上のものすべてが、梯子をもう一段上がれる幸運な従業員を待っている。上に行きたいと考えるのは至極当然のことだ。

こういったまばゆいまでのネオンの輝きが破壊的な混乱のもとになる。これらは梯子のある段で発揮した非凡さのために別の梯子に飛び移り、そこで十人並みのレベルを維持しようという気を従業員に起こさせるだけでなく、同時に新たな障害をも生み出してしまう。つまり大量の従業員によって演じられる、数が次第に減ってゆく出世梯子の奪い合いだ。人心の混乱と落胆は避けようがない。従業員の前向きの意欲を別の方向に導き、より生産性の高まる立場を与える方策がどうしても必要になる。

こうした方策は存在する。あらゆる職務に英雄を作ればよい。つまりすべての職務について、そこで非凡な実績を上げている人を周りが尊敬できるような専門職にするのだ。多くの従業員は依然として世のなかの梯子を登ろうとしており、それは管理者やリーダーに要求される才能の持ち主にとっては正しい選択だ。ところが自分にとって有利なインセンティブさえあれば、そのエネルギーをいま現在の職務のなかで自分が成長することに集中させようと考え直す従業員が多くなるはずだ。すぐれたマネジャーが思い描いているのは、尊敬と名声を目指せる複数の道筋がある企業、最高の秘書が副社長の肩書きを持てる企業、最高の客室係が上司よりも倍の給料を取れる企業、非凡なパフォーマンスを見せた人はだれでも社内的に認められるような企業なのだ。

これが非現実的に聞こえる人のために、すぐれたマネジャーがこうした企業を作るときにすでに活用している二、三のテクニックを示しておくことにしよう。

達成のレベル

ある与えられた分野で頭角を現すのに必要な時間はどれくらいだろうか。能力開発プロジェクトと名づけられた研究で、ノースウェスタン大学のベンジャミン・ブルーム博士は、世界的な彫刻家や画家、チェスのチャンピオン、テニスプレーヤー、競泳選手、数学者、そして神経学者の仕事ぶりを詳しく調査した。その結果これらさまざまな職業では共通して、世界的レベルの力量に届くまでには一〇～一八年必要だということがわかった。博士はこれ以上に具体的な事実を摑んでいる。たとえば、ヴァン・クライバーン、チャイコフスキー、あるいはショパンのピアニストコンクールで優勝するには、初めてピアノのレッスンを受けてから一七・一四年かかる。このような数字はやや細かすぎるきらいはあるが、ブルーム博士の主張は総体としてよく理解できる。つまり確定的な時間の長さは人と職業に左右されるが、教師であっても、看護婦、セールス担当者、エンジニア、パイロット、ウェイターあるいは神経外科医であっても、世界一になるためにはやはり何年もかかるということだ。哲学者であると同時に近代医学のさきがけであったヒポクラテスが言うように、「人生は短し、されど学芸は長し」である。

企業がその職務のすべてにおいて世界水準のパフォーマンスの持ち主を生み出したければ、その従業員が本人の専門性の向上に専念できるような方策を講じなければならない。進歩レベルの段階を定義する。それもすべての職務について行うことは、このためのきわめて効果的な方法だろう。

弁護士はこのことに昔から気づいていた。若い弁護士はロースクールを卒業するとすぐに、自分の専門分野、たとえば会社法、刑法、税法などを選択し、弁護士事務所にその専門家として採用され、ジュニア・アソシエイトという立場になる。その後四、五年のうちにアソシエイトに昇進し、さらにシニア・アソシエイトとなる。シニア・アソシエイトになってもその専門分野における法律の仕事を続けるが、それは、その分野の熟達レベルが高くなるにすぎない。次の五年間で希望が叶えば、その法律事務所のある種経営者的な立場に昇進する。ここからジュニア・パートナーとなり、その上はパートナー、そしてシニア・パートナーへ昇進する。法律事務所のシニア・パートナーとなれば、人一倍の尊敬を受け、非常な高給を手にしながら、しかもジュニア・アソシエイト時代と同種の法律の仕事を継続していられる。仕事はそれまで以上に複雑になり、しかも自分にとって一番興味のある、そして報酬の大きな仕事を選ぶようになる。ここまできてそれまでと違っていることといえば、自分の選んだ分野で世界的な専門家になっているという事実だけだ。

法律事務所が最先端の組織形態だと考えられるようなことはほとんどないが、進歩レベルの段階を巧みに利用するという観点からは、ほとんどの企業のはるか先を行っている。弁護士はだれでももっと一般的なキャリアパス、つまり他の弁護士の管理をするという立場や、あるいは企業の法律顧問になるといった選択が自由にできるのだが、こういった達成レベルが存在することによって、弁護士にはまた別の、しかし同じように尊敬を受けられる成長へのキャリアパスを選択することもできるのだ。このパスは専門家になるチャンスと、達成の跡を確認できる簡単な方法を提供してくれる。

こういった達成レベルの段階ごとに力を認めているのは弁護士だけではない。医療の分野では、インターンから始まってシニアコンサルタントのレベルにまで上りつめるには最低でも一五年が必要だ。プロスポーツの世界では、そのプレーヤーの成長を、ルーキーからはい上がり、控え選手から先発メンバーとなり、最後にはオールスターの一員となることで評価できる。販売の世界での入門レベルは「一〇〇万ドル会議」で、これは駆け出しのセールス担当者にとって重要な第一歩だろう。販売の最高峰は「プレジデントクラブ」で、その入会資格は売上高一〇〇〇万ドル、そしてクライアントサービスの得点が満点であることだ。音楽の世界では、バイオリン奏者から指揮者に抜擢されるかどうかではなく、ジュニア第三バイオリニストからコンサートマスター、あるいは第一アソシエイトまで地位を上げていく過程で達成レベルが判断される。

事実、個人の非凡さを高く評価するところはどこでも、こうした達成レベルの評価段階が存在する。反対にもしこれが見あたらないなら、それは意識的にしろ偶然にしろ、その企業がその職務での優秀さを評価しないということを意味している。この考えが標準となって、企業ではほとんどの職務について優秀か否かを評価していない。

すでに述べたように、すぐれたマネジャーはこの考えに反対している。逆にパフォーマンスが優秀なレベルを示している職務はどれも貴重であり、またどの職務にも至高の領域があると信じている。したがってその職務がどれだけ退屈に思えても、それに専念している従業員には世界水準のパフォーマンスを目標にした進歩の過程が確認できる、意味のある評価基準を定義しようと、すぐれたマネジャーは必死に取り組んでいる。

・AT&Tは何百という企業に対してヘルプデスクのソリューションを提供している。AT&Tのマネジャーはクライアントの質問の複雑さ、難しさに合わせて各企業向けのヘルプデスクを構築することにした。レベル1が対象にしているのは簡単な質問だ。たとえば「コンピューターを動かすにはどうすればよいか」といった質問だ。レベル2が扱うのはもう少し難しい質問だ。レベル3はいわばパニックに陥ったような質問、たとえば「どうなっているのかわからない。会社のイントラネットを全部壊してしまったらしい」といった質問だ。これら三つのレベルはヘルプデスクの業務をこなす最も効率のよい方策であるばかりでなく（それぞれのレベルは処理のペースも違えば、かかってくる電話の数も違う）、成長した担当者一人ひとりがスーパーバイザーを目指すのではなく、優秀な技術者を目指せるような純粋なキャリアパスを提供している。
・フィリップス・ペトロリアムでは、マネジャーが部下から十分尊敬されるようなエンジニア向けのキャリアパスを設けている。もし与えられた業務でその部下が専門的実力を発揮できれば、このキャリアパス専用のレベルを順番に上がっていくことができる。上はディレクターレベルの地位まであり、ここになると同社で最上位のエンジニアとして認められる。
・一九八〇年代半ば、ギャラップはアライド・ブルワリーと協力してパブで働くバーテンダーのパフォーマンスを調査した。バーテンダーとしての優秀さを測る一つの物差しは、常連客の名前を記憶しているだけではなく、その好みのドリンクが何かといったことも忘れない能力だ。われわれはワンハンドレッドクラブという名称のプログラムを考え出した。一〇〇人の名前とその好みのドリンクを憶えていると証明できたバーテンダーにはだれでもバッジと賞金が与えられる。バーテンダーのレベルが上がって世界水準のファイブハンドレッドクラブになったら、もっとよい賞品と多額のボーナスが出ることになっていた。

アライド・ブルワリーと一緒にこのワンハンドレッドクラブを発足させた当時、まさかファイブハンドレッドクラブに手が届くバーテンダーが出てくるとは、同社のマネジャーのほとんどが思っていなかった。ところが一九九〇年、イングランド北部にあるパブに勤務しているジャニスが、スリーサウザンドクラブのメンバー第一号となってしまった。常連客三〇〇〇人の名前「そして」そのいつものドリンクを憶えていたのだ。この観点からすれば、ジャニスは世界最高のバーテンダーといえる。

つまりこういうことだ。ほとんどの場合、それが何であろうと、それを計測して賞を与えると、人はさらによい結果を出そうと努力するものなのだ。

ここに挙げたのは、マネジャーが世界水準のパフォーマンスに届くまでの一連のレベル設定をすることでその部下を成長させようとした実例のほんの一部だ。ここに挙げた達成レベルの重要性は、マネジャーにとって計り知れないほど大きい。「私の将来の方向性をどのようにお考えになっていただいているのでしょうか」というやっかいな質問を前にして、マネジャーは今度は、猪突猛進型キャリアパスに代わる具体的かつ尊敬される道筋を提供することができるのだ。

広帯域化

これらの達成レベルが従業員の進む方向を世界水準に向けさせることは間違いないだろう。しかし、あらゆる給与体系が、もっと上の地位を目指せという仕組みになっている限り、キャリアの進路を変えようとするマネジャーの努力はいつまでたっても報われないだろう。

われわれ一人ひとりがさまざまな意味でお金によって動かされているとはいうものの、現実にはお金に対して悪い印象を抱く人はほとんどいない。われわれのだれもが金の亡者ではないだろうが、反対に金を忌み嫌っているのもわれわれのなかのごく一部にすぎない。だから事実は単純だ。つまり昇給を約束する別のキャリアパスがあれば、簡単にそのパスの方向に部下の進路を変更させられるということだ。

この理想的な給与体系によって、企業はその従業員が現在の職務で発揮している専門的な貢献度と直接連動した報酬を与えることができる。つまり貢献度が高ければ高いほど、手にする給与が高くなるということだ。実際にはこの理想的体系は職務によって重要度が異なるため、内容が複雑になっている。総合的に判断すれば、パイロットの方が客室乗務員より重要だ。校長の方が教師より重要だ。レストランのマネジャーの方がウェイターより重要だ。どんな給与体系もこういった重要度の違いを考慮しなければならない。

しかしこの体系をまとめ上げる前に、どうしても考慮しなければならないねじれ現象が一つある。優秀な実績を上げている職務には、その上にあって平均的な実績にとどまっている職務よりも価値が高い場合があるということだ。たとえば、非凡な客室乗務員の方が平均的なパイロットよりもずっと価値があるだろう。聡明な教師の方が新米の校長より上だ。ウェイターのスーパースターの方がそのレストランにいる十人並みのマネジャーより価値がある。このねじれ現象をきちんと反映するところまで十分に練り上げて、完璧な給与体系にしておかなければならない。

簡潔で効果的にする、それを広帯域化と呼ぶ。それぞれの職務に対して広い帯域、つまり広い範囲のなかで給与を決める。その範囲内で下のレベルの最上位は、上のレベルの最下位よりも上にする。

たとえば、メリルリンチではファイナンシャルコンサルタントの給与の上限が年間五〇万ドルを超えている。これとは対照的に、支店長の給与の下限は年間一五万ドルだ。これはつまり、順風満帆のファイナンシャルコンサルタントが支店長の職務に移りたいという場合、給与の七〇％ダウンを覚悟しなければならないということだ。反面、新米の支店長にとってうれしいことは、マネジャーの給与の上限が何百万ドルにもなるということだ。つまり最初のうちは七〇％の給与カットを我慢しながら、人の使い方で非凡さを発揮できれば、最後には途方もない額の金銭的褒賞が待っていることになる。

ウォルト・ディズニーカンパニーもよく似た手法を取っている。同社が経営する高級レストランでサービス係として優秀な成績を上げれば、年収が六万ドルを超えることもある。ここでマネジャーのキャリアパスに移るという選択をすると、スタートの年収は二万五〇〇〇ドルだ。ここでも、マネジャーとしての非凡さを発揮し、スーパーバイザーの梯子を登っていけば、報酬の合計は六万ドルをはるかに上回る額になる。ただし最初は給与が半分になってしまう。

一般的な階層構造を維持している組織でさえ、こうした広帯域化の試みを始めている。マーティンは中西部のある州の警察署長で、巡査から巡査長（現場のスーパーバイザーの立場）、さらに警部（マーティンは二年前に警部補の職務を廃止した）、そして副署長への一般的なキャリアパスについて次のように語っている。「当時、自分の給料を上げるためには管理職になる、つまり巡査から巡査長に昇進する以外になかったのです。今では給与等級に重なり合う部分ができるよう作り直してあります。非凡な巡査なら給料を上げるために巡査長になる必要はありません。実際のところ、本署で最高の巡査は、警部より高給を取っていますよ」。

表面的には、広帯域化が混乱を作っているように見える。現場の従業員は、実際にマネジャーの二～三倍の給料を手にしているのだろうか。それでは世のなかが逆さまだ。しかしよく調べてみると広帯域化は理にかなっている。

第一に、給与の幅が「広い」ため、ある具体的な職務の平均的なパフォーマンスを評価する方法とは大きく異なったやり方で、その職務における世界水準のパフォーマンスを評価する道が開けている。達成レベルの場合と同じく、個人の非凡さが高く評価されるところには例外なく広帯域化現象が認められる。プロスポーツの世界では、ポジションに関係なく、スーパースターは同じポジションの平均的プレーヤーと比較して何倍もの報酬を稼いでいる。これは、俳優や音楽家、芸術家、歌手、そして作家の場合にもあてはまる。これらの職業では例外なく、給与幅の広さが自分の才能にさらに磨きをかけて世界水準に高めようとする動機づけになっている。この理屈をすべての職務に応用すればよいというのがすぐれたマネジャーの主張だ。

第二に、給与の幅に重なり合う部分があるため、広帯域化には猪突猛進型キャリアパスを抑制する効果がある。従業員に目を覚まさせて自問自答させる力がある。「なぜ自分は目の前の昇進をものにしようとしているのか。なぜ、こんなに必死になって梯子をはい上がろうとしているのだろうか」。

広帯域化が存在しない場所には、梯子の上の方が高給だということが頭から離れない限り、これらの疑問に対する答えは混乱してしまう。広帯域化が背景にあれば、従業員は職務の「内容」を検討し、その果たすべき責任に自分の実力が通用するか評価するだけで、自分なりの答えが出せるはずだ。少なくとも金銭面と同じだけの比重で自分の適性を考えながらキャリアを選択することができる。

一部の企業では広帯域化が限界まで達している。売上高二〇〇億ドルの医療機器製造企業ストライカーでは、セールス担当者の給与が下は四万ドルから、上は最高中の最高の業績達成者に与える二五万ドルまでの幅がある。このセールス担当者がマネジャーに昇進しようとすると、給与は六〇％ダウンする。新任早々の地域担当マネジャーのサラリーは、年間一〇万ドルを切ったあたりなのだ。面白いことにマネジャー向け給与の上限（報酬合計が約二〇万ドル）は、セールス担当者の上限を下回っている。同社で最高の地域担当マネジャーは、最高のセールス担当者並みには稼げないということになる。なぜストライカーはこんな仕組みにしているのだろうか。それこそあらゆる種類の理由が考えられる。たとえば、同社は最高のセールス担当者を非常に高く評価しているから。最高のセールス担当者をできるだけ長期にわたって顧客と密接な関係を維持するようにさせているから。あるいは従業員一人ひとりに、管理職の梯子を登ろうとする前に時間をかけてじっくりと考えさせようとしているからなど。その理由が何であれ、同社の給与体系はこれまでのところ非常にうまくいっている。最高のセールス担当者たちと最高のマネジャーたちに引っ張られて、ストライカーは最近の二〇年間販売高と利益の両方で年率二〇％の成長を続けている。

広帯域化はすぐれたマネジャー集団にとって不可欠な武器だ。つまりすべての職務は、そこで非凡な実力が発揮される場合、その価値を認めるという確約がどれほど重要かを示している。ストライカーの例はやや極端だとしても、これだけは頭に入れておくべきだ。すぐれたマネジャーとのインタビューを通してわれわれが目のあたりにしたのは、マネジャーは承知の上で、それまでの実績以上稼ぐようになるのは時間の問題といった従業員を採用しようとしている。そうした一貫して変わらない積極的な姿勢がある。

創造的反乱活動

すぐれたマネジャーは、自分の味方がいない世界で生き延びなければならない。ほとんどの企業では、その企業内にあるすべての職務に、その仕事の優秀さに価値を認めているわけではない。従業員に対して別のキャリアパスを用意しているわけでもない。そのマネジャーに対しても達成レベルの段階的評価や広帯域化した給与体系を作り上げるだけの余裕を与えてはいない。もしこのようながんじがらめの世界で生きているとすれば、一体何ができるというのだろうか。

これに対するブライアンのアドバイスはこうだ。「反乱を起こせ、静かに、そして頭を使って」。ブライアンは大手メディア企業でアーティストの集団を率いている。この企業では三〇以上もある給与の等級を組み込んだ複雑な階層構造を作ることにしていた。それぞれの等級ごとに手当や特典が細かく決められていた。この精巧な構造を支える規則には、人を管理する立場にいなければディレクターレベルには昇進できないとある。さらに、ディレクター以外はストックオプションといった特典を受けたり、出張の際、飛行機でファーストクラスに乗ることができないという規則になっていた。

「まったくのがんじがらめ状態でしたよ」とブライアンは言う。「一番すぐれたグラフィックアーティストの何人かに、自分たちがどれほど重要な存在かわかってもらおうと考えたのですが、規則は規則。マネジャーの立場に昇進させなければ、彼らにディレクターと同等の地位を与えて報いることができなかったのです。けれども私は連中をマネジャーには昇進させたくなかった。アーティストたちにはその才能がないからです。その代わり一人ひとりに対して、ジュニア・グラフィックアーティストの指導をしてくれるように頼みました。管理するのではなく、自分の専門的技量を伝えてくれればそれでよかったのです。そうしてから人事に行ってこう言いました。後進を指導することはマネジャーの仕事と同等だから、彼らはディレクターレベルに昇進する権利があるはずだ。人事はああだこうだともっともらしいことを言いましたが、結局は私の言ったとおりになりましたよ」。

ガースも同じような話をしてくれた。ガースはある航空技術関係の会社で応用技術部門を任されている。その製造施設では何百人という技術の専門家を使っている。

「私のところにいた最高のエンジニアはマイケルという男です。ここの組織構造は相当融通が利かないので、マイケルに褒賞を与えようとするときには、どうしても梯子の高いところに引き上げなければなりませんでした。一〇年間昇進を重ねたマイケルは、自分の好きなエンジニアリングの仕事からだんだん遠ざかってしまい、人を管理する仕事が増えたことに気づいていました。率直に言ってマイケルは管理が大の苦手だったのです。そこで私とマイケルは、マスターエンジニアというポジションを新しく作ることにしました。マイケルはいろいろなところに興味を示す天才で、一番難しいプロジェクトばかりに首を突っ込んでいましたね。どんなチームが抱えている、どんなエンジニアリングの問題であろうとすべて解決できる最高の頭脳の持ち主でした。『その上』マネジャーとしてのあらゆる種類の責任からもまったく解放されていました。私はマイケルの仕事は副社長レベルだと宣言し、人事からOKをもらった上で昇進させました。私はいつ部下を幸せにしたのか思い出せません」。

テキサスが本拠地の石油化学会社でエグゼクティブを務めるローラもこれとよく似た状況に直面したが、その解決方法は少し違っている。

「私のところには、成長したいと考えている人やその能力を認めるにふさわしい人がたくさんいます。けれども目下、会社の業績が伸び悩んでいるため、新しいポジションを増やせる状況ではないのです。そこで私は最も優秀な人たちを選んで、その人たちに特別プロジェクトを任せるようにしているのです。このプロジェクトはそのときどきの必要性に応じて運営します。具体的な目的とそれに合わせた具体的な日程を組み、その目的が達成されたら、そこでプロジェクトは解散です。私の場合、こうした特別プロジェクトは本当にうまくいっています。プロジェクトに取り組むことによって、才能のある部下に成長するチャンスが生まれ、同時に私にとっても部下一人ひとりの非凡な才能を理解するチャンスができるからです。私は会社の人事部門から許可をもらっていますから、業績を上げたチームのメンバーに褒賞を与えられます。その褒賞は、ウィークエンドをダラスで過ごし、ダラス・カウボーイズ（訳者注：アメリカのプロフットボールチームの一つ）のゲームを観戦するというものです。この程度の褒賞など、どうということはないと思えるかもしれませんが、われわれのような古い伝統的な石油化学会社にとってはまったく新しい考え方なのです」。

ここに挙げたマネジャー一人ひとりは、それぞれ独自のやり方によって、成長と地位の「両方」を目指せる本線以外のキャリアパスを工夫している。融通の利かない世界で巧みに立ち回り、非凡なパフォーマンスを示す従業員に対して革新的な方法によって褒賞を与えている。その褒賞は、必ずしも昇進と結びつけてはいない。マネジャーの一人ひとりが、あらゆる職務において英雄を生み出そうとしているのだ。

三つの話と新しいキャリア
――新しいキャリアに向かわせる力とは何か

今日の産業界における先行き不透明な状況が、経営者と従業員との関係に変化をもたらしていることに疑いの余地はない。経営者は機敏に動くことの必要性を現実のものとして自覚しており、もはや終身雇用の保証などできる状態ではない。積極的に推進しているのは、終身まで働ける能力を従業員に身につけさせることだけだ。「われわれが提供するのは、万が一われわれが人件費の削減を余儀なくされたときでも、他の企業が魅力を感じるような従業員になるよう、世のなかで通用する経験を身につけてもらうことだ」。これは二〇年前から始まっている変化だ。けれどもすぐれたマネジャーは、これは表面的な変化にすぎないと主張する。実質的にはほとんど変化をしていない。キャリアに関する伝統的常識の核心部分にはまったく変化がなく、間違ったままなのだ。

伝統的常識の前提によれば、キャリアを目指すエネルギーは、従業員自身の自己啓発に対する意欲や世のなかで通用する経験を得ようとする意欲から生まれると考えられている。同じ職務に長期間へばりついているべきではない。それよりも二年ごとに新しい職務に乗り換え、何年か後には自分の履歴書がさまざまな経験で立派に輝くように努力することだ。終身雇用という状況のもとでは、最も立派な履歴書を持っている従業員こそ、社内の梯子を上まで登れる可能性が最も高い。終身まで働ける能力を持つという観点から、魅力的な履歴書を持っている従業員は外部から引き抜かれ、新しい企業に転職してしまう可能性が一番高い。企業の活動拠点はさまざまだが、考え方は同じだ。つまりいろいろな経験を積むことによって人は魅力的になるということだ。したがって伝統的常識によると、キャリアとは、従業員にとって興味深く、かつ世のなかで通用するような経験をひたすら追い求める行為だという理解が最も適当だといえる。

すぐれたマネジャーはこの考えに賛成しない。さまざまな経験を身につけることは重要だが、それは健全なキャリアの本質ではない。キャリアの周りを飾るアクセサリーではあっても、キャリアを目指す本当の原動力ではない。健全なキャリアを目指すエネルギーの源泉は、別のところで生み出されていると主張している。すぐれたマネジャーの話を最後まで聞けば、真の源泉がどこにあるのか、その手がかりが得られるはずだ。それは、とにかくまず行動を起こしてから鏡を見て、そして自分自身のなかに何かを発見した人たちの話だ。こうした人たちのなかには、自分から進んで鏡を見る人もいれば、何とかなだめすかしながら、自分をはっきりと理解するまで鏡に向かわせてやらなければならない人もいる。そこでの発見には、今の自分のコースを維持すべきだという話もあれば、これから述べるように、方向転換しろという結論もある。しかしこれらの話の細かな内容がどんなものであっても、基本的には同じことを言っている。

すぐれたマネジャーが繰り返し述べた話から、「自己発見こそ、健全なキャリアを目指すよりどころとなる原動力だ」ということがわかる。健全なキャリアを目指すエネルギーは、自分の持っている才能を発見することから生み出されるもので、世のなかで通用する経験を一生懸命積み上げることから生み出されるものではない。自己発見の道のりは長く、決して最後まで達成されることはない。それどころか、個人が自分の才能と、自分にない才能を一から十まで理解しようとする、こういった努力そのものが、キャリアを目指すエネルギーの源泉として役に立っているのだ。すぐれたマネジャーはこう理解している。

話その1「ドクターノー」のストーリー

ジョージは大手不動産開発会社の開発担当副社長を務めている。プロジェクトマネジャーの職務を登りつめてきた。今はそのキャリアの半ばで、ハワード・P・ジョージという、創造的なビジネスをリスクを恐れず積極的に進める経営者の次の地位についたが、それが自分にまさにぴったりの職務だった。ハワードはとにかく複雑で金のかかる計画を夢に描く人物だったが、ジョージがその計画を狂わしかねない障害や落とし穴を一つ残らず探りだしていたのだ。ジョージはこれをハワードの「お化けのパレード」と呼んでいた。そしてだれもがジョージのことを「ドクターノー」と呼んでいた。

ドクターノーは立派な人として尊敬されていた。公平で、勇気があり、そして細かいところによく目が行き届いている。どんな計画もドクターノーの厳しい分析にかかることによって足腰が強くなると会社全体が信じていた。貴重な経営者だった。

あるときハワードが会社を去り、ドクターノーが後継者としてその地位についたが、あっという間に仲間から称賛の気持ちは消えうせてしまった。つまりこういう話だ。ドクターノーの特殊な才能は全体から部分を切り出すことだった。この才能があるからこそ、ハワードの無茶苦茶なアイデアを検討して、実行可能なプロジェクトに細分化し、それぞれのコストと利益、リスクを分析できた。ところがこの才能は、料理する材料がなければ、あるいは途方もない規模のとんでもないアイデアを夢見る夢想家がいなければ、何の役にも立たなかった。その夢想家が会社からいなくなった。

会社のなかにはドクターノーにエベレストのような大きなアイデアを提出する人も現れたが、ドクターノーは即座にそれを適当な大きさの丘に切り分けて小さなプロジェクト、リスクの低い計画にしていた。このように分解されるとそのアイデアからは強烈なインパクトのある魅力が消えてしまう。そうなると取り組む価値がなくなってしまう。就任最初の年の半ばには、ドクターノーはどんなプロジェクトにも一つ残らず赤信号を出していた。

ドクターノーは自分が何をしているのかよくわかっていたが、どうすることもできなかった。リスクの規模や無数の不確定要素を自分がまったくコントロールできないと考えると、首が締めつけられるように苦しくなるのだ。プロジェクトの細かなことに積極的に首を突っ込めば、突っ込むほど、首が強烈に締めつけられてほとんど息ができなくなる。そんなことがあらゆる場合に起こり、しかも症状はだんだんひどくなっていた。今では仕事をすると体に痛みを感じ、パニックに襲われる。

このようにパニックを感じることによって、かえってものごとがはっきりと見えてくることがある。年月がたつにつれ、ドクターノーはすでに周りのだれもが認識していることに気づくようになった。つまり、自分ではものごとを「決して」前へ進めようとしないことだ。夢想家のパートナーとしてあれだけうまく力を発揮した才能が、今度はどこまでいっても組織を窒息させる役割に変わってしまった。自分の実力だけが頼りの状態に放り出され、大きなアイデアをいつもつぶしていたのだ。

ドクターノーは自らその地位を退いた。独立のコンサルタントとして再出発し、小さなアイデアをいくつも生み出し、設計し、そして実行することで報酬を得るようにした。今ではずっと楽に息が吸えるようになっている。

話その2　心地よいマッサージの話

メアリーの指が強くてたくましいことは一見してわかる。腕も同じだ。ベッドに横たわり、そばに立つメアリーを見上げると、その肩幅は実に広く、壁から壁までありそうな迫力に圧倒される。たくましい手を首の後ろに回してその髪をたくし上げるとき、メアリーの肘が驚くほど丸くなっているのが目に入るはずだ。マッサージのとき、メアリーがその肘に体重を乗せてくると、その丸い肘の直径が六インチ（約一五センチ）もあるように感じられる。それは心地よい感覚だ。

メアリーはマッサージ療法士で、人に触れるために生まれてきた。「他人の体を見ると触りたくなるんです。横たわった人を前にすると、その人の肌が透けて見えるような気がします。肩胛骨の周りを取り巻いている筋肉、背中の筋肉、そして足の筋肉の筋が見えてくるのです。どの筋肉が張っているか、結節になって萎縮してしまっている筋肉はどこかがわかります。神経も見えると言ってもよいでしょう。ある人にとっては筋肉をゆっくりとマッサージして血液の循環をよくするのがよいと感じることもあれば、また人によっては指圧の方が向いているだろうという場合もあります。指圧とは、体のつぼを押して、神経を刺激し、神経系全体を活性化させるテクニックです。患者さんはまさに十人十色です」。

マッサージのトレーニングを終えてから三年後、メアリーは自分が働いているアリゾナの会員制保養施設で最も人気のある療法士になっていた。評判は広まった。筋肉をたたいたり、ほぐしたりして、気分を爽快にしてくれ、しかも痛みを感じない、そんなマッサージを受けたければ、メアリーの予約をとるべきだ。

まもなくメアリーの雇い主は、その保養施設にいるマッサージ療法士全員のマネジャーにメアリーを昇進させることにした。この昇進によって、高い給与、身分保障、有利な手当が与えられ、その上本人自身の予約は減らされた。そしてメアリーは悲惨な状態に陥った。

「人との親密な触れ合いがなくなりました。マッサージ療法士として部屋で患者さんを静かに治療しながら、肌をよく観察し、痛みのあるところを感じ取ってその痛みを和らげるのが私の仕事です。患者さん一人ひとりに愛情を感じるようになります。仕事としての愛情です。マッサージでストレスが和らいだ人から感謝されるのは気持ちのよいものです。マッサージの直後、本当にその直後には、患者さんの様子がまったく変わっています。肌はつややかだし、目は輝いています。その状態はずっと続くと思います。そんな仕事ができるのは本当に気持ちのよいものですし、それは患者さんも同じだと思います」。

メアリーはこの気持ちを取り戻したいと考えた。そこでこの施設での仕事を辞めて、ロサンゼルスに引っ越し、自分で治療を始めた。予約表は再び一杯になり、もう一度メアリーは毎日欠かさず人に触れることができるようになった。

話その3　マンディーのデザイナーストーリー

われわれは本書の第5章で紹介したマンディーに会った。ロゴを始めとするイメージをデザインして、製品ブランドの統一性を演出している部署のマネジャーだ。会ったときの話はこうだ。

「私はこの女性、ジャネットのデザインコンサルタントとしての仕事を引き取りました。デザインコンサルタントとしての責任は二つあります。一つ目は、クライアントを相手にやりとりをして、相手が何を求めているのかを探りだすこと。そして二つ目は、デザイナーに仕事をしてもらい、クライアントの要求に応えさせることです。ジャネットは非常に向上心が強く、才能豊かな人でしたが、この二つの役目のどちらもうまくこなせてはいませんでした。成績が悪いわけではないのですが、スターでもありません。ところが本人はスターになりたいといった種類の女性でした」。

「ジャネットには、私が本人のことを十人並みだと思っていることがすぐにわかったようです。そこで極端な行動に出てきました。私に面と向かっては言いませんでしたが、同じ会社で働いているジャネットの親友によると、自分を解雇して欲しい、そうすれば失業保険の給付が受けられると言っていたそうです。まともに話をしに来ないのにはうんざりさせられますが、自分を解雇するように立ち回るのを許すようなことは断じてありません。ジャネット自身がもっと自分の気持ちや自分がしたいと考えていることに正直になって欲しかった。それを理解してくれていれば、最終的にはその正直さに対して褒賞を与えるつもりでした」。

「だから私は最後の瞬間までジャネットを待ちました。四カ月以上たってから、やっと話し合いを始めました。私たちはジャネットのパフォーマンスや強み弱み、嗜好といった類について討議し、私は、ジャネットの成績が悪いのはジャネット自身のせいではない、だから二人で協力して解決策を考えようと持ちかけました」。

「こんな話し合いを続けていたある日のこと、ジャネットは学校に戻ってデザイナーになるべきではないか、と私はふと思いついたのです。ジャネットはビジネスに非常に興味があり、創造力が豊かで、自分で仕事をしたいという強い思いを抱いていました。しばらく判断がつきかねていたようですが、私のこのアイデアにのってくれました。ニューヨーク大学に入学して学位を取り、今では大手の広告代理店でデザイナーをしています。非常にうまくいっています」。

「ジャネットは悪い女性ではありませんでした。間違ったキャリアを選択してしまっただけのことです。本人は間違ったことを自分から認めたくなかったのです。だから私が力になりました」。

エネルギーの源泉となる自己発見をすることで、すぐれたマネジャーはこういった健全なキャリアについての絵を示している。大学での専攻、家族、あるいは必要性、いろいろな理由から従業員は初めて職務を決め、そこで競争に飛び込むことになる。最初の職務では自分に自信が持てない状態になっている。能力に自信がなく、自分の才能と自分にない才能もはっきりとわかっていない。ある程度のパフォーマンスを発揮すると、その次には別の職務に変わる、あるいは単にその職務のなかで上の立場になるかもしれない。どちらにしてもこの段階までくると、鏡を眺めて自分自身に問いかけるのは本人自身の責任だ。「自分はこの職務に意欲を燃やしているか。この職務を早く身につけようとしていたか。この職務をきちんとこなしているか。この職務によって自分の強みが伸ばされているか。満足が得られているか」。この職務が自分の才能を十分に活かしているかどうか考える糸口を探ることは本人の責任だ。

たとえば、販売からスタートして、ある時期にマーケティングに変わる場合がある。そのとき自分は、所属が変わり、顧客から離れてもよいと考えるのだろうか。マーケティング独特の定型的な仕事や考え方をこなすのが気に入っているのか、それとも顧客との直接のやりとりや、自分以外にはできないセールス手法を応用できなくなることを残念に思っていないだろうか。たとえば、客室乗務員からスタートして訓練部門に移った場合、自分は新入りの客室乗務員の教育に熱心か、あるいは疲れて神経がいらだっている乗客を何とか工夫して上手に扱うという難しい仕事を続けたいのか。

鏡を見つめていればその答えがわかってくる。登っていく階段の一つひとつが、さらに自分の才能と自分にない才能を発見するチャンスそのものなのだ。このときの発見が、次の段階、さらにまた次の段階へとつながっていく。個人のキャリアとは、もはや世のなかで通用する経験や、一目散に昇進することを盲目的に求めることではない。それは目の前の職務に対して自分の意識を絞り込んでいく過程のなかで次第に磨きがかかってくる選択の積み重ねなのだ。その職務で、本人の強み、つまり技能、知識、そして才能がまとまり、相乗的に大きな力を発揮するのだ。

ほとんどの人たちにはわかっているだろうが、本質的なところでは、自己発見は健全なキャリアを構築するために重要なものだ。ただし世のなか一般との違いが生まれる原因は、すぐれたマネジャーが自己発見を活かそうとする方法にある。

第一に、すぐれたマネジャーは自己発見に中核的な役割を与えている。部下一人ひとりにこれを目標としてはっきりと要求する。

マイクは宅配会社のマネジャーで、自己発見を理論的概念から、わかりやすい要求に変える自分なりの現実に即した方法を教えてくれた。

「チームに新人が入ってきたとき、私はこんなふうに言います。一致協力して働くときのわれわれの主な目標は、新人が自分自身が何者かわかるようにすることです。鏡で自分を見つめるようにしろ。

そしてその見方がわからないときには、『日曜夜の憂うつテスト』を勧めることにしています。つまり日曜日の夜、落ち込んだ気分を少しも感じなければ、あるいはその週の仕事が楽しみだと思うのであれば、そこで立ち止まって、自分に『なぜだ』と問いかけろと言います。なぜそんなに仕事が好きなのか。その答えが何であっても、それをメモに残し、次に新しい職務を選択しようとするときに必ず思い出すようにしておくべきなのです」。

「もし日曜日の憂うつを週末ごとに感じるのが現実なら、それは必ずしも本人のせいではありません。本人に何かいけないことがあるわけでもない。けれども同じことを自問する必要はあります。『それはなぜだろう』と。自分ではしたいのに、今の職務では実現できないこととは何か。そこでもう一度、他の働き口を探しながら、自分なりの答えを考えた方がよいのです」。

マイクのようなマネジャーは、さまざまな経験を積むというアイデアそのものが悪いと言っているわけではない。単にそれでは効率がよくないと言いたいだけだ。従業員というものは、技能と経験を身につけるためにキャリアを積みながらも、その一方で鏡を見ていないと、自分に合った職務が何かわからなくなるものだ。こういったキャリアの積み上げ方は、ビタミン剤やダイエット用の錠剤をどんどん口に放り込みながら、運動もしないで、うまく健康的な体づくりをしようとするのと何ら変わらない。

第二に、これらの模範的なマネジャーの主張は、自己発見の本来の目的は、自分に欠けている才能を修復することではないということだ。多くの人事部門が遠回しに言うように「足りない才能を見つけて、足りない技能を埋める」ことではない。「足りないものを植えつけることはできない。できるのはそのなかにあるものを引き出すことだけだ」という考えによれば、自己発見の核心は、自分自身を理解して、自分自身を活かすことだ。核心は自分のキャリアをコントロールし、さらに多くの情報を集めた上での決断であり、段階を追って自分の才能にぴったりと合う職務を選択することだ。

マネジャーと新しいキャリア

マネジャーはどのようにして部下の力になればよいのだろうか。新しいキャリアに昇進すると、本人はその立場でのすべての責任を負うスターになる。自分のキャリアをコントロールするのは、その本人の責任だ。鏡を見て、自分が発見したことをよりどころにしてキャリアを選択するのも、その本人の責任だ。けれどもマネジャーの役割はどうなるのか。もう門番ではない。最も魅力的で最高の技能の持ち主で、しかも最も経験豊富な人を入社希望者のなかから選び出すような門番ではない。ではどんな役割なのか。

次のように言うことはできるだろう。従業員はスターだが、企業が終身雇用を保証できないため、マネジャーが果たす役割の重要性は低下してきている。部下の現在のパフォーマンスには関心を払うべきだが、部下が明日どちらに向かっているのかを心配する必要はない。部下は自分でそれを判断すべきだ。さらにマネジャーが部下に資金と努力を傾注しすぎると、すぐに期待を裏切られ、落胆することになるだろう。今日のような変化のスピードのもとでは、自分が一生懸命育てた人を解雇する結果になることも当然あるだろう。

最高のマネジャーはこの考えを否定する。彼らはこの新しいキャリアで何らかの重要な役割を果たせると考えている。「競技場の土をならす」ことができる。「鏡を持つ」役回りを演じることもできる。

そして部下がうまくいかないときのために「転落防止ネットを準備する」ことも可能なのだ。

すぐれたマネジャーは競技場の土をならす

だからこそ、新しい英雄を生み出し、達成レベルの段階を設定し、広帯域化した給与体系を構築することが、どれも非常に重要だといえる。これらの手法を取り入れることによって組織のどこにいても報酬と地位の保証される環境が生み出される。豊富にあるさまざまなパスを通過することで報酬や地位を得られることが従業員にはわかっているため、この二つを自分たちの進路決定の要因から外しはじめている。自分の才能と自分にない才能に対する現在の理解に基づいて、進むべきパスを自分の意志で自由に選択できる。それでも選択を間違えるときもあるが、自分の優秀さを発揮できる職務を目指すだけでなく、将来にわたって満足できる職務や長い年月にわたって取り組める職務に専念する可能性の方がはるかに大きいはずだ。

こうした平らになった競技場にいると、とても聞けるとは思っていなかった会話が聞こえてくる。たとえばそれはコンピューターソフトのセールスマネジャー、ジェフとその上司との会話だ。

「今の仕事は気に入っていますよ。会社で最高の成績のはずです。この仕事で大きな利益を稼ぎ出しています。人生のなかで私が今まで考えていた以上の影響力があるんです。だから私はボスにこう言いました。『私がこれ以上昇進させられないことに責任を持つ、というのがボスの役割です。もしボスにそれができるのであれば、私は一生ボスのために仕事をしますよ』」。

すぐれたマネジャーは鏡を掲げる

すぐれたマネジャーは「鏡を掲げる」のが実に巧みだ。それは、部下へのパフォーマンスのフィードバックに長けているということだ。これと混同してはならないのは、一年に一度やってくるパフォーマンス評価という気の重い仕事、つまり迷宮のような書式の記入や改善策、あるいは空虚で何の根拠もない今月の優秀社員といったフィードバックの仕事だ。ところがすぐれたマネジャーからのフィードバックはまったく違う。

石油化学会社のエグゼクティブ、ローラが同社の従業員に示しているのがこの種のフィードバックだ。ローラはエクセルと名づけられたプログラムを説明してくれた。これは、直接の部下二二人の一人ひとりと四半期ごとにミーティングをするというプログラムだった。「これらのミーティングで、ざっとその四半期の検証をします。それに引き続いて前向きの話、つまり次の四半期の話題に移ります。各自がどんな計画を立てているのか、その目標は何か、そしてわれわれがそれを評価する基準をどうするかといったことです。部下一人ひとりと、彼らが楽しみながらこなしている仕事について話し合い、そしてどうすればものごとをうまく組み上げて、より大きな成果を上げられるかを相談します」。

警察署長のマーティンは、ここまでものごとを整えてはいないが同じような話し合いをしている。「私の直接の部下は一六人で、これらの部下と個別に毎週二〇分間ずつ話し合うようにしています。話題は部下のパフォーマンスや取り組んでいるプロジェクト、あるいはどのようにすれば部下が成長できるのか、またそのために私は何をすればよいのかといったことです。このような話し合いはいつでもしています。私は部下の一人と一緒に先月あるコンベンションに参加しました。コンベンションでの具体的な成果は何もありませんでした。けれども、飛行機のなか、レンタカーのなか、あるいは夕食を取りながら、またホテルのロビーなどでは大いに収穫がありました」。

ジェフは部下のセールス担当者に対して、四半期に一度か二度、セールスで一緒に出張する予定を組む以外何もしていない。「白馬の騎士の役をしないようにしています。つまり、いきなり乗り込んであらゆる問題を一気に片づけるようなことはしません。その代わり一緒に出張に出て、連中のしたいことをよく聞いたり、クライアントと話をしている様子を見たりしています。現場での仕事ぶりを細かく観察したいと考えているからです。出張から戻ると、私の観察した結果を部下に伝えるんですよ。そこで今後の計画と目標について一緒に相談しながら、それを達成するためのベストな方法を考えることにしています。私の役目は、部下が自分自身のスタイルをいつもわかっているようにすること、そしてそのスタイルを前提に、部下自身ができることをいつも現実的に考えるように仕向けることです」。

他のマネジャーのなかには、三六〇度フィードバックの手法や心理分析、従業員意識調査、あるいは顧客の意見カードを利用している人もいる。そのスタイルがどんなものであっても、そのために使うツールがどんなものであっても、皆同じことをしようとしているのだ。つまり鏡を掲げることによって、部下に自分とはどんな人間なのか、自分はどんな仕事ぶりなのか、世のなかにどんな足跡を残しているのかといったことを少しでも理解できるようなチャンスを与えているわけだ。

マネジャー一人ひとりにはそれぞれ独自のフィードバックの方法があるにはあるが、ギャラップが実施したすぐれたマネジャーの調査によって、その方法には三種類の共通した特徴があることが明確になった。

第一に、彼らのフィードバックは繰り返し着実に実行されているということだ。その頻度は個人的な好みや、部下の個別の要求度合いによって異なる。ただしそのミーティングが月ごとに二〇分間なのか、あるいは四半期ごとに一時間かは別にして、パフォーマンスのフィードバックミーティングは年間を通して定期的に部下の一人ひとりとやりとりをするためのよい機会となっている。このミーティングにはどれくらいの時間を割くものだろうか。ギャラップの調査対象となったマネジャーによれば、それぞれの部下のスタイルやパフォーマンスについて検討するための時間は、部下一人当たり一年間に約四時間だった。ある現場のスーパーバイザーが言うように「部下一人に対して一年間に四時間を割けないなら、そのときは自分の抱えている人が多すぎるか、あるいはマネジャーとして失格かのどちらかだ」。

第二に、セッションは毎回、まず過去のパフォーマンスについての簡単な復習から始まるということだ。その目的は「この仕事を減らすべきだ。これを何とかすべきだ」という評価をすることではない。そうではなく、部下が自分自身のスタイルをじっくりと見つめ直せるようにすること、そしてこのスタイルを作り出している部下の才能と部下に欠けている才能について大いに議論することだ。この復習が終わると必ず話題の中心が、将来のことと、そのスタイルをうまく使って生産性を上げる方法に移る。マネジャーと部下が協力して、部下が目標に向かうために最も抵抗の少ないパスがどれかを考えることもあるが、いずれにせよ、互いの協力関係を繰り返しよく議論している。マネジャーは、自分が持っているどんな才能を活かして、部下に欠けている才能を補おうとするのだろうか。

コンベンションに出張したとき、マーティンの話はほとんどが協力関係のことばかりだった。「この男は信じられないほど前向きで、信じられないほど目標の達成に執着しているのに、戦略的思考が欠けているんです。一生懸命前に進んでいるとき、どんな障害があるか想像できなくて苦労している。そこで私の出番になるのです。私にはこの男のために別のシナリオをいくつか用意しておくことができます。もし実際に私が用意したシナリオどおりのことが起こったら、一緒に協力して対処計画をまとめ上げればよいのです」。

ジェフもよく似た説明をしてくれる。「部下のセールス担当者に一人、飛び込みで人の家を訪問し、うまく話の流れを掌握する秘訣をすべて心得ている者がいます。ところが価格を詰める最後の段になると話をまとめられないのです。私は価格交渉は得意ですから、そのセールス担当者に売り込みの相手とその状況を教えてもらいます。私はそれに対して、リースにするのか、買い取りの話を持ちかけるのか、数量割引を提案するのかなど、どうすればよいかを彼にアドバイスします」。

第三に、すぐれたマネジャーは一つずつきちんと個別のフィードバックを返すことを忘れないということだ。フィードバックの目的は、部下一人ひとりが自分を理解し、才能を活かして成長できるようにすることだ。これは、集団でまとめた形ではこなせない。

これまで述べたことはわかりきったことに聞こえるだろうが、今日のチームワーク一辺倒の状態からすると、あまりにもたくさんのマネジャーがその部下一人ひとりと「個別に」時間をとるのが重要だということを忘れてしまっている。これには驚きだ。シカゴ・ブルズの名コーチ、フィル・ジャクソンはこのように語っている

「（プレーヤーとは）個人ベースでつきあう方がいい。こうするとプレーヤーとの一対一のつながり

が一層強くなりますからね。集団でつきあっている時間の方が圧倒的に多いと、プレーヤーは無視されたような気持ちになることがあるんです。プレーヤーと個人的に会うと、ユニフォームを脱いだときの本人と気持ちを通わせていられますね。たとえば、一九九五年のプレーオフのとき、トニ・クーコックはクロアチアのスプリトからの報道が気になって心ここにあらずでした。その街には両親が住んでいて、砲撃の嵐にさらされていたのです。電話で呼び出して家族の無事を確認するのに何日もかかりました。祖国での戦争はトニの人生にとって身を切り刻まれるような現実です。もし私がそれを見逃していたら、トニとは表面的なつきあいしかできなかったでしょう」。

マネジャーとしての自分を理解する

このような説明をしながらフィルはマネジャーの長年の疑問に対して一つの回答を与えてくれている。「部下と個人的に親密なつきあいをしてもよいものか、親しくすると部下から軽く見られないか」という疑問だ。仕事を最もうまくこなすマネジャーの答えは肯定的だ。部下と個人的に親しくつきあってよい、また親しくしても部下から軽く見られるわけではないという。

これは必ずしも直接の部下と親友になるべきだという意味ではない。ただしそれが自分のスタイルなら、あるいは部下を仕事で実績を上げることに専念させているなら、親友になることは間違ってはいない。同じことが部下とのつきあいにもあてはまる。しかし、もしそれが自分のスタイルでなければ、親友になろうとしてはいけない。それが自分のスタイルなら、一緒に食事をしても、一緒に飲んでもまったく問題はない。ただし部下の仕事での実績を評価している限り、という条件がつく。

フィル・ジャクソンのようなすぐれたマネジャーが部下と親密につきあっている、あるいは親しくしても部下から軽く見られることはない、という意味のことを口にするのは、すぐれたマネジャーは部下をよく知らなければならないと言っているだけのことだ。「人のことをよく知る」という表現は、部下の才能と部下に欠けている才能を詳しく理解するというところまで意味が拡大している。そして、さらに私生活のあることないことにまで対象の範囲が広がっている。しかし、すぐれたマネジャーなら必ずしも部下の生活に立ち入る必要はないはずだ。そうする人もいるが、要するに理解していればよいのだ。そして部下の面倒をよく見ることだ。

ギャラップが行った八万人のマネジャーとのインタビューで、われわれはこんな質問をした。「あなたの部下で才能のある人が遅刻の常習犯だとします。その部下にどんな注意をしますか」。これに対する回答には権威主義的なものから放任主義的なものまでの幅があった。

「解雇しますね。会社では遅刻は許されませんから」。

「まず口頭で注意します、その次に警告書を発行して、それがダメなら解雇です」。

「オフィスのドアにカギをかけてこう言います、これからはたとえ二秒の遅刻でも君を閉め出すことにする」。

「問題ないでしょう。その分遅くまで残って仕事を終わらせるなら、いつ来ても構いませんよ」。

どの回答ももっともだ。どれもそれなりの良さがある。けれどもこれらは、すぐれたマネジャーの答えではない。遅刻の常習だと聞かされると、すぐれたマネジャーの答えは一つだった。この答えはマネジャーと部下の関係に対する態度を集約している。

「その理由を聞きます」。

通勤バスの運行ダイヤと関係があるのかもしれない。いつも依頼している乳母が家に来るのを待つ必要があるのかもしれないし、家庭で何か問題が起こっているのかもしれない。その部下の個人的な事情がわかれば、たとえば九時から六時までに勤務時間を設定し直すことから始まって、すぐにその状況を解決しろという指示を出すことまでのさまざまな解決策が考えられるかもしれない。けれども二番目に実行するステップが何であれ、「最初の」ステップは例外なくその部下を理解することだ。つまり「理由を聞け」だ。

フィル・ジャクソンが語っている個人的な関係についての話の締めくくりはこうだ。

「運動選手は決して口が達者な人種ではありません。だからこそ、絶えず本人を観察し、頭から決めつけないでよく話を聞くことが重要になるのです」。

すぐれたマネジャーは転落防止ネットを作る

一般的なキャリアパスには寛容さが欠けている。従業員が梯子を一段一段登っていくに従って、その足もとの梯子は燃やされてしまう。昇進した段のところで苦しむことになると、自分の評判が下がり、仕事も危うくなることは本人も自覚している。しかし後戻りはできない。キャリアの選択ミスに対して厳しい処置をすれば、だれもがこのパスを思い切って前に進んでみようという積極的な気持ちがなくなってしまう。伝統的常識の世界で、隠れた才能を発掘したり、今の才能にさらに磨きをかけるために大胆に前進しようとするのは、転落防止ネットなしで空中ブランコの練習を志願するのと同じくらい向こう見ずな行為なのだ。自分のキャリアを守ろうとする姿勢を取ったり、フィードバックに対して頑なな姿勢だったり、自分自身のなかに発見したことを手がかりに自分のキャリアの方向を変えるのに消極的になったりするのもまったく無理のない話だ。このキャリアパスでは自分から学ぼうという姿勢は生まれてこない。

しかし、すぐれたマネジャーは積極的にキャリアを学ばせようとする。部下に自発的な自己発見をさせたいと思っている。そこでマネジャーは独自の一時的転落防止ネットを張ることにしている。つまり試用期間だ。

エレンはサウスウエスト航空の客室乗務訓練担当のマネジャーで、自分が作った転落防止ネットをこう説明している。

「客室乗務員にとって飛行機からトレーニングルームに移ることは大きなステップです。なかには飛行する機会を少なくできるという理由からトレーナーを志願する人もいますが、われわれはこういった人をすぐさま排除します。けれども人に教えたい、サウスウエストの伝統を伝えたいという意欲を話す人もいます。この人たちに才能があると判断すれば、あるいはその仕事をしたいという理由が納得のいくものであれば、そのときは試用期間の六カ月間とりあえず受け入れることにしています」。

「われわれは率直に、この試用期間が志願者にとっても、われわれにとっても、トレーナーの仕事を本当に気に入って続けられるか、それも長い年月続けられるかどうかを判断するための時間だということをはっきりさせています。一般的には人を教えるのは大変な仕事だという実感がありません。われわれは乗客と一緒に楽しんだり、ゲームをしたり、ジョークを飛ばしたりするためのアイデアを教えています。けれどもうんざりするような細かい規定がたくさんあり、これらをまず教えなければなりませんし、研修生が憶えなければならない規則も数多くあります。この試用期間の訓練は、志願者がこの種の仕事に対して自分がどのように感じるかを確認するために取っている方法なのです」。

「試用期間中、一カ月に一度面接して本人のパフォーマンスについて話し合います。つまり順調に行っていることはどんなことか、あるいは苦労していることは何かといったことです。他のトレーナーにも評価のために入ってもらい、そのフィードバックを本人に伝えます。六カ月たったところで必要な情報をすべて身につけたかどうかを判断するためのテストに合格しなければなりません」。

「ほとんどの人はきちんと合格します。われわれの会社には本当に才能のあるトレーナー集団がいるからです。けれどももしこの試用期間中に、研修生自身あるいは会社がこの仕事に適性ではないと判断したら、研修生はだれでも、もとの現場に戻って客室乗務員としての職務につけるということを頭に置いています。ここ数年でこうした例が二回ありました。何も恥ずかしいことではありません。失敗ではないのです。この人たちは試してみようとした、トレーナーになれるかどうか判断したかった。そしてそのための行動を起こし、その結果、人に教えるということが自分に合った仕事ではないことを学んだのです」。

「これはわれわれにとってもありがたいことです。この人たちはまた飛行機に戻って、トレーニングの仕事に移ろうかどうしようかというもやもやとした思いから解放されて、乗客に一生懸命接しています。そっちの入口のドアは閉めたのです。これで本人自身改めて前進できることになります」。

試用期間の扱いには気をつける必要がある。従業員に対して間に合わせにこの期間を使ってはならない。エレンのように、トレーナーにある程度の才能や興味を示している人だけを対象にするべきだ。

要するに、マネジャーとして一番大切な仕事は、自分が気に入った仕事がないかと社内を探し回っている人たち全員に力を貸すことではない。マネジャーとして最も重要な仕事は、部下の才能と職務をうまくかみ合わせてパフォーマンスを上げることだ。たとえ部下が新しい才能を発見するチャンスが欲しいと懇願しても、あるいは部下に才能のないことがわかっているときには、この試用期間を与えてはいけない。

さらに、エレンの場合のような試用期間を与えるときは、細かいところまではっきりと決めておかなければならない。たとえば期間は何カ月にするか、適性をどう評価するか。また、もし本当に必要だとしたら、試用期間中どれくらいの頻度で面接してパフォーマンスの検討をするのか。新しい職務につかないと決定したとき、本人はどの職務につくのか。こういった疑問のすべてに対して明解な回答を用意しておかなければならない。そうすればこの試用期間は成功するはずだ。

最後に、そしてこれが最も重要だが、「マネジャーあるいはその部下本人」がこの組み合わせに違和感を覚えるようなら、その部下は以前の仕事に戻されるということをはっきりさせておかなければならない。こうすることによって無用の誤解を避けることができるからだ。試用期間は本人の利益になるだけでなく、そのマネジャーの利益にもなる。試用期間が終わったあと、「本人」はその職務が気に入ってはいるものの「マネジャー」の方は相性が悪いと判断したときは、マネジャーの評価が優先する。この決定に本人は納得しないだろうが、少なくともその職務に就いたあとで泣きを見ることはなくなるはずだ。

厳しい愛情を注ぐ技術

――すぐれたマネジャーはなぜ解雇した部下とも個人的に関係を続けられるのか

試用期間が終わろうとしているかどうか、あるいは現在の職務で苦しんでいるかどうかに関係なく、その本人に悪いニュースを伝えるのはやはり難しいものだ。しかもその職務から外すと通告するのはなかなか困難だ。ギャラップが調査をしてみると、多くのマネジャーは優秀な人も平均的な人も同様に、この種の話を切り出す前は決まって体の調子が悪くなったと打ち明けている。どのような話の持っていき方をしても、あるいは自分がマネジャーとしてどのような実績を上げていても、人をその職務から外すのは決して生やさしい話ではない。

ここでは従業員が何かひどい行い、あるいは非倫理的な行動をしたという状況を引き合いに出しているのではない。こういった行為はある意味で法律的な側面があり、その中身は明確だ。ここでわれわれが取り上げているのは、ある特定の従業員が決まって実績を上げられないことがはっきりとしている、不幸な場合の話だ。

このような状況はなかなかこれがそうだとは言い切れない。マネジャーとしてはたくさんのことを判断しなければならないのだ。どの程度のパフォーマンスなら我慢できるか。それが許せるのはどのくらいの期間か。これまで自分は十分にその部下の力になったか、つまりトレーニングや動機づけ、さらにサポートシステムを用意したり、仕事を助けたりしたことがあるか。いきなりこの悪いニュースを切り出した方がよいか、それともしばらく黙って様子を見るべきか。最後にその話をする段になったときには、どんな言葉をかけるのがよいのか。

マネジャーのなかにはこれらの質問で頭が混乱し、全部まとめて避けてしまう人がいる。楽な解決策に走ろうとして、問題の部下の上に新しく採用した人を「かぶせて」しまう。短期的に見れば、これは無難で気楽な解決方法にはなりそうだ。ところがこれは、化膿した傷口に包帯だけを巻きつけるのと同じような対処法であり、時間がたつと会社にとって致命傷になっていることがわかる。

一部のマネジャーは、部下とある一定の距離を置いてつきあうことによって、この問題を解決しようとする。友人に悪いニュースを伝えるときに必ずついてまわる緊張感と心の痛みを、この巧妙な方法で消し去りたいと考えている。ところがフィル・ジャクソンが指摘したように、マネジャーが部下を理解することを拒否すれば、その部下の力になれるという大きな可能性も同時に失ってしまうのだ。

最高のマネジャーは、こういった責任逃れのごまかしを決め込むことはない。そんな必要がないのだ。彼らは厳しい愛情を注ぐ、それはテクニックでもマニュアル的な行動でもない。非凡な成績に対する徹底したこだわりと、常に部下の面倒を見ることを両立させる考え方だ。すぐれたマネジャーが早い段階から直接、そうしたお粗末なパフォーマンスの対処に乗り出すのは、すでに身についている姿勢なのだ。そのあとでもマネジャーは、その部下と個人的なつながりをそのまま維持していられる。

では厳しい愛情とは何なのだろうか。それにはどのような働きがあるのだろうか。

「厳しい」部分の説明は簡単にできる。すぐれたマネジャーはパフォーマンスを評価するとき、非凡さをあらゆる場合の基準にする。「厳しい」愛情とは、マネジャーが評価基準を甘くしないと示唆しているだけのことだ。だから「どの程度のパフォーマンスなら我慢できるか」の問いに対してはこう答える。「成長する見込みがないまま平均点をうろうろしているレベル」。「そのレベルが許せるのはどれくらいの期間か」に対しては「そんなに長くは見逃しておけない」と答えるだろう。

クルマのディーラー二店舗のマネジャーとして順調に経営しているハリーを動かすのは、この非凡さに対する妥協のない評価基準だ。

「二番目に作った店舗は最初の店よりはるかに規模が大きくなっています。私が作りたかったのは総合的サービス文化と私が呼んでいるものです。つまり顧客に対していつも変わらない高いクォリティーのサービスを提供できるような企業ということです。顧客がわれわれのセールス部門でも、財務部門でも、サービス部門でも関係ありません。私は全体をまとめる統合的なシステム、そして、それぞれの部門長と一緒に総合的な協力体制を作りたいと思っていました。大変な計画ですよね。先行きどうなるかわからない難しいスタートでした。それをお話ししましょう」。

「私の最大の間違いは、販売部門のトップに抜擢した男、サイモンです。サイモンはそれまで小さな方の店舗で働いており、そこでセールスマネジャーとして非常によい成績を上げていました。けれども新しい仕事場に移ってきて、他のメンバーと協力しながら進めるような仕事にはまったく馴染めなかったのです。他の部門のトップとも意志疎通を図ろうとはしませんでした。ミーティングにも出てこようとしない。顧客の不安感を払拭するために、社内のシステムを統合化する方法や部門間の連携を簡素化する方法を一緒に膝をつき合わせて徹底的に議論するというようなこともありませんでした。なぜならサイモンは『自分自身の』業績数字以外に興味がなかったからです」。

「と同時に愚かなことに、私はサイモンのいた小さな方の店舗で、セールス担当者をセールスマネジャーに昇格させてしまいました。このマネジャーもやはり苦労しています。ということで、最初の店舗で成功してから発展して、今ではうまくいっていない店舗を二つ構えるまでに成長してきているわけです。なかなか悪い成績じゃありませんよね」。

「機敏に行動しなければならないことはわかっていました。サイモンと二度も面接して私の懸念を伝えましたが、よくなる様子はまったくありませんでした。そこで五カ月目に入ったとき、私はサイモンを強引に私のオフィスに呼んで、サイモンに前の店舗に戻って欲しいということを伝えました。そして、この新しい店舗では単に販売の数字だけがわれわれの目標のすべてではない、全部門が統合化された総合的サービスが提供できるようにしたい、しかし君はそれに貢献していない、とも言いました。君は一匹狼で、もとの店舗に戻った方が自分のしたいことに専念できる。けれども、この新しい世界、つまり今の店舗では成功はおぼつかない。君を前の店舗に戻すことにする、と伝えたのです」。

「サイモンは血相変えて、私に殴りかかろうとする勢いでした。『まだそんなに時間がたっていません。もう一度チャンスをくれてもいいでしょう』というようなセリフでした。しかし私は部下のことをよく知っています。場合によっては本人以上に知っています。サイモンはチームの一員になれるような人間ではありません。これでは、私が期待する総合的なサービスを構築できません。引き金を引くなら今がよいと思ったのです。ずるずる引き延ばすよりも今だ。サイモン自身は、マネジャーに助けてもらえると考えたのでしょうが、私の立場としてはますます失望を感じていたからです」。

「小さな方の店舗に戻ってから、本人はこれ以上ないほどよくやっています。こちらの店舗には何とか協力的な姿勢で仕事をするセールスマネジャーを見つけることができました。わたしの輝かしい新世界は順調ですよ」。

ハリーは従業員のだれからも慕われていた。従業員が勤務時間の変更や休暇を願い出たり、顧客のために手続きを省略したいと要求するとき、ハリーはお人好しの一面を見せる。ところが非凡さとなると岩のように頑固だ。ハリーは言う「非凡さが私の人生だよ。もし非凡さが嫌いなら、それでかまわない。ただここで君の仕事はなくなるよ」。

厳しい愛情の「愛」の方はもう少しとらえがたいものだ。これは、お粗末なパフォーマンスを早めに処置するよう相変わらずマネジャーに迫ってはいるが、部下の反感や辛さがなくなるような処置の仕方を許している。これは、すべて才能に対する考え方から生まれている。才能を理解していれば、つまり人はそれぞれ生涯変わらない思考や感情、そして行動パターンを持っていると理解していれば、マネジャーがお粗末なパフォーマンスに対処しなければならないときでも、信じられないほど気が楽になる。それはなぜか。それは「そう理解することで、マネジャーが部下を責めることから解放されるからだ」。

十分な意志力と決断力があればあらゆる行動は変えられると信じているマネジャーの場合を考えてみよう。このマネジャーにとってお粗末なパフォーマンスはすべて従業員の責任になっている。従業員は警告を繰り返し受けてもなおパフォーマンスの向上が見られないからだ。もし本人にもっと学習しようというやる気、気迫、そして積極性があれば、警告に従って行動を変えることでお粗末なパフォーマンスは姿を消していただろう。しかしそれは解消されなかった。一生懸命ではなかったのだろう。それは本人の責任だ。

一見耳ざわりのよいこの論理は、マネジャーを非常に危ない立場に追い込む。部下にすべきことを指示しているにもかかわらずそれができなかったとなると、その部下は意志が弱く、頭が悪く、反抗的、あるいは人のことを何とも思っていないに違いないということになる。

表面では礼儀正しく振る舞いながらも、実はどうしてもこのように人物を解釈してしまうなら、どのようにして人と建設的な話ができるというのだろう。これは難しい。もともと感情的なマネジャーの場合には、堪忍袋の緒が切れて自分の感情をあらわにしてしまうのではないかと、マネジャー本人が心配している。もともと世話好きで面倒見のよいマネジャーの場合には、自分の慰めの言葉が部下に見透かされてしまい、どれほど愛想を尽かしているかがわかってしまうのではないかと心配になるものだ。マネジャーのスタイルがどうであれ、マネジャー自身の本当の気持ちを隠さなければならない会話では大いにストレスがたまる。気持ちが消極的な場合は特にそうだ。ほとんどのマネジャーがこんな会話をしないですませようとするのも無理のない話だろう。

しかしすぐれたマネジャーには自分の本当の気持ちを隠す必要などない。個人の才能と個人に欠けている才能によって、死ぬまで変わらないパターンができあがってしまっていることをよく理解している。部下が自分にない才能をうまく回避しながら何とかしようと最大限の努力をしたあとでも、依然としてパフォーマンスが追いつかない場合には、部下の才能と職務の相性が悪いと理解してよいということがマネジャーにはわかっている。すぐれたマネジャーの考えによるとこうなる。お粗末なパフォーマンスから抜けられないのは、基本的に意志が弱く、頭が悪く、反抗的、あるいは人のことを何とも思っていないという問題ではない。それは配役ミスという問題なのだ。

もし問題があるとすれば、それがどこにでもある現象だということだ。おそらく部下は自己認識をもっと深めるべきだった。マネジャーはもっとよく観察すべきだった。おそらくは。けれどもそんな責任追及はあとの祭りだ。だれ一人として自己認識が完璧な者はいない。マネジャーが皆、部下を完全に理解することはない。たとえ才能を見極めて慎重に選抜したとしても無理だ。したがって配役ミスが怒りや非難の応酬の原因ではない。配役ミスをなくすことはできない。

ある部下の配役ミスが明らかになったとき、すぐれたマネジャーは鏡をかざす。その間違いを教訓にして、部下の才能と部下に欠けている才能の組み合わせをもう少し自覚させようとするためだ。そしてこんな言葉をかける。「この仕事は君には向いていないようだ。その理由を一緒に考えないか」あるいは「君の本来の長所を今以上に活かす職務を見つけなければ……。君はどう思う」。こういったセリフを使うのは、丁寧だからでも、悪いニュースが穏やかになるからでもない。それが真実だからだ。

これが厳しい愛情における「愛」だ。最高の成果を上げられるマネジャーは、純粋に一人ひとりの部下の面倒を見ている。けれどもこの「面倒を見る」には、はっきりとした意味が込められている。すぐれたマネジャーの考えでは、「面倒を見る」ということは「その人をすぐれた業績が残せるような立場にする」ということだ。一人ひとりの部下に対して非凡な成績を残せるチャンスのある職務を見つけ出すよう、期待しているというのが本音なのだ。そしてそれができるのは部下本人の才能が活かせる職務である場合に限るということがわかっている。

この考えからすると、部下が苦労している場合、その適性のない役回りを黙って続けさせておくのは、積極的に放りっぱなしにしているのと同じことになる。この場合にはその人を解雇するのが本人の面倒を見ることだ。この考えが教えてくれるのは、すぐれたマネジャーがなぜすばやく動いてお粗末なパフォーマンスを処置するのかという理由だけではない。それと同時に、その処置をしながらも巧みに、互いの人間関係を傷つけずに維持している理由も理解させてくれる。

要するに、厳しい愛情の考え方を背景にしてマネジャーは二つの矛盾する考えを並行して進めている。つまり高いパフォーマンス水準の維持と、部下の面倒を見るという互いに矛盾する考えだ。しかも、それでもマネジャーとして仕事の成果をきちんと出せるのだ。厳しい愛情の持ち主でIT担当のエグゼクティブを務めているマイクもこう言っている。「拙速に解雇をしたことはありません。私の部下がよい仕事ができるように心から気を配っていますよ」。

厳しい愛情に関して、工場のスーパーバイザーを務めるジョンはこんなことを思い出してくれた。「当時何人か解雇しましたね。しかし個人的にはそれ以後も親しくつきあっていました。いま思い返してみると、私は結婚式を二回挙げましたが、私の付添人はその二回とも私がかつて解雇した人ですよ」。

厳しい愛情を頭に置けば、次に挙げるゲーリーの支離滅裂なセリフを理解できるはずだ。ゲーリーは途方もない成功を収めた起業家で、クイーンズアウォードを六度受賞している。そんなゲーリーがある夜、工場のマネジャーの一人を呼んでこう言った「まあここへ来て掛けてくれ。君が好きだよ。だから君を解雇する、でもやっぱり君が好きだ。まあ一杯やらないか。よく相談しよう」。

「マネジャー支援型のキャリア自殺」

厳しい愛情は影響力のある考え方であり、首尾一貫した理由づけと細心の注意が必要な状況に適したセリフを教えてくれる。とはいえ、それを自分自身の経営・管理スタイルに取り込もうとするときには次のことを忘れてはならない。ある人をその職務から外すためのカウンセリングには細心の注意が必要だ。これからもその状況は変わらない。この場合、厳しい愛情は役には立つが、決して状況を楽なものにしてくれるわけではない。

クルマのディーラーをしているハリーは、自分がいつも抱えている困難な状況を完璧に理解している。それは次の言葉がよく表している。

「けれども私は、部下のことがよくわかっています。場合によってはその本人よりもよく知っていますよ」。厳しい愛情を持って接する場合、マネジャーは部下本人に答えるだけの心の準備ができていない事実をいきなり突きつけて、その部下と渡り合わなければならない。これは決まって神経をすり減らす話し合いになる。だからこそマネジャーは自分の部下をよく理解しておかなければならないし、できるだけ頻繁に面接をする必要がある。さらに理由づけが明確で、言葉に一貫性が求められるのだ。

マネジャーがこうしたことをすべて実行したとしても、そのマネジャーが部下本人よりも部下のことをよく知っていると信じてよいことにはならない、と反論する人もいるだろう。すぐれたマネジャーはこれに対して異議を唱える。「あなたは部下に本人が望む仕事を与えますか、それともその人の適性に合った仕事を与えますか」というギャラップの質問に対して、すぐれたマネジャーの答えは常に一貫している「その人の適性に合った仕事ですよ」。

この答えは権威主義的に聞こえるばかりか、傲慢ですらある。けれども警察署長のマーティンはこの勘どころをしっかりと押さえている。

「パフォーマンスの振るわない人はその心の奥底で、周りが気づく前から自分が苦しんでいることを自覚していると私は考えています。その人は苦しんでいることを口に出せないのでしょう。あるいはたぶんプライドが許さないのでしょう。でも本人はわかっています。ある程度はマネジャーが助けてくれるのを待っています。だから自分でも意識しないうちに弱点が露見するような状況に自分自身を追い込んでいるのです。マネジャーを挑発して、自分を解雇させるように持っていこうとします。私はこれをマネジャー支援型のキャリア自殺と呼んでいます。これが起こっているのではないかと思ったとき、マネジャーがとれる最善策は本人をその惨めな状況から救い出すことです」

「私の部下に、マックスという警官がいました。マックスは現場でのいざこざにうまく対処できませんでした。想像してみてください、警官は現場で悪人と渡り合います。現場の相手が善良な市民であっても、その気分が荒れている最悪の状態のときには警官にぶつかってくることがあります。相手から怒鳴られ、罵倒され、ときには肉体的な暴行を受けたりします。どんな状況になろうと、警官は常に冷静さを保たなければなりません」

「マックスにはそれができませんでした。イライラが募り興奮し、粗暴になったのです。われわれは本人がときおり汚い言葉を使っているという報告を受けていました。懲罰審議の場に持ち出される次元の低い規律違反問題でした。私はこのような場に参加して報告書を読みますが、マックスはそういった報告の内容を否定します。頑なに否定します。非常に頑なです。このような場に出席してみて、私は市民が抗議している行動がどんな類のものなのかはっきりと理解しました」

「マックスに本人の行動についてのカウンセリングを受けさせました。本人は一生懸命に取り組みました。けれどもそれは本人の性格の基本的な部分だったのです。いつもパトロールに出ては、冷静さを失った行動を繰り返すのに、裁決の場ではそれを否定し続けました。マネジャー支援型のキャリア自殺をしようとしていたのです。マックスは、私に対して自分を解雇するよう『望んでいた』のです。それが、マックスが現状から逃れられるたった一つの方法でした」

「だから私は彼を解雇しました。その部署から外しました。いい男でしたが、その品行は警官にふさわしくないものでしたから。転職サービスを通じてこの町にある保険代理店で保険請求の仕事に就くことができました。この方がはるかにマックスの性格に合っていますよ。マックスとは今でも個人的に連絡を取り合って親しくつきあっていますが、それよりも重要なことは、マックスの仕事が非常に順調にいっているということです」。

われわれがインタビューしたすぐれたマネジャーのなかには、マーティンの話に出てきた才能と同じことを語ってくれた人が大勢いた。つまりこういうことだ。部下は自分の本当の状況を聞かされたとき、その話に正面から向き合うことを拒否したり、怒り出したりするが、何カ月かあと、ときには何年後かに直接電話をかけてきたり、あるいは空港で見かけたときそばにやってきてこんなふうに言う。「ありがとうございました。あのときは理解できませんでしたが、あの仕事から外していただいたことは、私がこれまでしていただいたなかで最高の決断でした」。

いつもこのようにうまくいくとは限らない。最後まで悪い感情を持ったままの人もいるだろう。しかし厳しい愛情があるからこそ、マネジャーとその部下は互いに尊厳を維持しながら、このきわめて難しい状況を打開できるのだ。厳しい愛情が組織内のあらゆる人を一つに結集させてくれる。

第7章

四つのカギを使いこなすための実践ガイド

才能を見つけるためのインタビュー技術
パフォーマンスの管理
マネジャー自身のカギ
会社が握るマスターキー

才能を見つけるためのインタビュー技術
——どちらが正しい質問か

すぐれたマネジャーはだれもがそれぞれ独自のスタイルを確立している。そしてすぐれたマネジャーはだれでも同じ目標を持っている。それは部下一人ひとりの才能をパフォーマンスに開花させるという目標だ。これまでに述べた四つのカギ、「才能のある人材を選び出す」「成果を適切に定義する」「強みを徹底的に活かす」「適性を探り当てる」がこの目標をどのようにして達成すればよいのか教えてくれる。

第3章から第6章にわたって、この四つのカギについて解説した。それぞれの働き、そして才能をパフォーマンスに開花させるという課題に対してこれらのカギがなぜ重要かを個別に明らかにした。それを受けてこの章では、「読者が」それぞれのカギを回すにはどうすればよいかを解説する。これらのカギは行動や思考の手順ではないことを忘れないでいただきたい。四つのカギは読者自身の本来のスタイルを混乱させるような行動の体系化ではない。むしろそれぞれのカギは単に思考方法、あるいはだれもが抱えている課題に迫る新しい視点にすぎない。本書の「はじめに」で述べたように、われわれの目的は、すぐれたマネジャーの思考方法を示すことによって「読者自身の」スタイルを上手に活かせるようにすることだ。読者のスタイルを、すぐれたマネジャーが作った標準バージョンで置き換えることではない。

われわれは本書で解説している行動を一つ残らず読者自身のスタイルに取り入れるべきだとは言っていない。これらの行動そのものは何千人ものマネジャー一人ひとりの調査から集めたアイデアの代表的な実例にすぎない。これらすべてを備えているマネジャーは一人もいない。われわれはこれらの行動のなかから読者自身が自分に合ったものを選び出してそれに磨きをかけ、さらに改善を加えて自分に合った形に改造することをお奨めしたい。

1　才能を見つけるインタビューは必ず独立して行うこと

人材の採用活動は込み入った作業になる。応募者は、面接者、会社、職務、そして報酬の細かい内容をよく知らなければならない。面接者は、応募者の履歴書を検討し、条件を提示しなければならない。応募者がそれに意見を述べたのを受けて、再び条件を提示する。こうして交渉が続けられ、最後にやっと双方が互いに納得して合意にまでこぎつける。この過程は重要だが、このすべての過程は、応募者本人の才能を見つけるためのインタビューとは切り離して扱うべきだ。

つまり才能を見つけるためのインタビューは、独立して実施するよう心がけるべきだ。その目的はただ一つ、応募者の思考、感情あるいは行動の習慣的パターンが仕事に適しているかどうかを判断することだ。これは他のことすべてをさておいても困難を極める作業だ。したがって応募者の才能の見極めだけが目的のインタビューだということを、面接者と応募者の両方が認識した上で両者の話し合う時間を別枠で確保しておくことが必要だ。応募者にはそのインタビューが他のインタビューとは少し性格が違うことを知らせておく。それは他のインタビューよりも体系的で、焦点が絞られたものになる。冗談が減り、質問の数が増える。

2　イエス・ノーでは答えられない質問をしたあと、黙って相手の答えを待つようにする

インタビューで個人の才能を発見する一番よい方法は、その人に自由に選択させてみることだ。才能を見つけるためのインタビューは、実際の仕事でどんな行動を見せるかを忠実に表現してくれるはずだ。実際の仕事では毎日何千という事象に直面しており、それに対してはいくらでも取り組む方法がある。「いつも」どのような対処をしているかが本人のパフォーマンスになるはずだ。

そこでインタビューでは、さまざまな方向性が考えられ、しかも「正しい」方向を応募者に探られないような「イエス・ノーで答えられない」質問をすることだ。たとえば、「部下の仕事はどの程度細かいところまで監督すべきだと思うか」あるいは「セールスの何が楽しいと感じているか」といった質問だ。

本人の選ぶ方向が、それも素直に選ぶ方向がその本人の将来の行動を最もよく教えてくれる。質問をし終わったら、そのあと間を置いて黙っているのが一番だ。もし質問の意味を応募者が聞き返してきたら、その質問をはぐらかすこと。そして本当に知りたいのは「応募者本人が」何を言いたいかだということを伝えよう。重要なのは「本人の」解釈だと言うべきだ。面接者の質問に対して「本人の」フィルターが指示するままに答えさせよう。応募者自身を面接者の前にさらけ出させるのだ。

とても重要なのは、そのときの本人の答えをそのまま信じることだ。本人に対する最初の印象がどんなものかにかかわりなく、最高の成績を上げるために何を最も重視するかと質問したとき、その答えが「最高の成績を上げられればよいと思う。けれども基本的には私は、自分にできる限りのことを目指すだけ」なら、その答えを信じることだ。セールスのどんなところが好きかと尋ねた場合、どれほどのスピードで経営者になりたいかを延々と話したとしても、それを信じよう。人に教えることのどんなところが気に入っているかを聞いたとき、自分の子どものことにまったく触れない答えが返ってきても、それを信じることだ。答えの内容がどんなものであっても信じよう。イエス・ノーで答えられない質問に対する自力の反応を見れば、その先のことが非常によくわかる。これを信頼することだ。どんなに他のことを聞きたいと思ってもそんなことはどうでもよい。

3　具体的な話を聞き出す

過去の行動は将来の行動を予測するための格好の手がかりだ。だから「いつのことだったか教えていただけますか、たとえばあなたが……」というような質問は非常に有効だ。けれども、この「いつのことだったか」式の質問には注意が必要だ。

第一に、常に具体的な例を聞き出さなければならないことだ。「具体的な」というのは時間や個人あるいは出来事を特定するという意味だ。こうすれば、ある仕事がどれだけ重要かという理論をとうとうと語っているにもかかわらず、実際にその仕事をいつしたのか具体的な時期を決して言おうとしない人を信用しないですむ。

第二に、間髪を入れない答えを信用することだ。過去の行動が将来の行動を予測する手がかりになるのは、過去の行動が繰り返されている場合だけだ。もしその行動が実際に絶えず繰り返されているなら、その人は聞かれれば即座に具体的な例を思い出せるはずだ。それができるようなら、この行動は生きていく上での習慣になっているという事実の裏付けとなる。

たとえば、セールス担当者を選んでいるとき、求める才能のなかに説得力に長けたつきあいの才能を含めることにしたとしよう。「あなた自身のアイデアに対する社内の抵抗をはねのけたのはいつだったか教えていただけませんか」。ここで注意が必要なのは、この質問で具体的なことは聞いていないということだ。単にその経験をした時期を聞いているだけだ。ところが実際には「マネジャーはその具体的な話を聞きだそうとしていることになる」。

ここで考えられる星の数ほどの答えから、答えの実例を二つ挙げてみよう。

①「最後まであきらめないことが非常に重要だと思っています。自分のアイデアに確信のあるときは特にそうです。われわれは実際、こうした率直さを積極的に評価しています。私のチームの場合、周りの人が賛成してくれない提案をするときでも、だれかがそれより優れたアイデアを考えつくまでは、周りが私にその提案を主張し続けて欲しいと考えるものです。実際にこの種の話は絶えず起こっています」。

②「それは昨日のことです」。

どちらの方がよい答えだろうか。どちらの方が「よい」というのは難しい。しかし②の方が先のことを教えてくれることは確かだ。この答えで、応募者は具体的な時期「昨日」を自分から出している。実際に何が起こったか聞いている方にはわからないが、そんなことは問題ではない。細かなことより大切なのは、即座に答えた内容の具体性だ。具体的なことを聞かなくても「いつのことだったか」と水を向けただけで具体的な答えが返ってくる。応募者の才能の全体像を描くにはもっと質問をしなければならないが、ここでの答えは本人の行動を知る最初の手がかりになる。つまり抵抗があるなかで自分のアイデアを推進するということが、その人の生活における「習慣的な」行動になっているということだ。

これとは対照的に①の場合、応募者は率直さが重要である理由を上手にかいつまんで説明し、そのあと「絶えず起こっている」と答えている。この答えに間違ったところは一つもない。けれども何の具体性もないため、まったく本人の将来を読む手がかりにはならない。①のような答えが返ってきたとき、マネジャーによってはこう質問して確かめたくなるものだ。「もう少し詳しく話してくれませんか。どんなことがあったのでしょう」。その答えからその人が挙げた事例の質を判断しようとする。どれだけ詳しく話したか、説明がどれほど明確だったか、その人が語った経験談に納得できるか。

これはインタビューの根本的な難しさだ。応募者が次第に話をしてくれる細かな内容とはうらはらに、ある具体的な例について本人に説明してもらうためには、さらに二、三の質問が必要になるとすると、おそらく問題の行動は本人の生活習慣の一部になっていないと考えられる。「いつのことだったか」式の質問をするときは、答えの細かな内容の質を判断してはならない。もしそんなことをすれば、結果的に評価の対象はその人の話が明確かどうか、あるいはすぐれた記憶力の持ち主かどうかだけになってしまい、自分が求めている具体的な才能の持ち主かどうかではなくなってしまう。

そうではなく、具体的で「そして」すばやい反応かどうかで答えを判断すべきだ。（もちろん、①にしても②にしても、自分の好奇心を満足させるためにもっと質問がしたいなら続けてよい。けれども頭に入れておくべきことは、たとえ応募者がだんだんと細かな話にのめり込んでいくときでも、二、三の質問をしないと具体的な説明が返ってこないという事実そのものは、その具体的な行動が本人の習慣の一部にはなっていないということを教えてくれている）。

4　才能発見の手がかり

過去の具体的な行動の例を別にすると、応募者からは他に何を聞き出せばよいのだろうか。探し求めている才能を応募者が本当に持っているとわかるような何か他の手がかりはないものだろうか。

これまで何年にもわたって、われわれは個人の才能を発見する小さな手がかりを数多く見つけ出してきた。たとえばちらりと現れる非凡さ、さまざまな活動にかける熱い思い、活動しているときの無理のない自然な仕事ぶりなどだ。こういった手がかりのなかでも、以下に示した二つの手がかりが才能発掘のインタビューをするとき役に立つのではないだろうか。人は一人ひとり非常に複雑で、どんなインタビューやテストをもってしても個人の才能の全貌をつかむことは不可能だ。けれどもこれら二つの手がかりを手に入れるための質問に絞れば、インスタント写真で画像が浮き出てくるように、その人のなかで最も大きな部分を占める才能が次第に見えてくるはずだ。そうなれば、見えてきた才能を自分が求めている姿と比較して適性を評価することができる。

a　速成学習

新しい職務を身につけようとするときは、段階を追って学ぼうとするのが一般的だ。どんなに一生懸命取り組んでも、ある段階から先に進めないこともある。たとえば、仕事で何年もプレゼンテーションをしていても、相変わらず苦労をしている場合がある。プレゼンテーションをするたびに、話し方教室で教わった三つの基本的な手順を思い起こしている。それは「まず自分がこれから何を話すつもりなのかを聴衆に伝える。そして本論に入る。そのあと話した内容を確認する」という手順だ。けれどもプレゼンテーション以外の得意な仕事の場合には、この三つの手順は意識しないですむようだ。つまり滑るような感じ、なめらかな感じを味わっている。たとえば、セールス担当者として二カ月を過ごすと、このなめらかな感じを味わいはじめるかもしれない。いきなり見込み客の心のなかを見透かせるような気がして、ほとんど本能的に次に何を言えばよいのかがわかってしまう。あるいは新米教師として当初の不安と緊張感が次第に消え去るに従って、子どもたちの名前がすんなり出てきて、気がついてみると教室の机のあいだを、これまでずっと教師をしてきたようなそぶりで行ったり来たりしているものだ。

このような感じを抱くとき、それは新しい職務に段階を踏んで慣れるに従い、すでに自分のなかに刻み込まれている脳のパターンを一層深く刻んでいるような感じがするものだ。確かに意識して考えてみれば、実際に自分の行動がこのパターンを強化していることは確かなのだ。

速成学習は個人の才能を知る重要な手がかりだ。応募者にどんな種類の職務ならすばやく身につけられるかを聞いてみること。今はどんな活動なら苦労なしにこなせるのかを聞いてみること。その答えは本人の才能についての手がかりをさらに提供してくれるだろう。

b　満足

人はだれでもそれぞれ異なった心理的酸素を吸っている。ある人にとって充実感のあることが、別の人には息が詰まるような場合がある。

すぐれた会計士は「2＋2＝4」になるという事実が気に入っている。すぐれたセールス担当者は相手のノーという返事をイエスにひっくり返すことが面白いと思っている。すぐれた客室乗務員は疲れてイライラしている出張族や客室の後方で騒いでいる学生のスポーツチームの席に自然と体が向いていく。なぜなら難しい乗客をうまくあしらうのが楽しいからだ。

ある人の満足感のもとになる材料はその人の才能を見出す手がかりだ。だから個人的にどんなことに最も満足感を感じているかを聞くべきだ。どんな種類の満足感がその人の強みを生み出すのか、何に充実感を覚えるのかを聞いてみることだ。その答えが、今後、その人はどんなことに絶えず取り組んでいられるのかを教えてくれるはずだ。

5　何を聞き出すのかを自覚する

インタビューをするたびにいつも好んで口にする質問のリストを作っているマネジャーがたくさんいる。すぐれたマネジャーもこの例外ではないが、大きな違いが一つある。すぐれたマネジャーが聞くのは、その答え方で仕事のできる人間かどうかが判断できるような質問だけ、ということだ。

ただし、質問の内容も大切だが、最も優秀な人がその質問にどのような態度で答えるかの方がはるかに重要だとマネジャーは考えている。

たとえば、セールス担当者と教師の努力する才能の違いを見分けられる質問がこれだ。「あなたが伝えようとする内容を相手が疑っているときどのように感じますか」。ちょっとした疑念は望むところだがそれこそ自分の説得力を示すいい機会になる、というのが最高のセールス担当者の答えだと読者は考えるだろう。ところが驚いたことに、彼らの答えは違っている。疑念を抱かれるのは大嫌いだと答えている。すぐれたセールス担当者が疑われて戸惑うのは（それを態度に出してはいけないが）、これまで述べたように売り込んでいるのが自分自身だからだ。セールス担当者を疑うのは、その人個人の誠実さを問題にしているのと同じことなのだ。彼らの話に納得しなくてもよい、議論をするのもよいし、結局買わないことにしてもかまわない。しかし疑ってはいけない。

平均的なセールス担当者の場合は、個人的にたいして気にしていない。疑われても気にしない。だからこの質問がこういった担当者の心の琴線を刺激することはまったくない。

そこでセールスマネジャーにとって、これは格好の質問になる。なぜなら聞き出せるのが「戸惑い」だからだ（もちろんすぐれたセールスマネジャーが聞く質問はこれだけではない。すでに述べたように、最悪のセールス担当者は相手が購入を断ったときにも戸惑いを見せる。マネジャーはさらに突っ込んで質問しなければならない。「どのようにして」や「だれが」といった質問をして、その応募者が他にすぐれたセールスの才能を持っているか、たとえば説得力、あるいは会話での嫌な沈黙を何とかする積極性といったものがあるかどうかを見極める）。

これとは対照的に、すぐれた教師は疑われるのを「歓迎」していることがわかっている。こういった瞬間を大切にしている。すぐれた教師は本能的に「疑っている人」を生徒だと解釈して、疑うという行為を前向きで知識を求める姿勢の表れと考えるのだ。つまりすぐれた教師にとって、疑うということは学習するという行為だ。疑われるということは自分の力量を試すいい機会であり、困るようなことは何もない。

したがってこの質問はすぐれた教師を選ぶのに相当な力を発揮するが、それは質問に対する正解が「それは望むところですね」という場合に限る。

この質問は、看護婦を選ぼうとするときにはまったく通用しない。なぜか。それは最高の看護婦同士で同じ答え方をしないし、最高の看護婦と成績の芳しくない看護婦の答え方に差があるわけではないからだ。よく考えれば、これはたいして驚くような話ではない。要するに看護婦が疑われるというような珍しいケースは、それに対する看護婦の反応が優秀さとほとんど関係ないということだ。

これらの質問する／聞き出す組み合わせをどのように開発すればよいのだろうか。まず、自分の最高の部下数人と「最高でない」部下数人の両方に質問をしてみて、最高の部下が一貫して異なった答えをするかどうかを確かめればよい。もし異なった答えをするなら、その質問する／聞き出す組み合わせは有効だということになる。もし答えが、先ほどの看護婦の場合のように同じだとすると、その質問をしても無駄だということだ。

第二に、応募者全員に同じ質問をするのがよい。それに対する応募者の発言を記録しておき、採用したあと、順調に仕事をこなしている人が入社前の質問に対する答えと一貫性を保っているかどうかを確認する。

これには時間と根気が必要だ。けれどもどんな芸術もそうであるように、時間と根気は才能発掘のインタビュー技術を磨くために不可欠のものだ。

この才能の考え方はすぐれたマネジャーがしていることすべてにあてはまる。とはいえ、才能のある人材を選び出す「作業」は別だ。この作業は採用するかどうかを決断するときに行われる。他の三つのカギ「成果を適切に定義する」「強みを徹底的に活かす」「適性を探り当てる」は、そんなに簡単には分離できない。人に対する期待をどのように設定するかは、その期待を達成させるために本人をどのように動機づけするかということと複雑に絡まり合っている。部下をどのように動機づけして積極的に取り組ませるかは、本人の適性を探り当てる目的も含めた幅の広い話し合いでのテーマになる。才能をパフォーマンスに開花させるための日々の取り組みは、この三つのカギすべてを同時に、そして休みなく回すということだ。

パフォーマンスの管理

――すぐれたマネジャーはどのようにして毎日三つのカギをすべての従業員に対して回しているのか

ギャラップがインタビューした模範的なマネジャーは、この三つのカギを回すためのさまざまなアイデアについて語ってくれた。しかしこれらマネジャーの本当の課題は、現実の仕事を片づけるという日々の精神的な重荷を背負いながらも、自分自身にむち打って、部下の一人ひとりとこれらのアイデアを浸透させる努力をすることだ。そして「パフォーマンス管理」の日課に従って、この課題の達成を目指している。日常的にミーティングや話し合いをすることにより、たとえ他にマネジャーが対処しなければならない経営上の要求を数多く抱えていても、一人ひとりのパフォーマンスの成長具合に絶えず目が行き届くようにしているのだ。

マネジャーの日課はそれぞれ独自のスタイルを反映して、互いに異っている。けれども、このさまざまなスタイルに紛れているなかから、われわれはすぐれたマネジャーによる「パフォーマンス管理」の日課に共通した四つの特徴を見つけ出した。

第一に、その日課は実に「単純」だ。すぐれたマネジャーは、会社主導による評価の仕組みが大抵の場合、複雑になっていることが気に入らない。わけのわからない言い回しを解釈したり、官僚的な書式で記入したりするために時間をかけるような無駄をしたくないからだ。反対に、本当に難しい仕事の方、つまりそれぞれの部下に対する話の内容とその話の持っていき方に専念できる単純な書式の方が気に入っている。

第二に、日課のあるおかげでマネジャーとその部下のあいだで「頻繁なやりとり」をせざるを得ない。一年に一回あるいは二回面接して従業員のパフォーマンスやスタイル、そして目標を議論するような程度ではどうしようもない。従業員が優秀な成果を上げられるようにするための秘密は、内面の深いところまで掘り下げて本人を理解することだ。たとえば具体的に物事をとらえたいという衝動、人づきあいに対する衝動、本人自身の目標、そして才能／欠けている才能などについての細かな内容に対する理解だ。年に一回の面接では細かな中身がわからない。そんな場合には、たとえインタビューをしても、「潜在能力」や「成長するよい機会」をテーマにしたあたりさわりのない議論になりさがっていく。細かな話を把握するには、最低でも四半期に一度、場合によってはそれ以上の回数の面接をする以外に方法はない。これらの面接によって、うまくいったことや、うまくいかなかったことが改めて鮮明に浮かび上がる。部下は、あるミーティングやマネジャーとのやりとりで自分がどのように「感じ」たかをその席で話すことができる。マネジャーは同じミーティングを思い出して、考え方をわずかに変えてみるように、つまり同じ出来事に対する解釈の仕方を変えてみるように部下に勧めることができる。互いの話が弾み、マネジャーのアドバイスは地に足のついたものになる。加えて面接のはざまの週では、マネジャーと部下は、何か出来事が起こるたびにそれに積極的な姿勢で取り組もうとする。なぜなら、これらの出来事を議論するための場がすぐに提起されることを互いに知っているからだ。パフォーマンス・ミーティングが頻繁に開かれるおかげでマネジャーと部下の双方が常に緊張感を維持していられる（パフォーマンス・ミーティングを頻繁に開くことで消耗する時間は気になるが、パフォーマンスを議論するために使う時間そのものは、最高のマネジャーの場合、平均して四半期ごとに一人当たりわずか一時間にすぎない)。

その上、パフォーマンス・ミーティングを頻繁に開くことによって、部下の不振をかこっているパフォーマンスといった常に微妙な話題を提起するのがはるかに楽になる。一年にわずか一度か二度しか面接しない場合は、部下にいきなり爆弾のような批判をぶつける状況になってしまう。部下が反射的に反論してきたときは、自分の記憶から適当な事例をかき集め、持論を展開しなければならない。しかし頻繁に面接をしていれば、精神力の闘いを避けられる。お粗末なパフォーマンスに関して時間をかけて少しずつ説得することができる。さらにこの話題を出せば必ず、現在の生々しい実例を取り上げられる。部下への批判が楽に受け入れられるようになり、互いの話し合いがより生産的になるだろう。

第三に、日課は「将来だけに目を向けて」いる。すぐれたマネジャーはその部下のスタイルや本人の前向きな姿勢を発見するために過去のパフォーマンスの検証を利用しているのは間違いない。とはいえマネジャーは、もともと自分の目をひたすら将来に向けようとする意識が強い。話し合いの場で議論したいのは、何が「できそうか」であって、何の結論も出ない非難の応酬や、終わったことの蒸し返しになることを望んでいるわけではない。したがって、これまでの検証にあてられるのは、面接の最初の一〇分間といったところだろう。残りの時間はすべて創造性のある作業にあてられる。「次の二、三カ月で何を達成したいか。われわれは、どんな物差しを使うことになるか。部下自身が目標を達成するために最も効率的と考える道筋とはどんなものか。マネジャーはどのように面倒を見ればよいのか」。すぐれたマネジャーの目からは、こういった種類の話し合いは活気があり、生産的で、しかも互いに満足のいくものになる。

最後に、日課は従業員に対して「自分のパフォーマンス、そして学習効果から目を離さない」ように要求している。多くの企業では「パフォーマンス評価」を従業員に対して行っている。従業員は受け身の立場であり、そのマネジャーによる評価を受けるのを待っている。もしその人の運がよければ、会社が評点をつける前に自分で点数をつけてみるよう指示されるかもしれない。しかしこの段階でも相変わらず反発する気持ちがある。自己評価の目的がマネジャーによる評価との比較対照として利用することだとわかっているからだ。こうなると従業員の自己評価は交渉の道具になる。「自己評価の点数は高くつけますよ。お互いの話し合いでの落としどころがその中間になるでしょうから」。これでは自分のパフォーマンスに対する正直な評価とは言い難い。

最高のマネジャーはこれを排除する。最高のマネジャーは、従業員がそれぞれ自分のパフォーマンスと学習効果から目を離さない日課を作るように求めるが、それと同時に従業員に、自分の目標、功績そして発見を書きとめるように要求する。この記録はマネジャーが評価したり批評したりするために作られるのではない。むしろその目的は、従業員それぞれに自分のパフォーマンスに責任を持ってもらうためだ。つまり自分の鏡になるというわけだ。これは自分自身の外側に一歩踏み出す方法だ。この記録を利用して、自分が世のなかにどんな影響を与えようとしているのかを自覚することができる。そういった自分の計画の効果を測ることができる。自分自身に責任が持てるのだ。

当然、すぐれたマネジャーは、部下それぞれと短期的なパフォーマンスの目標を話し合ってまとめたいと思っているが、それ以外の記録、つまり自分自身についての発見、身につけた新たな技能についての記述、受け取ったかもしれないさまざまな勲章は個人的な文書として扱われる。もし部下が運よくマネジャーと信頼関係を築けるなら、こだわることなく全部の記録、つまり、功績、失敗、仕事に発揮された強みなどをお互いに共有できるかもしれない。しかしこれが核心ではない。核心は、従業員に自分自身のパフォーマンスと学習効果から目を離さないような前向きの気持ちにさせることだ。つまり自己発見なのだ。

成人の学習に関する最近の調査から明らかになったのは、学生の場合、勉学の方向性が明確で、それを記録することが要求されていると、学校に残ってさらに勉強を続ける時間が長くなるということだ。すぐれたマネジャーははるか昔にこのことに気づいており、現在ではそれを部下たちに応用している。

これらの四つの特徴（簡潔さ、頻繁なやりとり、将来に目を向ける、自己追跡）は「パフォーマンス管理」の日課が成功するための基礎的要件だ。次に示す基本的な定型作業で、われわれは多くのすぐれたマネジャーがその部下を理解するためにする質問のいくつかと、そのマネジャーが普段よりどころにしている形式について解説する。われわれの目的は、マネジャーがどんなことを口にすべきか、あるいはそれをどのように話すべきか、あるいはその相手はだれかをこと細かく示すことではない。なぜならそれはあまりにも複雑であると同時に不自然だからだ。もちろんマネジャー自身は、質問とツールを自分の才能・経験に合わせて作り直したいと考えるだろう。

ところが、もしこの基本的な定型作業に沿って、それらを自分自身のスタイルにうまく取り入れることができるならば、「成果を適切に定義する」「強みを徹底的に活かす」そして部下の一人ひとりが「自分の適性を探り当てられる」最高のチャンスを手にすることができるだろう。

基本的定型作業

強みを見つけるインタビュー

部下との面接を毎年、年明けに、あるいは新規採用の場合は採用後一～二週間以内に一時間ほど実施し、そのなかで次の一〇の質問をすること。

Q1　これまでの仕事上の経験で何が一番楽しかったか。なぜこの会社に入ったのか
（新入社員でない場合）この会社で仕事を続けたいと思う理由は何か
Q2　どんなところが自分の強みだと思うか
Q3　弱点についてはどうか
Q4　現在の職務での目標は何か
Q5　どのくらいの頻度で自分の仕事内容を私と話し合いたいと思うか
あなたは自分からどう感じているかを言い出す人か
それとも聞いてもらいたい人か
Q6　私に伝えておきたい個人的な目標、あるいは必ずこうするというようなことがあるか
Q7　あなたがこれまでに受けた最高の誉め言葉は何か
誉められるほどうまくいった原因は何か
Q8　過去本当に生産的なパートナー、または教育的な指導者に恵まれたことがあるか

Q9　あなたの将来の目標、キャリアの目標は何か
特に身につけたいと思っている技能はあるか
経験してみたい具体的な課題や仕事は何か
マネジャーはどのように力を貸せばよいか
Q10　この他、互いの協力関係をよくする上でも、いま相談しておきたいと思うことがあるか

この話し合いの主な目的は、部下の長所や目標、そして要求を洗い出すことだ。それも本人がこういったことを十分理解するようにしながら行う。本人の発言内容がどんなものであれ、たとえそれに賛成できなくてもとにかくメモにして残しておくこと。部下を生産的にしようとするなら、「本人自身」がどこから始めようとしているかを理解しなければならない。その答えによって「本人自身」が自分はどこにいるかを考えているのがわかる。一年間の面接を通して、その部下の意見を変えるようにもっていくのが本人のためかもしれないが、当面は「本人の」目に映っている「本人の」世界を見ることに関心を向けることになる。

この強みを見つけるインタビューのなかで、部下は、どれくらいの頻度で自分の仕事の中身について話し合いたいと思っているか（Q5）に答える。そこで要求した頻度に合わせて、年度最初のパフォーマンス計画面接の予定を組むこと。ここで解説した目的からすると、本人の答えはおそらく「三カ月に一回」だ。

パフォーマンス計画面接

部下本人の準備ができるように、面接のたびごとに前もって以下の三つの質問に対する答えを書いておくように指示すること。

Ａ　どんな行動をとったか　つまり、これは過去三カ月間における部下のパフォーマンスの細かな内容だ。用意できるなら、点数、順位、段階評価、日程なども提示するべきだ。

Ｂ　どんなことを発見したか　この発見は本人が参加した研修クラスで気がついたり、あるいは単に、自分が行う社内のプレゼンテーションの席上や、だれか他の人の仕事ぶりを観察することから思いついたり、自分が読んだ本から触発された新しい考えだということもあるだろう。それを発見した場所がどこであっても、本人の学習効果から目を離さないよう前向きな気持ちにさせるべきだ。

Ｃ　どんな協力関係を築いたか　本人自身が築いた他人との協力関係のことだ。新たな人間関係を作ったということもあれば、これまでの人間関係を一層深めたということもあるだろう。仲間や顧客との関係、仕事の上でのつながり、あるいは個人的なつながりの場合もあるだろう。どのような関係を築くかは本人の考え次第だ。それがどのような判断であっても、本人は、会社の内外で自分の支持者を獲得する責任をとることとなのだ。

話し合いの冒頭でこのＡ、Ｂ、Ｃの質問をすること。そしてその答えをメモして残しておく。部下本人も自分でメモを書いて残すべきだ。本人から自分で書いたメモをマネジャーにも持っていて欲しいと頼んできたら、それは大歓迎だ。けれどもそれを部下に要求してはならない。どちらにしろ、部下の答えを話のきっかけにして、過去三カ月のパフォーマンスを議論すること。

一〇分ほどこの議論をしたら、話を将来の話題に向けるようにして次のような質問をする。

D　あなたが今一番力を入れていることは何か　次の三カ月の一番の目標は何か。

E　どんな新しい発見をしようとしているか　次の三カ月に、具体的にはどんな発見をしたいと考えているか。

F　どんな協力関係を新たに築きたいと考えているか　次の三カ月、自分の支持者をどのようにして育てようと計画しているのか。

「発見」や「協力関係」といった言葉は、人によってその個人のスタイルや企業文化にそぐわない場合があるかもしれない。その場合には適当な言葉を選んで欲しい。しかし選んだ言葉がどんなものであれ、部下との次の三カ月についての話し合いでは、話題を必ず簡単な達成目標にとどめるようにすること。部下に自分の答えを紙に書くように促して、その答えをもとに議論した上でお互いの合意を形成し、そして自分でそのコピーを保管する。このようにして、部下の答えが次の三カ月間における部下への具体的な要求だということをお互いが認識する。

その次の三カ月が経過したら、本人にA、B、Cの質問に対する答えを書くよう指示する。そして二回目のパフォーマンス計画面接の席で、もう一度これらの三つの質問をして、その答えを本人のパフォーマンスについて議論するきっかけにすればよい。そこで手際よく将来の話題に移り、D、E、Fの質問をする。ここでもやはり、その答えを互いに書きとめ、そのコピーを残しておくと先ざきで役に立つだろう。本人の功績、苦労、そして目標などを話し合いながら、本人の強みに話題を絞るように努力すること。そのときに必要なのは、本人にとって適切な期待値を設定する、そのスタイルが完璧になるよう力を貸す、仕事上の障害をどのようにすれば取り除けるかといったことを互いに議論することだろう。

この定型作業を次の三カ月後の話し合いで繰り返す。そしてまた次の三カ月という具合に、一年の終わりまで続ける。

年の終わりには、少なくとも四回話し合いをしていることになる。部下の過去の業績を振り返り、その将来の成長を細かく計画したはずだ。部下一人ひとりの特質に対する理解が深まり、そしてその理解を手がかりに、本人の本当の強みと弱みを本人自身がもっと正確に認識できるようになっているだろう。部下の意見や要求の一部が変わっているかもしれない。苦しいときやうまくいっているときを一緒に過ごして、マネジャーは部下との距離を縮めていることだろう。納得のいかないものもあるだろうが、賛成するものも数多くあるだろう。しかし何が起こったとしても、互いの協力関係はさらに強くなっているはずだ。頻繁に話し合いをする、よく話を聞く、関心を払う、アドバイスをする、そして細かなところまで計画を立てることによって、本人の成功に向かって共通の現実的な利益を追求できるだろう。そして重要なことは、部下がその記録をすべて保存していることだ。

キャリア発見のための質問

パフォーマンス計画面接をしているとき、ある時点で部下が自分のキャリアの選択肢について話をしたいと言うことがあるかもしれない。つまり自分の次の方向性をマネジャーがどう考えているのか知りたいのだ。キャリアについて健全な話し合いをいきなりしようとしても、それはほとんど不可能だ。健全な話し合いはさまざまな話し合いを、それもさまざまな機会に積み重ねることの結果でしかない。けれどもこれらの話し合いをうまく運ぶことはできる（それぞれの話し合いを部下一人ひとりの潜在能力やパフォーマンスに合わせて組み立てればよい）。回を重ねるにつれ、二つのことを確実に実行する必要がある。第一に、部下は自分の技能、知識、そして才能を一層明確にしなければならないということだ。この種の明確さがないと、部下のキャリア計画を一緒に練ろうとするとき、部下本人がお粗末なパートナーとなってしまう。第二に、部下はキャリアの次の段階で何をしなければならないのか、そして自分がその段階で実力を発揮できると思う理由を細かなところまで理解している必要がある。

部下は自分の力でこれらを理解するよう努力しなければならない。けれどもマネジャーが助け船を出してもかまわない。次のキャリアを見つけるための五つの質問をいろいろな場面で使って、部下の考えを引き出すようにすればよいだろう。

Q1　今の職務での功績をどのように説明するか
その功績に自分で点数をつけられるか
私はこう思う（と言って自分のコメントを付け加える）

Q2　現在の仕事ぶり（優秀さ）は本当のところ一体何が原因なのか
そこから、技能、知識、そして才能の面についてどういう理解が得られるか
私はこう思う（と言って自分のコメントを付け加える）

Q3　現在の職務ではどの部分を最も楽しいと感じているか

そしてその理由は

Q4　現在の職務ではどの部分に最も苦労しているか
そこから、技能、知識そして才能の面についてどういう理解が得られるのか
それを何とかするためにわれわれには何ができるのか
研修か、配置換えか、支援の仕組みか、それとも協力の仕方か

Q5　自分にとって理想的な職務は何か
その職務に携わっていると想像してみよう。いま木曜日の午後三時だ。あなたは何をしているところか。なぜそんなにその職務が気に入っているのか
私はこう思う（と言って自分のコメントを付け加える）

これらの質問は、年間を通して機会あるごとに尋ねることによって、部下に自分自身のパフォーマンスについて細かく考えるきっかけを与える役目を果たしている。今の職務にとどまって経験を積み、成長することによって自分のキャリアを築きたいのか。それとも新しい職務に移りたいのか。もしそうだとすると、どんな強みと満足がその職務から得られるのか。これらの五つの質問は必ずしもその答えを引き出してくれるわけではない。けれども上手な質問の仕方や、適切なタイミングで質問を投げかけることによって、部下が自分の考えをまとめられるようになり、同時にマネジャーの考えも理解するようになるはずだ。部下と協力して、現在の本人のパフォーマンスと潜在能力についてのしっかりとした結論をいくつかまとめられるようになるだろう。ここまでくれば部下と一緒になってその将来についてもっと満足のいく決断ができるはずだ。

マネジャー自身のカギ

――従業員はマネジャーのカギを回せるか

従業員を生産的な人材に「変える」ことができるマネジャーは一人もいない。マネジャーは触媒だ。つまり従業員の才能と顧客／会社の要求との相互反応を加速させられる存在だ。従業員が自分自身の目標を実現するための最もたやすい方法を見つけられるよう面倒を見ることができる。そのキャリアプランを立てられるように力を貸せる。とはいってもマネジャーは部下が一生懸命になってくれなければ、こうしたことは何一つできないのだ。すぐれたマネジャーが取り仕切る世界では、部下がスターなのだ。マネジャーは代理人であって、舞台芸術の世界の場合と同じように、代理人はそのスターから多くの見返りが得られるよう期待している。

次に挙げるのは、すぐれたマネジャーが才能のある部下一人ひとりから期待している項目だ。

- **チャンスを手にするたびに鏡を見る**　会社が提供してくれるあらゆるフィードバックのツールを利用して、自分自身が何者か、そして他人が自分をどのように見ているか、ということの理解を深めること。
- **じっくり考える**　毎月一回、二〇分か三〇分間落ち着いて直前の数週間の反省をする。達成できたことは何か。何を学んだか。何を嫌ったか。何が気に入ったか。そしてこういったことのすべては自分自身と自分の才能の何を説明してくれているのか。

- **自分自身を発見する**　時間をかけて自分の技能、知識そして才能を細かなところまで理解できるようにする。そして、この深まった理解を手がかりに、積極的に新たな職務をこなし、よいパートナーとなり、どんなトレーニングや成長の道を歩むかを決める。
- **自分の支持者を固める**　時間をかけて、どんな種類の人間関係が自分にとってうまくいくのかを見極める。徹底的に探求すること。
- **目を離さないこと**　自分自身の学習効果と発見についての記録を作り上げること。
- **正しく仕事をしている同僚を見習え**　職場に入ったときは、決してそこの仕事に何も手をつけないまま職場をあとにしてはならない。仕事は少しよくなるか悪くなるかのどちらかしかない。少しでもよくするよう心がけること。

そしてマネジャーは「伝統的常識」の信奉者のために働く、いやもっとひどい人のために……

すぐれたマネジャーは依然として少数派だ。「スーパー・スーパーバイザー」のために仕事ができる幸運に恵まれる従業員はほんの一握りだ。「スーパー・スーパーバイザー」には心の温かさと仕事に対する厳しさ、仕事に対する支援と権威の完璧なバランスが備わっている。従業員を理解し、足りないところを快く受け入れ、そして朝の最もけだるい気分のときでも活力を引き出す術がわかっている、そんなマネジャーだ。

これとは対照的にほとんどの従業員は「仕事にいちいち口を出す」ような管理をするスーパーバイザーのために働いている。つまり、それは自分の部下をきちんと扱いたいと純粋に考えている、部下に優秀な功績を上げさせたいと心から願っている、しかしそれが適切にできず常に苦しんでいるマネジャーだ。たぶん自分の部下にあれこれと指示することであまりにも時間を浪費してしまい、部下の個別の要求に耳を傾ける時間が十分にないのだろう。ものごとに取り組む「自分自身の」やり方を部下に覚えさせることによって、部下を完璧にしたいと思っているのかもしれない。どんな部下に対しても、「マネジャー自身が」こう接して欲しいと思うやり方で接しているだけなのかもしれない。あまりにも忙しすぎて、そうした気持ちは十分にあるのだが、部下全員とパフォーマンスについて話し合う時間を取れないのだろう。あるいはその気があまりないのかもしれない。部下が嫌いなのかもしれない、部下を信頼しない、部下の功績を自分の手柄にする、そして部下の失敗を非難するかもしれない。

このようなマネジャーのために仕事をしている人の場合、その人には一体何ができるのだろう。自分を最大限に活かしてもらうためにマネジャーにどう働きかければよいのだろうか。われわれはこの疑問に対してこれで間違いないという答えを用意できないが、マネジャーに何とかして働きかけるための助言をいくつか示すことはできる。

A　あなたのマネジャーが忙しすぎて、パフォーマンスや個人的な目標について話し合う時間が取れないときは　そのマネジャーと相談してパフォーマンス計画面接の日程を設定する。計画を立てる負担からマネジャーを解放すること。そして事前に面接の構成を考えて、一緒に話し合う時間を最も効率がよくなるようにしてあると伝えればよい。簡潔にまとめた過去三カ月の検証結果、自分の取った行動、自分の発見、新たに作り上げた協力関係を提示できるように用意しておく。そして次の三カ月間についてマネジャーとの話し合いを要求する。具体的な話題として、自分が重点的に力を入れようとしているもの、目指している新しい発見、作りたいと思っている新しい人間関係を取り上げればよい。マネジャーはただ面接に現れて、四五分間のあなたとの話し合いをするだけでよいわけだ。

もしマネジャーが設定した面接を何度もキャンセルしたり、面接のときに何も発言しないようなら、そのときはあなたの問題はマネジャーが忙しすぎることなどではない。お粗末なマネジャーであることこそが問題だ。この問題にぶつかったら、そのための選択肢は限られている。仕事そのものが気に入っており、同時にうまくいっていると感じている場合には、ただそのマネジャーを我慢するしかないだろう。代替案は異動することだが、これについてはEで議論することにする。

B　マネジャーが自分流のやり方を押しつけてきたときは　そのマネジャーは仕事の進め方にこだわりすぎていると言ってよいだろう。頃合を見計らって、パフォーマンス計画面接の席で、自分の職務に関してはそれに取り組む手順よりも成果の方をきちんと見て欲しいと伝えることだ。手際と成果のどちらを基準に自分の実績が評価されるのかをマネジャーに確認する。これを話し合っているとき、マネジャーのやり方とは違っていても、自分なりのスタイルで自分に対して要求されている成果を達成できているという説明をきちんとすること。ここで肝心なことは、自分のスタイルの方がマネジャーのスタイルよりすぐれていると言わないことだ。「自分」にとっては自分自身のスタイルこそがマネジャーとのあいだで合意した成果を達成するための最も効率のよい方法で、それ以上の意味はないということが肝心なのだ。このような視点からすれば、マネジャーのスタイルは、それがマネジャーにとってどんなに気になるものであっても、実際には応用が効くものではない。

もちろん、成果よりも手順を重視することの間違いが問題にならない場合もある。マネジャー自身のやり方を押しつけているのは、マネジャーが権力と統制の感覚が好きだからかもしれない。自分の誠実さを傷つけることなくマネジャーのスタイルに適応できるなら、それは結構。これができなければ、別の仕事に移ることを考えてもよいだろう。

C　マネジャーの誉め方が不適当だったり、不適当なときに誉めるような場合は　別の仕事を希望してよいだろう。このための話し合いはいつも簡単にいくわけではない。実際、公的な場所ではなく個人的に誉めてもらう方がずっとありがたいとマネジャーに伝えると、横柄で厚かましいととられてしまうこともある。そこで改めて頃合いを見計らわなければならない。チーム全員が起立している前であなたの功績を持ち上げたそのすぐ後に、そのマネジャーに対してやめて欲しいと伝えるのは賢いことでもなければ、配慮の行き届いた行為でもない。第5章で述べたように、保険代理店のマークが怒ってステージから降りてしまったことでそのマネジャーの目を覚まさせたことは確かだが、われわれはこのやり方を勧めようとは思わない。このようなやり方ではなく、自分のパフォーマンスの「あらゆる」面について話し合っているときに、つまりパフォーマンス計画面接のような整然とした冷静な議論の機会に（そしてそれがマネジャーの善意に対する感謝の気持ちが損なわれない場合に）自分の意見を言うべきだ。こうすることでマネジャーに対して自分が何を要求すべきかを一生懸命考えているという事実が伝わり、マネジャーのやり方にその意見を反映してもらえる余地を生み出すことになるだろう。

ただし間違った誉め方をマネジャーがするというより、まったく誉めてくれないということが問題なら、自分自身の城のなかでできるだけ生き延びるようにする必要があるだろう。もともと自分から行動を起こせるタイプなら、まったく認められなくてもしばらくのあいだは何とか生き延びられる。けれども、ほとんどの人はすぐに膨大なエネルギーの消耗を味わうことになる。自分が認められていないと思わざるを得ないような環境に陥ったら、異動を考えてよい。

D　マネジャーが絶えずあなたのしていることや感じていることを尋ねたり、深入りをしてきたら

そんなことは自分にとって何の力にもならないと伝えること。これは神経をすり減らす問題だ。なぜなら反抗的な印象、あるいはまるで「あなた」の方が立場が上のような印象をマネジャーに持たせてしまってはならないからだ。しかし念を押しておくべきなのは、マネジャーがあなたに「確認」したいと思っている頻度より、あなたがマネジャーに対して「確認」する頻度が少なくてもかまわないかということだ。マネジャーに対して何の他意もないことを伝えておかなければならない。もう少しだけ独力で自分の役割を果たしたい、さらにマネジャーの希望する頻度ではなく、「自分が望む」頻度での「確認」ミーティングの予定を組めれば、はるかに生産的な仕事ができると言うべきだ。だれの目からしてもこれは神経を遣う状況だが、感情のかけらもないきっぱりとしたセリフ、たとえば「確認は二日に一回よりも、二週間に一回にしていただきたいと思います」といったことを口にできればうまく対処でき、双方にとって効果のある現実的な調整ができるはずだ。

マネジャーがあなたのことを疑っているために邪魔をしてくる場合には、どんなにきっぱりと感情のない言葉を話してもほとんど何の役にも立たない。別の戦略を取るべきだ。つまり異動だ。

E　これまで議論してきた問題がまったく違った側面を持っている場合、つまりもしマネジャーが「絶えず」あなたを無視する、疑う、あなたの仕事を自分の手柄にする、自分の責任をあなたに押しつける、軽蔑するといったような場合　そのときはそのマネジャーの支配から逃れることだ。会社のなかで他の部署へ異動するか、他の地位を目指すかあるいは会社を辞めるという選択肢もある。もちろん、マネジャーが異動することを祈りながら、あと六カ月間とどまる決断をしてもよい。さらに会社からの報酬が潤沢でそれが苦痛を和らげてくれるため、今の状況に耐えられることもある。また、あなたの話に同情してくれるマネジャーの上のボスか人事部門の人がいるかもしれない。しかし勘違いはしないように。マネジャーの態度が長いこと変わらないままならば、これから先もそれ以上に変わりようはない。一部にはマネジャーにふさわしくないマネジャーもいる。その誤った振る舞いは誤解や方向性の間違った善意のなせる技ではない。それは才能の欠如が原因だ（ノイローゼのこともある）。頭のなかに適切な四車線道路がなければ、永久にお粗末な意志決定を続けてしまう。どこまで行っても人を疑い、人にケチをつけ、人を見限り、邪魔をしそして窒息させる。これらのマネジャーはそうしなければやっていけない。それが持って生まれた性質なのだ。あなたも本書もそして何週間もかける気配りトレーニングも、こういったマネジャーに対して、すぐれたマネジャーに必須の強さ、自尊心、安心感などを与えることはできないのだ。

われわれは次のように言えればと思う。「心配するな、困難に立ち向かおう。自分自身の才能の持つ強さを信頼しよう。そうすればすぐれた成果を上げられる」。しかしこれはできない。マネジャーがその馬脚を現して解雇されるのを期待しながら、しばらくのあいだは苦境のなかで生き延びられるかもしれない。しかしよいマネジャーに恵まれなければこれも長続きはしない。本書でも述べているように、自分の持っているすべての才能をパフォーマンスに開花させようと努力しているときには、自分の直接上のマネジャーが非常に重要なパートナーなのだ。本当に悪いマネジャーに苦しめられているなら、自分の最高の能力を見出すことはないだろう。仕事自体がどんなに楽しくても、脱出することだ、しかもただちに。今よりもっとふさわしい、自分の実力に見合った仕事があるはずだ。

会社が握るマスターキー
——すぐれたマネジャーが求める「空気」を生み出すために会社は何ができるか

従業員の入社の動機は、その名声や評判かもしれないが、入社後どれだけ長く勤務するか、どれだけの生産性を発揮できるかは直接のマネジャーとの人間関係次第だ。このことはすでに述べた。同様に、マネジャーはその部下一人ひとりの才能をパフォーマンスに開花させる決定的なプレーヤーだということも述べた。マネジャーの影響力は会社より大きいことも指摘した。

これらはすべて事実だ。従業員の目からすると、マネジャーは確かに会社よりも影響力がある。しかし、それでも会社には行使できる巨大な権力がある。すぐれたマネジャー自身単独で行える伝統的常識への抵抗には限界がある。「会社」全体の取り組みだけが伝統的常識を完全に排除できるのだ。

ほとんどの企業では伝統的常識が深く浸透した状態が続いている。たとえマネジャーの多くがその一部の中心的教義（たとえば人にはそれぞれ無限の潜在能力がある、互いに弱点を克服するために助け合い、自分がこう接して欲しいと思うやり方で他人に接すること）といった内容に対して賛成していないにしても、依然としてこれらの教義は生き延びている。これらは、会社の方針や現実の業務活動、そして使っている言葉などのネットワークにしっかりとまつわりついている。このネットワークは会社全体に広まって、従業員の採用、訓練、給与、褒賞そして昇進などに影響を及ぼしている。すぐれたマネジャーはこれとは反対の方向に独力で少しずつは仕事を進められるが、まったく反対のことを達成することは不可能だ。どんな道筋を通って進もうとしても、遅かれ早かれ、ドアを開けたその目の前に、何らかの方針や規則、あるいはシステムに関するしきたりが立ちはだかり、その場でマネジャーを阻止するからだ。


「そんなやり方では部下は報われませんね」

「三年以上の経験がなければ、昇進させられませんよ」

「どの部下に対しても同じ接し方をしていませんね。それでは不公平です」

「これがわれわれの新しいパフォーマンス管理システムです。ここに挙げた力量すべてのトレーニングを必ず部下全員に対して実施してください」

「その肩書きは本人にふさわしくない。下にだれも部下がいないのだから」


伝統的常識は、採用、トレーニング、報酬、そしてパフォーマンス管理システムといった壁の向こう側で守られている。これを完全に排除する唯一の方法は、これらのシステムを一新することだ。一新する力があるのは「会社」だけなのだ。

われわれのよりどころとして四つのカギを応用しながら、会社の経営幹部が伝統的常識のバリケードを打ち壊すために利用できるマスターキーのいくつかを示す。

A　成果の達成に専念すること　企業の役割は目的をはっきりさせることだ。個人の役割はその目的を実現できる最高の手段を見つけ出すことだ。したがって、強い会社はその目指すゴールをよく理解し、個人に対してそこに向かう道筋の楽しみを提供してくれる。

・可能な限り、成果という観点からすべての職務を明確にすること。
・これらの成果を一つでも多く評価し、順位づけする方法を考え出すこと。評価をすることによって必ずパフォーマンスの向上に結びつく。
・顧客が感情的な面から最も重視する四つの成果は、正確なこと、すぐ利用できること、協力関係を築けること、そしてアドバイスを得られることだ。社内でそれぞれの職務について検証し、成果を生み出すためには実際に何が必要かを見極めるべきだ。トレーニングクラスでは、この職務の標準的な手順が、どのようにしてこうした感情面の成果に結びつくのかを説明すること。同時に、いつ、どのように、そしてなぜ、従業員がその個人的な裁量を発揮して、これらの成果を達成することが期待されているのかを説明すること。
・マネジャーが第1章で紹介した一二の質問に対する部下の回答内容に責任を持つようにする。これらの一二の質問は非常に重要な成果達成の尺度だ。われわれは部下の回答に従ってマネジャーに報酬を出せというつもりはないが、マネジャーは一二の質問をその全体的なパフォーマンス評価表の一部として利用する「べきだ」。

B　すべての職務における世界水準のパフォーマンスを重視する　強い会社ではすべての職務について非凡な実績を上げている場合、その人に尊敬の念が注がれる。企業のなかにある文化を理解しようと思ったら、まずその会社のヒーローを見ればよい。

・できるだけ多くの職務を対象にして、達成に向けてのさまざまなレベルを設定する。ある地位から次の地位に上がる具体的な評価基準を明確にする。バッジや賞状、修了証などの勲章を使って進歩に対する褒賞を与える。どんなレベルに対しても真剣に考えることだ。

・できるだけ多くの職務を対象にして、広帯域化した報酬体系を設定する。それぞれの帯域で上のレベルに上がる具体的な評価基準を明確にする。帯域を移るときには給与の減額が生じる理由を明確に説明する。

・「個人最高の成果」を顕彰する。多くの人たちは進んでお互いに競い合おうとするものだ。一人ひとりが月ごとあるいは四半期ごとの自分のパフォーマンスを、追跡できるような仕組みを考えること。この仕組みを利用して、月ごとあるいは四半期ごとの「個人最高の成果」が認められるたびに、必ずそれを表彰すること。「個人最高の成果」の数が増えるということは、それだけ会社が成長しているという証だ。

C　最優秀者から学習する　強い会社は自分たちの文字どおり最高の人材から学習する。社内で成功体験（ベストプラクティス）を発見する作業は、最も重要な日常的儀式の一部になっている。

・最も重要な職務を手はじめに、そこで最高の成績を上げている人から学習する。そうすればこうした最優秀者並みの人をさらに獲得できるようになる。

・すべてのトレーニングを検証して、優秀さについて学習したことを各職務に取り入れるようにする。

・社内の「大学」を作ること。この「大学」の主な役割はそれぞれの職務での最優秀者が、その仕事をどうこなしているのかを紹介するフォーラムを提供することだ。できるだけすべての部下を、すべての職務において、最優秀者の考え、行動そして満足感に触れさせるべきだろう。従業員はこの他にさまざまなこと、たとえば会社の方針、規則、技術などをこの「大学」で学ぶことができるが、最も重点を置くべきなのは社内の成功体験についてのプレゼンテーションだ。この「大学」は柔軟性に富み、気さくな雰囲気で、そしてわかりやすく、風通しのいい場所がよいということを忘れてはならない。これは会社組織の規模や複雑さにとっても同じように必要なことだ。最も大切なのは最優秀者からきちんとした方法で学ぶことだ。

D　すぐれたマネジャーの言葉づかいを教える　言葉づかいは考え方に影響を与える。考え方は行動に影響する。企業が従業員の行動を変えたければ、従業員の話し方を変えなければならない。強い会社はすぐれたマネジャーの言葉づかいを全社共通の言葉づかいにしている。

・すぐれたマネジャーの「四つのカギ」を教える。特に、技能と知識、そして才能それぞれの違いを強調すること。従業員に以下のことを確実に伝えること、つまり、すべての職務はそこで優秀さを発揮するために才能が必要であり、才能は考え方、感じ方、そして行動、「いずれかの」習慣的パターンであり、加えて才能は教えることがきわめて難しいということだ。
・採用活動、職務分掌、そして履歴書上の必要条件を変更して、才能の決定的重要性と幅広い解釈をこれらに反映させること。

・トレーニングの内容をすべて検証し、技能、知識そして才能相互の違いを反映させること。優秀な会社は訓練できることと、それが不可能なこととを区別して明確に理解している。
・トレーニングから人の欠点や弱点を直すような要素を排除すること。最も才能のある人を送り込んで本人の才能をさらに強化できるような新しい技能や知識を身につけさせる。「欠点を直す」ために才能に欠ける人をトレーニングクラスに送り込むのをやめる。
・どの従業員にもフィードバックの恩恵を与える。三六〇度調査、個人の分析、そしてパフォーマンス表彰制度はどれも従業員の力になるのだが、ただしそれは従業員が自分自身に対する理解を深め、その強みをよりどころにするような力になるという目的に絞られている場合に限られる。直す必要のある対象を特定することだけが目的なら、これらの利用はやめること。
・すぐれたマネジャーの「パフォーマンス管理」の定型作業を始めよう。

これらのマスターキーは、すぐれたマネジャーの代わりにはならないにしても、大切な必需品だ。マスターキーを回さないでおくと、伝統的常識がすぐれたマネジャーに対する敵対的な空気を作り出すのを許すことになってしまう。伝統的常識は、中核となる前提を足がかりに作り上げた方針、仕組み、そして言葉づかいを武器に、それに異議を唱える小さな声を圧倒し、すぐれたマネジャー一人ひとりを、本人が持っている最も固い信念さえ疑わざるを得ないような状況に追い込んでいる。このような空気のもとでは、すぐれたマネジャーが成長することは不可能だ。実践によってその直観に磨きをかけることもできない。その頭脳の明晰さを維持しながら生き残ることだけに忙殺されてしまう。

とはいえ、これらのカギをうまく回せば、会社全体の空気を変えることができる。その空気はすぐれたマネジャーにとって追い風となり、その考え方に力を与え、その実践と実験の後押しをしてくれる。「この」空気のもとで、すぐれたマネジャーはその実力を発揮するはずだ。従業員はすぐれた実績を残す。会社はその成長を持続できる。そして伝統的常識はそれを最後に根絶されることになるはずだ。

フォースを束ねよ

マネジャーが会社の欲求と従業員の欲求という二つの力を結集させる

すぐれたマネジャーの手にかかれば、どれもごく簡単なことのように思えてくる。つまり才能を選び出し、目指すべき成果を明確にし、強みにこだわり、そのうえで個人の成長に従って、自分に合った仕事を見つけるように励ます、これがすぐれたマネジャーのやり方だ。あらゆる部下一人ひとりに対して、これらの手順をすべて実行すれば、その部署、部門、あるいは会社はこれから先いつまでも飛び抜けた成績を収めることができるだろう。ほとんど間違いなくそうなるという感じがしてくる。

われわれには、読者と同じく、必ずしもこうならないことがわかっている。人に仕事をしてもらうのは非常に難しい。その職務の本質は、会社、顧客、部下そしてマネジャー自身の利益のあいだのバランスをとろうと人一倍の努力をすることだ。一人の面倒を見ると、それが他の部下の気持ちを間違いなく混乱させることにつながってしまう。わがままな顧客とどぎまぎしている部下のあいだに割って入ると、顧客をなだめながら同時にその部下の顔も立てられるようなツボにはまった言葉を見つけるのは難しい。やる気をなくした古参社員三〇人のチームを任せられることになってしまった場合、この古参社員に仕事をさせながらその信頼を獲得するのは難しい。新入社員が、せっかく自分で選んだのに実際には仕事をこなす才能がないとわかったとき、本人のモラルを低下させず同時にその仲間にもさとられることなくその話を伝えるのは難しい。どんなふうに話を持っていこうとしても、とにかくあいだに入るのは難しい役割だ。

本書はマネジャーの職務を簡単にしようと提案しているのではない。ものごとがよく見渡せる位置を提案しているにすぎない。自分が何をしているのか、それはなぜか、どうすればもっとうまくそれがこなせるかといったことに対して、現在よりも明確な視点を持てる方法を提案している。この視点さえあれば、すべての状況でどう行動すればよいかわかるというわけではない。けれども思慮分別のある行動を教えてくれる「はず」だ。さらに、長続きする強力な職場を築く基礎固めにとりかかる方法を理解させてくれる「はず」だ。

いきなり奇跡が起こるとは約束できない。そんな約束をしたとしても、読者はわれわれを信じないだろう。明日の職場でも、相変わらず不適当な役割を演じている人たちを数多く目にすることが読者にはわかっている。またさらに伝統的常識と寸分違わない歩調をとっているマネジャーもやはりたくさんいることもわかっている。加えて、自分の力で変えられることの限界も知っている。一度に部下一人ずつ、そしてその部下と会話を積み重ねて初めて、ものごとを変えられるということも知っている。すべてのすぐれたマネジャーと同じように、読者も長い旅の出発点に立っているのだ。

われわれが約束できるのはただ一点、これらの「四つのカギ」は旅を始めるためにこれ以上ないほど強力な財産になるということだ。

……………

旅の道中では、次の事実から強みを理解することだ。マネジャーが伝統的常識を一つずつ壊していく過程では、二つの強力な力が結集することでその仕事は助けられている。この二つの力とは会社の欲求と従業員の欲求であり、これらは一五〇年前の「会社」制度誕生以来ずっとかみ合わない状態が続いてきたが、ゆっくりと収束に向かって動きはじめている。今日では、読者つまりマネジャーはそれらが収束しようとしているポイントに立っている……。

どんな職場でも従業員は今以上の仕事を要求されている。企業以外のコミュニティーの要素が消滅していくなかで、職場が自分の存在意義、そして自分らしさを確認できるところであって欲しいという従業員の願いはますます大きく膨らんでいる。従業員は一人前の個人として認めて欲しいと思っている。自分自身を表現し、その表現に対してそれにふさわしい名声を手にするチャンスを欲しがっている。マネジャーだけが、この種の環境、つまり一人ひとりが自分の強みを理解し、それを生産的に表現できる環境を作り出すことができるのだ。

同時に、企業は埋もれたままになっている価値を生み出す可能性を探し求めている。人間性はこれら最後の、そして途方もなく大きな価値ある可能性だ。もしある企業がその企業価値の向上を目指す場合には、これらの可能性を最大限に利用しなければならないという意識を企業は持っている。これまで企業は人間性を制御し、完全にすることによって、人間性の持つ力を利用しようと努力してきた。ちょうど人類が他の自然の力に対して行ったのと同じように。しかし、われわれにはこれではうまくいくわけがないことがわかっている。つまり人間性の力は、他の自然の力とは違って、均一ではないからだ。むしろその力はその特異性に、つまり「一人ひとりの人間性が異なっている」という事実から生まれている。もし企業がこの力を利用したいと考えるなら、一人ひとりの人間性を、抑えつけるのではなく、解き放つメカニズムを見つけ出さなければならない。そのためにもマネジャーこそが、企業に備わっている最高のメカニズムなのだ。

これら二つの力（それぞれの企業の価値を求める活動と、一人ひとりの個人の自分らしさを求める活動）が相互に作用することによって、企業の様相はどこまでも変化し続けることになるだろう。そこに、新しい組織モデル、新しい肩書き、新しい報酬制度、新しいキャリア、そして新しい評価制度が生まれることだろう。これらすべての基礎はこのマントラだ「足りないものを植えつけようとするな、その人のなかにあるものを引き出す努力をしろ」。マネジャーの一部にはこれらの変化の力に抵抗しようとする人がいるかもしれないが、その抵抗は失敗に終わるだろう。企業の価値を探し求める活動には終わりがなく、また抑制することもできない。個人の自分らしさを追い求める活動もまた同じことだ。これらの力が収束する動きを鈍らせることはできる。ただし止めることは不可能だ。

これとは反対にその動きを速めることはできる。マネジャーは触媒になれるからだ。本書では世界で最も優秀なマネジャーがその方法を教えてくれたと信じている。

参考資料

《参考資料A》ギャラップが描く企業業績向上の道筋
――企業価値を持続的に上昇させるには

健全な事業のカギとなる要素間のつながりを検証する調査から、ギャラップは、あらゆる従業員一人ひとりの貢献から始まって最終的に企業が目指す成果に至るまでの道筋、つまり総合的な企業価値を高める道筋をモデル化した。株式を上場している企業にとって総合的な企業評価とは、言うまでもなく株価と株価時価総額の上昇だ。図表A-1にその道筋を表した。その道筋に沿った各段階を簡単に解説する。

真の利益増が株価上昇を生む

企業の市場価値に影響を与える変動要因はたくさんある。企業にはコントロールできない外的な変動要因もこれに入る。しかし企業がコントロール「できる」変動要因のなかでは、真の利益の増加こそ株価を上昇させる最も重要な原動力だ。われわれがこの「真の」を強調するのは、短期的な収益性向上に走るケースが数多く見られるからだ。そのなかには、プロセスの効率化やコスト削減といった堅実な経営など全社的取り組みもあれば、資産評価の切り下げや一括償却、あるいは売り上げを膨らますための期末の押し込み納品といった財務戦略もある。けれども株価の持続的な上昇を約束してくれるのは、「通常の業務活動」で持続的に利益を上げることだ。

図表A-1 ギャラップが描く企業価値向上の道筋

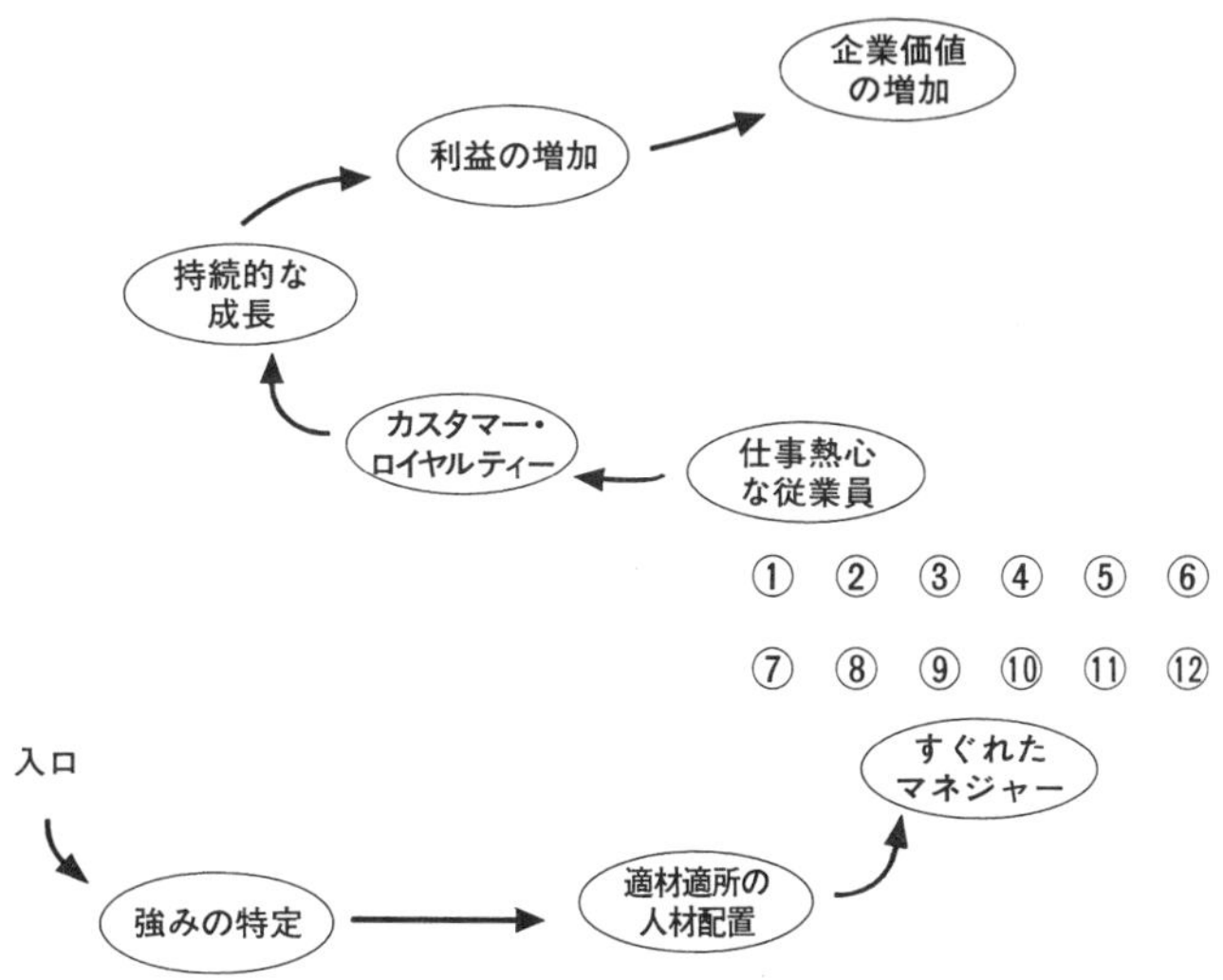

真の利益を生み出す持続的成長

　真の利益を増やすことができるのは持続的成長だけだ。持続的成長は「買収による成長」とはかなり違う。企業はさまざまな手法を使って成長を買うことができる。たとえば他の企業の収入源を奪い取る大幅な値下げ、あるいは激しい勢いで新規出店を続けて急成長している人気のレストランや小売りチェーンを買収するといった手法だ。これらの手法は喜ばしいことに売り上げを一気に増加させるが、そのなかに売り上げの水準を維持するという課題を解決する手法はない。それどころか、積極的に売り上げを落とすものすらある。持続的成長は、短期的な売り上げの増加で評価されるものではないのだ。逆に一店舗当たりの売り上げあるいは製品ごとの売り上げ、顧客一人当たりが利用したサービスの数といった基準で評価すべきだ。これらの基準は、自分たちの収入源が堅実かどうか、永続性があるかどうかを明らかにしてくれるはずだ。

得意客が持続的成長の原動力

持続的成長に最も影響力のあるのは得意客のすそ野の拡大だ。一部にはプレミアム価格で喜んで購入してくれる得意客の数が増えることが重要な業界もある。得意客がその企業を周りの人に奨めてくれることで、強力かつ無給のセールス部隊になってくれる。

効果的な販売・マーケティング活動で、顧客に自社の製品やサービスを試してもらうわけだが、顧客が企業に対して抱く信頼感は、どこにも負けない製品やサービスを提供することで培われるものだ。ギャラップでは、顧客に対する販売・マーケティング活動を「ブランドからの約束」、製品やサービスのクォリティーを「ブランドの体験」と表現している。企業が得意客の数を増やすことができるのは、ブランド体験がそのブランドからの約束と同等、あるいはそれを上回っている場合に限られる。

仕事に集中している従業員が顧客の信頼感を生み出す

ゼネラル・エレクトリックのCEO、ジャック・ウェルチはかつてこんなことを言っている。「競争に勝ち抜こうとしている企業はどこでも……すべての従業員の気持ちをつなぎとめておく方法を考え出さなければならない」。これは特にサービス産業にあてはまる。その企業価値のほとんどすべてが従業員一人ひとりの手によって顧客に届けられているからだ。しかし製造がすべてといった環境でも、従業員が仕事に没頭し、責任を持って取り組まなければ、すぐれた品質の製品を作ることはできないだろう。

図表A-1にある①～⑫は、本書の第1章で解説した一二の質問を表している。「仕事に集中している」従業員とは、われわれの定義によれば、これら一二の質問すべてに自信を持ってイエスと答えることができる人だ。事業体ごとのメタ分析でわれわれが使った四つの評価項目は、従業員の定着率、生産性、顧客満足度、そして収益性だ。この図では熱心な従業員と顧客の信頼感とのあいだのつながりを説明しているにすぎないが、一方で、仕事に集中する従業員が増えることとその企業が上げる利益額とのあいだには非常に密接なつながりが認められることもよくある。その計測・評価の基準は、間接的には生産性の向上、直接的には労働移動率の大幅な低下なのだ。

すぐれたマネジャーを配した適材適所の人材配置が従業員の意欲の原動力となる

この道筋では、まず第一のステップをほぼ完璧に踏み出す必要がある。これができないと、顧客満足や売上高の向上、そして利益の獲得が見込めないだろう。まず第一歩では、従業員一人ひとりの強みを見極めなければならない。次のステップでは、従業員一人ひとりにそれぞれの強みが発揮できる職務を与えなければならない。これら二つのステップを達成できなければ、いくら従業員の動機づけをしても、あるいは専門的な指導をしても、最終的な成功はおぼつかない。本書でも詳しく述べたように、われわれが言う「強み」とは、基本的にその人の考え方、感情、あるいは行動の習慣的パターン（すなわち才能）を指しており、本人が身につけた技能や頭に詰め込んだ知識のことではない。従業員を選抜するとき、企業は従業員の技能や知識にこだわって多くの時間と金を使うばかりで、その才能にはあまり注目しようとしない。そのため、たいていの場合企業は、この道筋の入口でつまずいてしまう。その理由は、企業自身が実際にどれだけの才能を採用しているのか、あるいはその才能をどれだけ適切に配置しているのか、正確に判断する術を持ち合わせていないからだ。

これらの最初の二つのステップをうまく踏み出したら、次にくるのは最も重要な分岐点だ。これら才能のある従業員に積極的に仕事をしてもらう方法を考え出さなければならない。それを実行するためにはさまざまな方法がある。たとえば昇給、あるいは特典や手当を増やすことなどだが、これらは次元の低い対処法だ。才能のある従業員にうまく仕事をしてもらう唯一の方法は、すぐれたマネジャーを選び、本書で述べた「四つのカギ」になじむような空気をマネジャーのために作ってやることだ。この空気のなかで、すぐれたマネジャーは最高の人材を選び出し、その人たちに対してきちんとした要求を設定し、仕事のやる気を起こさせ、そして成長させることができる。従業員一人ひとりの才能は解放されて、顧客志向のパフォーマンスへと向かうはずだ。こうして企業は強くなる。

第一歩を踏み出せない企業は、この道筋から外れてしまうだろう。これらの企業は、自分たちが考えている以上に才能のある人材を失うことになる。人員配置を間違えたり、実力以上に昇進させたり、あるいは過小評価したりする。そうでない場合でも、企業にとどまっている才能ある人たちの使い方を誤るだろう。適材適所に才能のある人がいない場合、その企業はもっと脆弱なパフォーマンスへと逆戻りするだろう。つまりマーケティングに傾斜する、何の疑問もなしに企業買収をする、「予算」の増加だけに邁進するといったことに過度の期待をかけるのだ。次元の高い競争になると、こうした道筋は企業にとって役に立たなくなる。その上、最後には正しい道筋に進む力を持っている、すぐれたマネジャーがいなくなってしまい、この企業は衰退の道をたどるのだ。

《参考資料B》すぐれたマネジャーの発言集
――第2章で紹介した三つの質問に、すぐれたマネジャーはどう答えたか

質問1「マネジャーの立場として、次の部下のうちどちらを選ぶか。一人は一二〇億ドルを売り上げる独立心が強い一匹狼のような人間、もう一人は売り上げが半分だが、和気あいあいでチームプレーをする人間。どちらをとるのか、そしてその理由は何か」

すぐれたマネジャーは、生産性が半分のチームプレーヤーより、独立心が強く一匹狼のような人をとると答えた。独立心が強く一匹狼のような人はおそらく才能はあるが、管理が難しいだろうという意見だった。チームプレーをする人はおそらくそれほど職務をこなす才能はないが、はるかに管理しやすい。すぐれたマネジャーは管理しやすい人を探しているのではない。探しているのは世界水準を目指す才能の持ち主だ。すぐれたマネジャーの課題は、才能のある人を生産性の向上に専念させることであり、生産性の劣る人を才能のある人にしようとするものではない。

質問2「生産性は非常に高いが、書類の処理でいつも間違いをしてしまう部下がいるとする。この人の生産性を今以上に上げるにはどうすればよいか」

すぐれたマネジャーは、この部下がなぜ書類の処理でいつも間違いをするのか、その理由を見極めよ

うとする。その職務に就いて日が浅いのかもしれないし、何らかのトレーニングを受ければ間違いがなくなるかもしれない。けれども問題は、書類の処理に対する才能がなかったときにどうすればよいかだ。すぐれたマネジャーは、部下が弱点である事務処理をうまくごまかしながら、自分の生産的な部分に専念できるようにする解決策を考え出そうとするだろう。

質問3「自分の部下にマネジャーが二人いるとする。一方のマネジャーは、管理に関して最高の才能を持っている。こんな人間にはこれまで出会ったことがないほどだ。もう一方のマネジャーは十人並みの人間だ。いま、マネジャーのポストが二人分あいている。一つは絶好調の分野、もう一つは不振をかこっている分野の欠員だ。どちらの分野もまだ伸びざかりだ。すぐれたマネジャーをこのどちらに配置するか」

すぐれたマネジャーは、最も才能豊かなマネジャーを例外なく成績がよい方の分野に配置する。この質問のなかでカギを握っている言葉は、「どちらの分野もまだ伸びざかり」だ。すぐれたマネジャーは優秀さをその評価基準にしている。成績がよい方の分野で働いている、才能のあるマネジャーにだけ、その分野での本当の潜在能力を発揮させられるチャンスがある。すぐれたマネジャーはそう理解している。その分野を最高の成績に持っていくことは、才能のあるマネジャーにとって不振をかこっている分野を平均的な水準にまで引き上げるのと同じように大変な仕事なのだ。さらに加えて、前者の方がはるかに楽しく、はるかに生産的だ。成績がよい方の分野に才能のあるマネジャーを配置させられれば、すぐれたマネジャーはお粗末なマネジャーを異動させ、事業再生の専門家を選び出して成績不振分野の立て直しを任せることになるだろう。

これと反対のことをする人たちに対して、すぐれたマネジャーは次のように警告する。「あなたがたのところにいる十人並みのマネジャーが、成績のよい方の分野の潜在力を最大限発揮させることは決してない。成績不振の分野にいれば、あなたの部下の才能あるマネジャーがつぶれてしまっても不思議はない。この場合、まったくの前向きの意図を背景にしているにもかかわらず、二人の人間を失敗させ、あなたの組織の生産性を結果的に半減させてしまうことになる」。

《参考資料C》才能の選抜
——すべての職務に最もよく必要とされる才能とは何か

われわれが調査をしている間、ギャラップには何百という職務の優秀な従業員を研究する機会があった。それらの職務で優秀な成績をおさめるために必要な才能はどれも大きく異なっている。けれどもマネジャーからの要求の答えとして、われわれは最も共通して現れる才能をリストアップし、そこに簡単な説明をつけた。これらをうまく利用すれば、どの才能を選び出せばよいか判断するときの参考になるだろう。それらは以下のとおりである。

努力する才能

- **努力家**　個人の内面に備わっている、主体的に絶え間なく努力を続けようとする意欲
- **肉体的活動**　体のエネルギーを使って積極的に動こうとする内面からの強い欲求
- **スタミナ**　肉体的持久力
- **競争心**　自分の功績を相対的に評価しようとする衝動
- **欲求**　独立心、功績、リスク、評価を通して自分の重要性を認めさせようとする衝動
- **コンピテンシー**　専門家になる、あるいは専門的技能を身につけようとする強い意欲
- **信念**　世の中で当たり前になっている価値観に流されない生活をしようとする強い意欲
- **ミッション**　自分の信念を行動に移すための力

- **サービス**　他の人の役に立とうとする強い意志
- **倫理観**　自分の行動のよりどころが正しいか間違っているかの明確な理解
- **ビジョン**　将来あるべき企業像を描き、同時にそれをきちんと伝えられる力強さ

考える才能

- **集中**　目標を設定し、それを毎日の行動のよりどころとして利用する能力
- **規律**　生活や仕事をきちんと構成しようとする強い欲求
- **調整役**　全体をまとめ上げる能力
- **仕事の指導**　事前に頭のなかで組み上げ、そして事後に検証しようとする欲求
- **全体としてのまとまり**　仕事の整然とした正常な状態と正確さを確認しようとする衝動
- **責任**　仕事に対する個人的なアカウンタビリティーを引き受けようとする欲求
- **概念**　ものごとの意味をきちんと構成して伝える能力
- **パフォーマンス指導**　客観的立場でパフォーマンスを評価しようとする欲求
- **戦略的考察**　将来における代替案のシナリオを書き上げられる能力
- **経営的考察**　戦略的考察の財政面に対する応用
- **問題解決**　不完全なデータから考えをまとめ上げていく能力
- **公式化**　関連性の乏しいデータ群から論理的なパターンを導き出す能力
- **数量化**　数に対する相性のよさ
- **創造性**　現在の仕組みを打ち破り、もっと効果的／魅力的な仕組みを追求する能力

人づきあいの才能

- **好意的につきあう**　他の人から認められたいという欲求
- **他人への思いやり**　他人の心の動きや考え方を見極める能力
- **リレーター**　長続きする人の絆を築こうとする欲求
- **マルチリレーター**　知り合いの人たちとのさらに大きなネットワークを作る能力
- **対人関係**　人間関係を目的に応じてうまく使い分ける能力
- **個人に対する直観力**　個人のあいだの違いを理解し、それに注意を払っていること
- **開発者**　他人に物心両面で入れ込み、そうすることで満足を感じたいと思う強い欲求
- **励まし**　情熱とドラマを生み出す能力
- **チーム**　お互いに助け合う気持ちを生み出そうとする欲求
- **積極性**　明るい前向きな面を見ようとする意欲
- **説得力**　相手を論理的に説得する能力
- **司令**　主導権をとる能力
- **活性化**　他の人を行動に移させるための忍耐力
- **勇気**　感情をうまく利用して抵抗を乗り越える能力

《参考資料D》一二の質問を作り出す
――ギャラップはどのようにして一二の質問を作り出したか

手はじめはフォーカスグループだった。それぞれのフォーカスグループのメンバーは、各企業の最も生産性の高い部門から集められた従業員だった。ギャラップの心理学の専門家がこのグループ群を扱い、その職場についてイエス・ノーで答えられない質問を投げかけた。その様子はテープレコーダーにおさめた。過去二〇年間にわたってギャラップが扱ったフォーカスグループは何千という数に上る。

これらのフォーカスグループを出発点にして、われわれは膨大な調査を開発し、実施した。そのなかには仕事の経験における従業員のあらゆる側面に関する質問も入っていた。これらの調査対象となった従業員は一〇〇万人を越えている。一つの調査が終わるたびにわれわれはそれを分析し、そのデータのなかにある要素を抽出した。常に確認されたのは以下に挙げる五つの要素だった。

1　職場環境／業務プロセス　この要素は、物理的な職場環境にまつわる課題に対応している。たとえば、安全管理、衛生管理、給与、特典や手当、そして方針といった課題だ。

2　直属の上司　この要素は、従業員の直属の上司がとる行動に関係した課題に対応している。たとえば、選抜、評価、能力開発、信頼、理解、そして規律といった課題だ。

3　チーム／仕事仲間　この要素は、チームメンバーに対する従業員の考えに関する課題に対応している。たとえば、協力、目標の共有、意志疎通、そして信頼といった課題だ。

4　企業全体／シニアマネジメント　この要素は、企業のイニシアチブとリーダーにまつわる課題に対応している。たとえば、従業員の会社のミッションと戦略に対する忠実度、あるいはリーダー自身のコンピテンシーに対する信頼といった課題だ。

5　個人の責任ある取り組み／サービスに対する姿勢　この要素は、従業員の仕事における徹底した責任感に関する課題に対応している。たとえば、その会社で働いているという従業員の誇り、働く場所として自分の会社を友だちに推薦する可能性、働ける限りその会社にとどまろうとする可能性、そして優秀なサービスを顧客に提供しようとする熱意といった課題だ。

たとえば「コミュニケーション」「開発」など他の要因も確認されてはいるが、ここに挙げた五つの主要な要素で、現実にはデータ上の分散はすべて説明がつく。五つの主要な要素のなかで、飛び抜けて強力なのは「直属の上司」だ。これがデータ上の分散の圧倒的な割合を占めている。

この要素の分析に続いて、われわれはデータからさまざまな衰退分析を行い、データ群中の最も強力な質問をいくつか洗い出した。これらの分析にあたっては、三種類の従属変数を利用した。その三種とは、総合的満足度の評価点、個々人の仕事に取り組む要因から派生した五つの質問、そして事業単位のパフォーマンスの成果だ。

一二の質問のリストを最終的に決める前に、われわれは最後にもう一つ評価基準を加えた。つまりこれらの質問は、簡潔かつ容易に効果が上がらなければならないということだ。「実行可能」でなければならない。「全体的に自分の職場環境にどの程度満足しているか」「自分の会社で仕事をしていることを誇りに思っているか」といった感情的な成果を期待する質問であってはならない。

最も強力な一二の質問を特定したところで、われわれはこれらを確認するために厳格な分析を行うことにした。本書に紹介したメタ分析はこうした研究の一環だ。次のセクションでその詳細を解説する。

《参考資料E》メタ分析

――「中核的従業員の意識と事業成績との関係におけるメタ分析と有効性分析」(ジェームス・K・ハーター博士、エイム・クレグロウ理学修士著)より

核となる項目の背景

これまでの二五年間、ギャラップの研究者は経営の現場における最も特徴的な従業員の意識を、質、量の両面から評価してきた。ギャラップは協力した組織のほとんどすべてに対して各組織に合わせた独自調査を設計しているが、これに加えて、ギャラップの研究者はどこでも通用する核となる表現を定義して、組織の枠を越えて共通に見られる重要な意識を計測しようと努めてきた。同時にその表現が経営者にとって複雑になりすぎたり、まわりくどくなりすぎたりしないように心がけてきた。経営者はすでに経営に関する責任にどっぷりと漬かっているからだ。

ギャラップの研究者はさまざまな業界で質の高いフォーカスグループを何千と動かしてきている。この調査を支えている方法論の中心となっているのは成功の研究だ。生産性の高いワークグループと成績のよい個人に対するギャラップの調査は二五年以上に及んでいる。従業員の意識に対する計測を進める過程で研究者は、どのマネジャーが具体的なアクションプランの策定ができるかという重要な人事の課題に絶えず注目してきた。一三の核となる表現が、膨大な質、量両面の調査過程から浮かび上がってきた。このなかの量的な面のデータが現在のメタ分析(meta-analysis)でまとめられている。その一三の核となる表現は次のとおり。

1　総合的満足度――五段階評価で「5＝非常に満足、1＝非常に不満足」とすると（会社の名前）は働く場としてどの程度満足しているか
2　仕事の上で自分が何をすべきか、要求されていることがわかっている
3　自分の仕事を適切に遂行するために必要な材料や道具が揃っている
4　毎日、最高の仕事ができるような機会が与えられている
5　最近一週間で、仕事の成果を認められたり、誉められたりしたことがある
6　上司や仕事仲間は、自分を一人の人間として認めて接してくれている
7　仕事上で自分の成長を後押ししてくれる人がいる
8　仕事上で自分の意見が尊重されている
9　自分の会社のミッション／目的を前にして、自分自身の仕事が重要だと感じている
10　仕事仲間は責任を持って精一杯クォリティーの高い仕事をしている
11　仕事仲間にだれか最高の友だちがいる
12　最近半年間で、自分の進歩に関して助言をしてくれた人がいる
13　最近一年間に、仕事の上で学習し、自分を成長させる機会があった

メタ分析

メタ分析は、異なる調査を通じて蓄積されたデータを統計的にまとめ上げる手法だ。したがってメタ分析は他では手に入らないきわめて有効な情報を提供してくれる。なぜならこの手法は個々の調査結果を歪めるような計測ミスやサンプリングのミス、そしてその他の特異なデータを調整できるからだ。メタ分析はデータの偏りを排除し、真の有効性あるいは変数間の本当の関係を推計してくれる。メタ分析の過程で計算された統計数字を手がかりに、研究者はまた、関係のモデレーターの存否を調べることが

できる。これまで一〇〇〇以上のメタ分析が、心理、行動、医学、そして人事の分野で実施されてきた。この行動科学、社会科学における調査文献は、個々に見ると明らかにそれぞれが互いに矛盾する結論になっている。調査もおびただしいほどの数存在している。けれどもメタ分析によって研究者は変数間の平均的な関係を推定し、あらゆる調査ごとに生じる人為的な変動の原因を修正できる。また有効性や関連性がさまざまな状況（たとえば会社間あるいは地理的条件）のもとで研究者は一般化する方法を手に入れられる。

本報告書でメタ分析の完全な解説をするつもりはない。興味のある読者は背景になっている情報と、最新のメタ分析手法の詳細な説明については以下の資料をあたるよう勧める。すなわちシュミット（一九九二年）、ハンターとシュミット（一九九〇）、リプジーとウィルソン（一九九三）、バンガートードラウンズ（一九八六）、そしてシュミット、ハンター、パールマン、そしてロステイン―ハーシュ（一九八五）など。

仮説と調査の特徴

このメタ分析によって検証される仮説は以下のとおり。

1　一三の核となる項目をもとに評価された経営実態の質に対する、従業員の意識と事業単位の成果との関係について（たとえばこれらの項目で高い点数を取っている事業単位の方が、事業上一般的に好ましい成果を上げている）。

2　一三の核となる項目をもとに評価された経営実態の質に関する従業員の意識の妥当性は、調査対象になったすべての組織に対して有効だ。

ギャラップのデータベースには合計二八の調査がおさめられている。それらはさまざまな組織のための独自調査として実施されたものだ。それぞれの研究でこの核となる項目が活用され、事業単位レベルでデータが集積され、総合的なパフォーマンス評価との関連を調査した。

・顧客満足度
・収益性
・生産性
・労働移動率

つまりこれらの分析では、分析対象の単位が事業単位であって個々の従業員ではない。ピアソンの相関係数を計算し、従業員意識について事業単位の平均的評価と、これら四種の一般的事業成果それぞれに対する関係を推定した。各企業ごとの事業単位間で相関を計算し、これらの相関係数は一三項目それぞれのデータベースに入力する。こうしたあとで研究者は、この四種の事業成果の評価それぞれについて、項目ごとに平均的有効性、有効性の標準偏差、有効性の一般化統計数字を計算した。次に挙げるのが、このメタ分析研究の集積によってできあがった研究の概略だ。

・事業単位の従業員の意識と顧客の意識との関係を検証した研究は一八ある。顧客意識の対象には、顧客満足度の点数、患者の満足度の点数、生徒による教師の段階評価、そして顧客のふりをした人たちによる段階評価も入っている。顧客満足度の一般的指標は、それぞれの尺度に含まれている項目の平均点だ。
・収益性の尺度は一四の研究で使われている。収益性の定義は、一般的に売上高（販売高）に占める利益の割合だ。研究者は、いくつかの企業で利益を測る最良の尺度として、前年との差分あるいは予算額との差を使っている。なぜならこの方が事業単位それぞれの相対的なパフォーマンスについての正確な尺度を示してくれるからだ。というわけで、ある事業単位と別の事業単位とのあいだで収益性があまり比較できないと思われるときには評価基準の調整が行われた。

・生産性の尺度を対象にしていた研究は一五あった。事業単位における生産性の尺度は、売上高の数字、一人当たりの売上高の数字、患者一人当たりの売上高で構成するか、あるいは利用できる生産性の尺度すべて、そしてどの事業単位が最も生産的かという経営的な判断をもとにした評価で構成される。多くの場合、この生産性の尺度は二者択一的変数だ。(成績最高の事業単位＝2、不振の事業単位＝1)

・労働移動率は一五の調査が扱っている。これらの調査は事業単位ごとの従業員の年間定着率だ。

この研究では、調査に回答した従業員の数が一〇万五六八〇人、事業単位が二五二八を数え、回答した従業員は事業単位当たり平均四二人、企業当たり九〇事業単位となっている。

次に挙げるのは、業種と事業単位のタイプで分類した研究(企業ごと)のまとめだ。

・メタ分析をした事業単位全体の二八%が金融関係の組織、二一%が健康医療関係の事業単位、一八%がレストランだった。その他の業種は、エンターテインメント、食料雑貨、調査、通信／出版、医療機器販売、エレクトロニクス、接客業、政府関係そして教育などだ。

・事業単位全体の三一%が小売業関係、二八%が金融関係の組織、二一%が健康医療関係、九%が教育関係の組織、そして一一%がその他の業種だった。

それぞれの企業のあいだには相当大きな違いがあり、その違いは従業員意識のデータと事業パフォーマンスのデータをまとめ上げてその比較分析ができるほどのレベルにまで達している。小売業と金融関係の組織はこのタイプの分析をするのにまったくこと欠かない。類似の尺度を利用している事業単位の数が両者とも相当な数に上るからだ。

利用したメタ分析手法

分析では、真の有効性を加重平均で推定しながら、有効性の標準偏差評価を推定、これらの有効性に対する従属変数におけるサンプリングエラーと計測エラーの訂正を行っている。最も典型的なメタ分析では、サンプリングエラーの場合にだけ分散推定を補正している。これに対してハンターとシュミットによって奨められた他の補正（一九九〇年）には、許容幅の制限と集積されたパフォーマンス変数における計測エラーといった人為的な計測についての補正も含まれていた。ここに挙げた作業の定義については次のセクションで解説する。

この研究では、研究者がパフォーマンス変数のデータを複数の時間帯で集積し、事業パフォーマンスの尺度の信頼性を計算した。これらのさまざまな角度からの尺度は一つひとつの研究に備わってはいないため、研究者は人為的分散化メタ分析を応用して（ハンター及びシュミット、一九九〇）、パフォーマンス変数における計測エラーを補正している。ここで開発された人為的分散は、さまざまな研究から得られた年間のテスト―再テストの信頼性が基礎になっている。

本研究の時点では、使用したスケールタイプそれぞれについて、項目間の標準偏差に関する母集団の推計は実行されていない。したがって許容幅の制限についての補正はしていない。同様に、独立している尺度（一三の中核となる項目）での計測エラーについても補正はない。項目レベルでの独立変数の計測エラーを正確に補正するためには、テスト―再テストの信頼性が（短時間の間隔で）欠かせないだろう。このような推計はこの研究の時点では手に入らなかった。多次元の場合（本節後半で触れる）、真のスコア相関推計は独立変数の信頼性評価をするためのクロンバックのアルファ推計を応用することによって計算された。

すでに触れたように、独立変数での計測エラーが原因の項目の有効性あるいは分散について、そして許容幅の制限についてはまったく補正をしていない。次の項目分析はしたがって控えめな推計だと考えるべきで、同時に真の分散の推計は現実の真の分散よりもわずかに大きいと考えてよい。

どんなメタ分析でも、人為的な情報がときたま役に立つような人為操作が行われる場合もある。たとえば計測エラーと許容幅の限定がサンプリングエラー以外の関連する人為操作だと想定してみよう。こうした場合、典型的な人為的分散をもとにしたメタ分析には、次の三つの段階がある。

1 情報は四種の分布にまとめられる。観測された相関、独立変数の信頼性、従属変数の信頼性、そして許容幅違反という四種の分布だ。一連の研究から集積した四つの平均と四つの分散がある。どんな情報もそれぞれの研究から手に入れることができる。

2 相関の分類をサンプリングエラーに対して補正する。

3 サンプリングエラーに対して補正された分類は次に計測と許容幅の変化量のエラーに対して補正される（ハンター及びシュミット、一九九〇年、一五八から一五九ページ）。

この研究では、従属変数における計測エラーに対する補正をすべての分析で実行した。各項目と各パフォーマンス変数に関するメタ分析には、平均サンプルサイズの加重有効性と相関の分散の推計が含まれている。つまりここでも、そのサンプルサイズによってそれぞれの有効性を比較している。サンプリングエラーをもとにした加重相関に関して、予見した分散の量もまたコンピューター計算した。次に示すのが、「基本的な」メタ分析のサンプリングエラーから予見される分散を計算する公式だ。前のパラグラフで触れたハンター／シュミットの手法を応用している。

$$\acute{O}_e^2 = (1-\bar{r}^2)^2/(\overline{N}-1)$$

スコア標準偏差は、観測された分散から、サンプリングエラーによる分散量と従属変数における計測エラーから生まれる分散量の両方を引き算することで求められる。この数字の平方根を計算すれば、従属変数における減衰効果に対する補正が実行できる。サンプリングエラーと計測エラーによる分散量は観測された分散を分母にしてわり算し、この原因になっている総パーセント分散を計算する。この方法から導き出された経験則の一つに次のようなものがある。もしさまざまな研究のあいだの有効性における分散のうち、その七五％の原因がサンプリングエラーと他の人為的なものだったとしたら、その有効性は一般化されていると判断してよい。二種の計測エラーの人為操作はこの研究のなかで補正できなかったため、研究者は七〇％あるいはそれ以上という数字を基準にして、有効性が全組織を通じて一般化しているかどうかの判断をすることにしている。

結果

一三の核となる項目それぞれについて、顧客満足度をもとにしたメタ分析の概略を示す。この統計には、この分析の対象となった事業単位の数、相関の数、観測された相関加重平均の加重平均、観測された標準偏差、真の有効性の標準偏差（パフォーマンス変数におけるサンプリングエラーと計測エラーが原因の分散を除いて）、サンプリングエラーによるパーセント分散、九〇％の信頼点（この点より上の範囲に真の有効性の値が入る確率は九〇%となる）などを利用する。

結果では、一三項目すべてにわたって真の有効性の推計は正の方向になっている。有効性の推計幅は〇・〇五七～〇・一九一。もしある項目に九〇%の信用性がある場合には、本当の有効性も問題がない（仮説を立てた方向に向かっている）という確信を持てるという意味で、それを一般化できると考えられる。有効性における分散の七〇%以上に説明がつく項目は、有効性が研究ごとに変化しなかったという意味で一般化できると考えられた。一三項目のうち一一項目に九〇%という好ましい信頼度があり、六項目は調査による差が見られなかった。

興味深いことに、一二番目の項目（「この半年に、自分の進歩に関して助言をしてくれた人がいる」）については、計算によると、調査ごとに変化する有効性の分散の一四八%はサンプリングエラーによるものだ。これは次のように解釈できる。観測された相関についての一連のデータにおける調査間の変動は、ランダムサンプリングエラーから予想される数字、つまり各調査における事業単位数や従属変数の計測エラーに基づいた予想数字よりたまたま小さかった。他の二項目も、一〇〇%以上の分散がサンプリングエラーだけによるものと解釈された。ここで表された相関のサイズの実質的な重要性は、この結果のセクションの次に議論する。全企業に一般化された様子のない項目の有効性については、これらの従業員の意識と顧客満足度の関係の強固さを抑える他の変数が存在する可能性がある。たとえば「意見を尊重する」モデレーターは、おそらくマネジャーがただ部下の意見に耳を傾けるだけではなく、同時にその意見を顧客の心をとらえるために利用するといった広がりも持っている。企業を超えて一般化している、最高の真の有効性を備えている項目には次のようなものがある。

・仕事仲間にだれか最高の友だちがいる
・毎日、最高の仕事ができるような機会が与えられている

・仕事上で自分が何をすべきか、要求されていることがわかっている
・上司や仕事仲間は、自分を一人の人間として認めて接してくれている

複数の一般化可能な推定値が導かれたときは、二次のサンプリングエラーが結果に少し影響することもある。平均的パーセント分散を計算するには次の公式を使う。

$$\text{Variance} = \frac{1}{(\Sigma(1\% \text{ Var.}))/\text{K}}$$

平均すれば、顧客満足度の有効性全体にわたる分散は六六・九六%を占めていた。真の有効性の平均値は明らかにプラスで、関係の強さは他の変数によってわずかに抑えられることになるかもしれない。重要なことはこれらの推計が、他の人為的操作、たとえば独立変数と許容幅における計測エラーに応じて補正されたことがないという事実を確認することだ。これらの推計が他の人為的操作でも補正されると、実質的に納得できる関係を見つけ出す余地はほとんどなくなるだろう。

収益性との関係という観点から項目を同じように分析した結果のまとめを示す。一三項目のうち一〇項目が好ましい九〇%という信頼度となっている。さらに九項目については有効性における分散の七〇%を占める可能性がある。項目間の平均的パーセント分散は六九・二一%だ。ここでも、納得がゆく関係が存在する(といっても小さいが)余地がある。一般化してはならない項目には「自分の進歩に関して助言してくれた人がいる」「ミッション/目的を前にして自分自身の仕事が重要だと感じている」「自分の必要な材料や道具が揃っている」「仕事仲間に最高の友だちがいる」がある。これらの項目について有効性に関する分散のおよそ半分は、従属変数のサンプリングエラーと計測エラーで説明がつく。企業にかかわりなく一般的に使えそうだ。収益性に対して最も高い有効性を発揮した項目は次のとおり。

・総合的満足度
・仕事仲間は責任を持って精一杯クォリティーの高い仕事をしている
・毎日、最高の仕事ができるような機会が与えられている
・上司や仕事仲間は、自分を一人の人間として認めて接してくれている

次に示すのは、生産性に対する一三の核となる項目のメタ分析と有効性の一般化統計の概略だ。ここでも関係はプラスだ。すべてがプラス九〇%の信頼度で、われわれは一一項目で有効性の分散の七〇%以上を説明することができる。項目間の平均的パーセント分散は八三・七二%だ。モデレーターの入る余地はほとんどないことがわかる。しかし項目間の有効性推計の広がりで見れば変化が存在する。生産性に対して最も高い有効性を発揮した項目は次のとおり。

・仕事の上で自分が何をすべきか、要求されていることがわかっている
・仕事上で自分の意見が尊重されている
・自分の会社のミッション／目的を前にして、自分自身の仕事が重要だと感じている
・総合的満足度
・仕事仲間は責任を持って精一杯クォリティーの高い仕事をしている

最後に、労働移動率に対する一三の核となる項目のメタ分析と有効性の一般化統計のまとめを示す。四項目が九〇%の信頼度でマイナス、二項目はほぼゼロだった。六項目では負の関係がある（労働移動率で仮説を立てたように）という確信が持てる。一〇項目で有効性の分散の七〇%以上が説明できた。

図表E-1 評価基準尺度の計算数字

評価基準	調査件数	平均事業単位数	相関平均	有効性平均
顧客満足度	18	2,170	.107	.122
収益性	14	1,490	.084	.133
生産性	15	1,148	.126	.128
労働移動率	15	1,552	-.023	-.045

項目間のパーセント分散の平均は九一・九六%で、ここでもモデレーターの余地はほとんどない。興味深いことに、本当の有効性推計で最も高い項目の一つは三番目の項目だ（自分の仕事を適切に遂行するために必要な材料や道具が揃っている）。この項目の従業員の意識は、労働移動率との関連で見ても企業間で実質的な変化はない。企業間で一般化しているように見える一番高いマイナスの相関を示す項目は次のとおり。

・自分の仕事を適切に達成するために必要な材料や道具が揃っている
・総合的満足度
・上司や仕事仲間は、自分を一人の人間として認めて接してくれている

表E-1は、この研究で使った四つの一般的パフォーマンス評価基準尺度の計算数字すべてをまとめたものだ。この表で示しているのは、変数ごとの平均的調査数、項目間の平均的事業単位数、項目ごとの観測された相関の平均、そして真の有効性の平均だ。

一般的にこうした項目は、規模が同じ場合、顧客満足度や収益性、生産性と相関があり、労働移動率では低いレベルの相関があった。

これらの分析に見られた相関のなかで、メタ分析の相関の平均は〇・一〇七だった。この相関の規模が実質的にどれほど役に立つかは、このあとのハーターとクレグロウ（一九九八年）で議論する。

表E-2はプラス九〇%の信用度を備えている項目をまとめたもので（労

図表E-2 組織間で一般化されたメタ分析（Xがある項目）

	顧客満足度	収益性	生産性	労働移動率
1）総合的満足度		x	x	x
2）要求されていることを理解する	x	x	x	x
3）材料／道具			x	x
4）自分の最高の結果を残せる機会	x	x		x
5）評価／表彰	x	x	x	
6）心配りのある接し方	x	x	x	x
7）成長を励ましてくれる		x	x	
8）意見が尊重されている		x	x	
9）ミッション／目的			x	
10）必死に取り組む（クォリティー）		x	x	
11）親友	x		x	
12）進歩についての助言	x		x	
13）学習し成長する機会		x		

働移動率ではゼロまたはマイナス）、有効性の分散の七〇％がここにある。六項目が顧客満足度を満たしている。九項目が収益性、一一項目が生産性、五項目が労働移動率を満たしている。

次元相関の計算方法

項目は、よく使われる四種の論理的構成にまとめられている。この構成はギャラップ・スクールオブマネジメントで教えている。

ベースキャンプ「何が手に入るのか」

項目2　要求されていることを理解する
項目3　材料／道具

キャンプ1「自分はどんな貢献をしているか」

項目4　自分の最高の結果を残せる機会
項目5　評価／表彰
項目6　心配りのある接し方
項目7　成長を励ましてくれる

キャンプ2「自分はここの人間なのだろうか」

項目8　意見が尊重されている
項目9　ミッション／目的
項目10　必死に取り組む（クォリティー）
項目11　親友

キャンプ3「全員が成長するにはどうすればよいか」

項目12　進歩についての助言
項目13　学習し成長する機会

多次元の信頼性はハーターが検証している（一九九八年）。多次元の信頼性に関する推計と一二項目の合計（総合的満足度を除く）は独立変数計測エラーの補正に利用される。多次元の評価基準との相関を推計するにあたって、項目間相関の分布は総合的な事業単位レベルで集積され、一二の調査を総合してまとめられる。一二項目の大半はほとんどの調査対象となっているが、調査ごとにその対象となる項目の数は異なっている。こうした理由によって、項目の統計数字が計算され、項目のメタ分析推計が利用されて、多次元の評価基準との相関が計算される。イエス／ノー／わからない式の回答と1～5点式のライカートスケールは研究ごとに相互利用されているため、研究者は加重平均した項目間の相関をイエス／ノー／わからない式と1～5点式スケールの使用割合を基本にして計算している。

研究を総合的に見れば、一九の研究が1～5点スケールを使い、九の研究がイエス／ノー／わからない式を利用した。加重平均した項目間相関は、この総合的な研究の割合に応じたもので、参考資料Bに示してある。項目間相関は合成点数推計に不可欠な数字だ（ハンター及びシュミット、一九九〇年、四五五ページ）。合成点数は次のように計算される。

$$\bar{C}_{xx} = \frac{1 + (n-1)\bar{r}_{xx}}{n}$$

$$r_{x_y} = \frac{r_{xy}}{\sqrt{c_{xx}}}$$

$\bar{c}_{xx}$ ＝平均項目共分散
$\bar{r}_{xy}$ ＝評価基準に対する平均項目相関
$\bar{r}_{xx}$ ＝平均項目相関
r_{x_y} ＝合成点数相関

一二項目合計の点数相関は、顧客満足度、収益性、生産性に対して〇・一九だ（点数相関の場合、分母は独立変数の信頼性の平方根を乗じた従属変数の信頼性の平方根となる）。点数相関は労働移動率に対してはマイナスだが、その値は小さい。労働移動率と最も高い相関のあるのは「ベースキャンプ」だ。だからこそ自分は何を要求されているかがわかっており、その仕事を的確にこなすために必要な材料と道具を持っている従業員がいる企業は、他の企業に比べて労働移動率が低い傾向にある。収益性と最も高い相関を示すのは「キャンプ1」だ。顧客満足度と最も深く関係しているのは「ベースキャンプ」と「キャンプ2」だ。「キャンプ3」は事業成果との相関は最も低いものの、顧客満足度、収益性、生産性とは積極的にかかわっている。

以上述べた内容等の詳細を知りたい場合は、『A Meta-analysis and Utility Analysis of the Relationship between Core Employee Perceptions and Business Outcomes（中核的従業員の意識と事業の成果との関係におけるメタ分析と有用性分析）』を参照のこと。ジム・ハーター博士とエイム・クレグロウ編でギャラップの本社から発行されている。ここに取り上げた引用は一九九八年に著されたものだ。このレポートは毎年、ギャラップによる最新の調査データが加えられ更新されている。

謝辞

ジョージ・H・ギャラップ博士は、人はそれぞれ自分自身の意見をきちんと聞いてもらう権利を持っているという信念のもとにギャラップを創立した。その言葉を借りると「人生には四〇億とおりの生き方がある。われわれはそのすべてを研究すべきだ」。ドナルド・O・クリフトンは個人の強みに関する系統的な研究のさきがけとなり、才能に対する概念を開発した。本書はこの両博士の精神と探求心のたまものだ。

　このような書籍には議論の中心となるものが必要だ。明快さとエネルギー、そして忍耐と情熱が欠かせない。愛情が不可欠だ。ジム・クリフトンはこれらをすべて備えており、最初から最後まで本書を仕上げる原動力になってくれた。

　われわれが本書のかたちを考えるのには時間がかかった。最初の草稿に苦労し、何度も挫折を繰り返し精神的な重圧も感じた。こうした最初の段階でのもたつきを抜け出すために、われわれは慎重に何人かの助っ人を選び出した。リチャード・ハットンはその先頭に立って進むセンス、ドラマあるいはユーモアのセンス、そしてわれわれが言いたいことを口にする前に察してしまう空恐ろしい能力を発揮してわれわれの案内役となってくれた。アレック・ギャラップは学者ならではの目で文章を検証し、われわれの文章スタイルが専門用語の羅列に陥らないようにしてくれた（ことを願っている）。ジェーン・バッキンガムは草稿を出すたびにそれらにあたり、そしてそれ以上に苦労して、常に肝心な点と精神を忘れないよう取り計らってくれた。読者が本書に対してどのような感想をお持ちになったとしても、その文章が、この三人が手を加えてくれる前のものでなかったことに感謝していただきたい。

ギャラップは政治関連の世論調査で世界的に有名だ。しかし本書のテーマは世論調査ではない。強固な職場とそれを築きあげているマネジャーを取り上げている。ラリー・エモンドは、ギャラップに対する世のなかの理解をさらに広め、従業員の意識と才能の分野におけるわれわれの発見をすべて理解していただくということに対する責任を負っている。本書の完成には、エモンドの明解に表現する能力が大きく貢献している。

ギャラップは七〇年間調査を続けてきた。サラー・ヴァン・アレンの経験と感性のおかげで、本書は誠実に測定し、報告するというギャラップの伝統に背かないものとなった。

本書では、ギャラップがすでに持っている主な知識を整理した。われわれの仲間ジム・ハーター博士、ミック・ザンガリ博士、グレン・フェルプ博士、そしてグリーム・バッキンガムがその大部分の発見者で、長年にわたりわれわれにそれを教えてくれた。われわれがこれらの仲間に負うところは非常に大きい。

すべての事実を整理してTheTruth@Facts.comで公開できるようにするまでには、そのための専従者が筆者には必要になる。こうした専従者には、ねばり強く、魅力的で機知に富む人であると同時に徹底的な楽観主義者が最も適している。――「沈没したマーキュリー計画の飛行カプセルの正確な深度ですか。大丈夫、わかりますよ」。アントワネット・サウスウィックに最高の人がいた。

ここ七年間、ギャラップは世界で最も優秀ないくつかの組織と一緒に仕事をしてきた。この協力体制のなかからわれわれは多くのことを学んだが、われわれにとって最もありがたかったのは、傑出した経営者と知り合いになれる機会があったことだ。それら経営者のビジョン、考え、そして人を中心にした職場を築くための情熱に関しては、ロンニ・フリドマン、ケヴィン・カスバート、そしてメル・ウォリナーが傑出しているとわれわれは考えている。こうした経営者とすばらしい会話ができたことを感謝している。これからもこのような会話を重ねられることを願っている。

本書は理論を説いたものではない。従業員一〇〇万人とマネジャー八万人の声を本書で聞くことができる。割いていただいた時間とその意見はわれわれにとって何ものにも代え難い。しかしごく一部だが、さらに協力的なマネジャーがいた。彼らはこと細かにさまざまな話をしてくれた。このおかげでわれわれは本書のメッセージをさらに生きたものにすることができた。われわれの本意ではないことで誤解を招かないようにするため、本書ではマネジャーの名前を変え、取り上げた組織の具体的情報は伏せることにした。本人にはだれがだれのことかわかっている。感謝したい。

加えて特に感謝したいのは、リンダとミッチ・ハートだ。あるときは家族、あるときはマネジャーとして終始変わることなく力を貸してくれた。

このプロジェクトに着手したとき、われわれは自分たちの資料の扱い方はわかっていたが、書籍という慣れない世界に不安があった。ウィリアム・モリスにおけるわれわれの代理人ジョニ・エヴァンスがそれを指導し、友だちとそうでない人の区別、そして事実と蜃気楼の区別ができるように助けてくれた。われわれが慎重になったときにははっきりと発言し、腰が引けたときには毅然とした姿勢で支えてくれ、もたついたときには明確な展望を示してくれた。とりわけ大きな自信を背景にジョニとその仲間の一人で才気煥発のティファニー・エリクソンは、われわれに本書の正しい方向性とそのためのパートナーを紹介してくれた。

サイモン・アンド・シュスターの担当編集者フレッド・ヒルズだ。われわれがヒルズと一緒に仕事を始めた当初、ヒルズがウラディミール・ナボコフの編集者だったことを知って、われわれの不安はほとんどなくなった。そこでヒルズはそれまでのやり方と同じように、われわれの活力を引き出し、本来書こうとした本を仕上げることに専念させてくれた。ヒルズの知恵と抜群の専門知識は、その仲間プリシラ・ホームズの洞察力と相まって、われわれの最大限の努力をいま読者が手になさっている本書の完成に結びつけてくれたのだ。本書の強みはヒルズの功績であり、弱点はわれわれの責任だ。

著者に本が書けると信じている人がその著者のそばにいなければ本は書けない。筆が進まなくなって立ち往生したとき、われわれの家族の信念が一歩ずつ前に、そして上へと後押しし、その山を乗り越え、そして楽しく坂を下り降りるよう力づけてくれた。感謝している。ジェーンとマイケル、グレイム、ジョー、ネイル、ピッパ、ネイダーそしてイングリッド、ティム、マイルズとスティーブ、タミー、クレアそしてクレイトン、これらの人たちには大変なお世話になった。

訳者あとがき

「君は明日から課長だ」「君は明日からマネジャーだ」。上司の口から出るこの二種類のセリフの意味は果たして同じものだろうか。本書からも読みとれるように、アメリカの組織における「マネジャー」は、日本における「課長」に対応する言葉ではない。動詞のmanageから来ている「マネジャー」は、自分のチームをまとめ上げ、最高の成果を目指して「何とかする人」という意味になるはずだ（決して「課の長」という意味ではない）。

本書では、こうした「何とかする人」になるためには、つまり、すぐれたマネジャーになるにはどうすればよいのか、という難問の具体的な答えを明確に教えてくれている。

部下を仕事に専念させ、どのようにして自分のミッションを達成すればよいのか。アメリカでもマネジャーの悩みは尽きないらしい。冒頭ではまず、ある千客万来のレストランを切り盛りしているマネジャーとのインタビューが紹介される。著者が長年、企業に対するコンサルティングを重ねるなかで出会った模範的なマネジャーなのだろう。本書では、この模範的なマネジャーの仕事ぶりとその考え方を読者に紹介したあと、すぐれたマネジャーが自分に与えられた成果以上のものを達成するために何をしているのか、その具体的考察へと読者を導く構成になっている。

そこには示唆に富むアイデアが数多く提示されている。曰く

「従業員の欠点を直そうとするな」

「従業員の強みを徹底的に活かそう」
「従業員の才能を見極め、それに適した仕事を与えろ」
「従業員本人に才能のない仕事にはつかせるな」
「従業員を誉めるルール・制度を作れ」など。

著者はこれらのアイデアを、自分たちが長年にわたって実施してきた調査や研究をもとにした論理的裏付けをもとに、平易に説き起こしている。そこには、机上の経営論や単なるノウハウ書にはない、地に足の着いた説得力のある実例と理路整然とした主張がある。

そのなかでも著者は、従業員の「才能」に注目する。一人ひとりの部下の才能を見極め、それを徹底的に活かすことを主張している。人間には完全無欠の人はいない。しかし、だれもがその人ならではの才能を持っている。その才能を活かすことこそ、マネジャー本来の職責だ。才能は教えられるものではない。才能とは、一人ひとりがそれぞれ持っている、その人ならではのすばらしい資質や強み、そして能力だ。本書で著者が述べている「才能」とは、単なる能力ではなく、こうした非常に幅広い意味が含まれている。この点を強調しておきたい。教えられるものでない才能（強み）こそ、組織を成長させるための力として貴重なものであり、それを活かすことがマネジャーに求められていることになる。反対に、本人にはない才能（もちろん別の才能を持っている）を何とか身につけさせせようといった「欠点を直す」やり方は、部下本人にとっても、マネジャーにとっても無駄な努力以外の何ものでもない。努力は、正しい方向で、前向きにしてこそ、よい結果に結びつくのだ。

本書を読むことで、課長とマネジャーの違いだけでなく、たとえば社長とプレジデントの違いなど、肩書きに含まれた意味に対する日米の考え方の違いについても考えさせられる。

日本型で「君は社長だ（君も偉くなったな。会社のトップだぞ）」と言われれば、「おれもついにこの会社で上りつめたぞ」という気分になるのが普通だろう。アメリカ型で「君は統治する人だ（だからこの会社を統治するための手腕を発揮しろ）」と言われれば、「何とか答えを出さないとこの立場から外される」と考えることは容易に想像がつく。つまり、意識するしないにかかわらず、職能の名称そのものがそれを与えられる人に大きな意識の差を、あえて言うなら日本の場合は「勘違い」を生み出しているのではないだろうか。だから、証券アナリストとの会見で外国人投資家に「あなたの経営のモチベーションは何か」と問われて、「地位や名誉、役員専用車だ」と答えるＩＴ関連企業の社長も出現することになる。

しかし日本でも、こうしたスタティックな意識を植えつけているだけでしかない従来の職能の名称を形式上も実質上も排除し、「○○する人」の集団を志す企業が現れはじめている。最近の例ではソニーが導入した新人事制度「C^3 Challenge」だ。「チャレンジの場の提供、期待するアウトプットの明示、貢献にふさわしい処遇・報酬の実現」を目指すと同時に、これまで存在していた部長クラスの職能そのものに対する報酬を廃止、さらには課長クラスにも拡大する予定だという。ソニーはすでに「執行役員」という職能を発明し、職能にダイナミックな意味合いを組み込んでいる。

ＩＴ化だ、グローバル化だ、国際標準だという議論を待つまでもなく、すでに「おれは課長だ」と言って権威を誇示し、「何とかなる」はずと高をくくっている課長は排斥され、本物のマネジャーでなければ会社組織で生き残れなくなる時代が到来している。文字どおり本物のマネジャーが求められている。それはアメリカだろうと、日本だろうと同じだろう。その意味で本書は、日本のマネジャー諸氏にとって意識改革の書にもなり得るのではないか。逆にマネジャー以外の人が本書を読んで、自分とかかわりのあるマネジャーや職場を自分なりに評価する、そして自分自身の仕事を見つめ直すということも決して無駄ではないと思う。

本書の翻訳にあたりギャラップ・ジェーマールの日高廣見氏からはさまざまなご助言、ご協力をいただいた。ここに改めて感謝致します。

二〇〇〇年一〇月

宮本喜一

【著者紹介】

マーカス・バッキンガム (Marcus Buckingham)

すぐれたマネジャーや高い生産性を上げる職場はどんな特質を持っているかを明らかにする研究を、20年にわたって行ってきた、ギャラップのこの分野での牽引者。ギャラップ・リーダーシップ・インスティチュートの上級講師。

カート・コフマン (Curt Coffman)

ギャラップ・ワークプレイス・マネジメント・プラクティスのグローバル・リーダー。生産性が高く、顧客志向の強い職場づくりのコンサルティングに従事している。

過去60年以上にわたりギャラップ社は、人の態度、意見、行動の測定・分析における世界的リーダーの役割を果たしてきた。ギャラップ社は世論調査でよく知られているが、実際の仕事の多くは、世界的な大企業に調査、コンサルテーション、教育サービスを提供することである。そのクライアントには、アウディ、バンクアメリカ、ベストバイ、ブロックバスター、カールソン、シティグループ、デルタエアライン、フィデリティ、マリオット、シール、シアーズ、スイステル、トヨタ自動車などがある。

【訳者紹介】

宮本喜一 (みやもと・よしかず)

翻訳家。奈良市生まれ。1971年一橋大学社会学部、1974年同経済学部卒業。ソニー、マイクロソフト勤務を経て、翻訳を中心にした著述活動へ。主な翻訳書に『ネットワーク経済の法則』(ＩＤＧジャパン)、『ウェルチ』、『ウェルチの戦略ノート』、『ＩＢＭを甦らせた男　ガースナー』(いずれも日経ＢＰ社)、『ジャック・ウェルチ　わが経営』、『強みを活かせ！』(いずれも日本経済新聞社) などがある。

まず、ルールを破れ
すぐれたマネジャーはここが違う

2000年10月20日　1版1刷
2007年3月6日　　9刷

著　者　マーカス・バッキンガム
　　　　カート・コフマン

訳　者　宮本喜一

発行者　羽土　力

発行所　日本経済新聞出版社
http://www.nikkeibook.com/
東京都千代田区大手町1-9-5　〒100-8066
電話 03-3270-0251

印刷・凸版印刷／製本・積信堂

ISBN978-4-532-14867-6